Alfred Wiedemann

Die Religion der alten Ägypter

EHV
HISTORY

Alfred Wiedemann

Die Religion der alten Ägypter

ISBN/EAN: 9783955643119

Auflage: 1

Erscheinungsjahr: 2012

Erscheinungsort: Bremen, Deutschland

@ EHV-History in Access Verlag GmbH, Fahrenheitstr. 1, 28359 Bremen. Alle Rechte beim Verlag und bei den jeweiligen Lizenzgebern.

EHV
HISTORY

Die

Religion der alten Ägypter.

Dargestellt

von

Dr. A. Wiedemann.

Münster i. W. 1890.

Druck und Verlag der Aschendorffschen Buchhandlung.

Erstes Kapitel.

Einleitung.

Oft hat man den Versuch gemacht, die Eigenart der einzelnen Völker durch ein kurzes Schlagwort zu kennzeichnen; man hat die Römer die tapfern, die Israeliten die religiösen, die Assyrer die grausamen genannt. Wollte man für die alten Ägypter ein solches Beiwort verwenden, so wäre es das conservativ in seiner ursprünglichen und schroffsten Bedeutung; und während für andere Völker die Benennung nur sehr bedingt zutrifft, würde man hier ein Wort gefunden haben, welches das Wesen der Nilthalbewohner in allen seinen Äußerungen kennzeichnet. Nie hat sich das ägyptische Volk dazu entschließen können, eine Gestaltung in der Sprache, Schrift, Staatsform, Sitte als überlebt zu bezeichnen, dauernd hat es an denselben während des ganzen Verlaufes seiner Jahrtausende umfassenden Geschichte festgehalten. Selbstverständlich ließ es sich nicht vermeiden, daß Fortschritte gemacht wurden, daß man durch eigenes Nachdenken oder unter fremdem Einflusse neue Anschauungen gewann, aber wenn man sich diesen auch nicht verschließen konnte, so hat man doch bei ihrer Übernahme die alten, liebgewordenen Vorstellungen nicht verworfen, man hat auch sie bewahrt und sie neben den neuen Gedankengängen als gleichberechtigt bestehen lassen. Auf diese Weise erklärt es sich, daß die Ägypter, als sie in den Besitz alphabetischer Schriftzeichen gekommen waren, neben diesen die Silbenzeichen weiter benutzten, aus denen die ganze Schrift einst entstanden war. So kommt es auch, daß noch in den Zeiten, in denen die ägyptische Monarchie eine absolute geworden war, Titel und Würden am Hofe und in der Verwaltung fortleb-

ten, die in der Feudalzeit entstanden, als der König nur als der
Erste unter Gleichberechtigten galt. Zahllose Widersprüche waren die natürliche Folge dieser Handlungsweise, die Titel deckten sich nicht mit der Stellung, die Worte nicht mit dem Inhalte,
aber über allen praktischen Erwägungen stand dem Ägypter das
Gefühl, nichts von dem verloren gehen zu lassen, was die Vorfahren besessen und eingerichtet hatten, nie die Verbindung mit
der Vorzeit zu verlieren, damit alles so bleibe, wie es gewesen
war „seit den Zeiten des Gottes Râ".

Während in den Äußerungen des bürgerlichen Lebens die
besprochene Empfindungsweise durch das Leben selbst eine ge-
wisse Änderung erfahren mußte und man wohl an Namen und
Formen, nicht aber an dem Inhalte festhalten konnte, wenn andere Allgemeinverhältnisse eintraten, war dies anders auf dem
Gebiete des Seelenlebens, wo das Gefühl allein das Sinnen und
Denken beherrschte und die rauhe Wirklichkeit nicht das System
zerstören mußte.   Vor allem ist es die Religion, in welcher der
Ägypter seiner conservativen Gesinnung freien Lauf gelassen hat.
Die wenigen Naturerscheinungen, die wenigen allgemeinen Wahr-
heiten, die er ihr zu Grunde legte, ließen sich so verschiedenartig
deuten und umgestalten, daß hier ein Verlassen alter Gedanken
neuen zu Liebe, wenn auch nach unserer Anschauung wünschens-
wert, doch nach ägyptischer durchaus nicht notwendig erschien.
Dies war um so weniger der Fall, als der Hang zum Mysticismus,
der das ägyptische Volk kennzeichnete, über etwa entstehende
Widersprüche leicht hinweg half. Wo diese für den irdischen
Verstand unlösbar erschienen, da galt ihre Ausgleichung für ein
tiefes Geheimnis, dessen Inhalt die Gottheit dem Seligen im Jenseits enthüllen werde.

Unter diesen Umständen ist die ägyptische Religion von hohem Interesse. Sie bietet die allereinfachsten Formen dar, unter
denen das Volk an den Ufern des Niles sich seine Götter eine
Zeit lang dachte, die Ceremonien, mit denen man sie in einer
Zeit, in der man über nur sehr geringe Hülfsmittel zur Verschönerung des Cultus verfügte, verehrte; daneben aber zeigen sich
die Anschauungen anderer Zeiten, eine stetig wachsende Zahl von
Gottheiten, ein sich andauernd verfeinernder und prunkvoller ge-
staltender Cultus, ganz neugeschaffene Verehrungsweisen, aus
dem Ausland eingeführte höhere Wesen. Alle die verschiedenen

Gedankenkreise, welche der ägyptische Götterglaube im Laufe der Zeit überhaupt entwickelt hat, finden sich in den Texten gleichzeitig vertreten, alle aufeinander folgenden Gestaltungen sind beibehalten worden. Widersprüche aller Art konnten dabei nicht ausbleiben, dieselben haben jedoch den Ägypter nie gestört, und dies um so weniger, als er nie versucht hat, seine Götterwelt in ein System zu bringen, welches als eine einheitliche Religion gelten könnte. Man kann in Ägypten wohl von religiösen Vorstellungen reden, aber nicht von einer ägyptischen Religion. Diese Thatsache, welche sich jedem, der die Texte mit unbefangenem Auge betrachtet, ohne weiteres aufdrängt und welche der Leser, auch aus den Texten, welche ihm im Folgenden vorgeführt werden sollen, klar erkennen wird, muß wohl im Auge behalten werden. Immer und immer wieder ist der Versuch gemacht worden, ein ägyptisches Religionssystem aufzustellen und damit den Ägyptern zu geben, was sie nie besessen haben. Alle die hierher gehörigen Arbeiten, mögen sie auch noch so geistreich sein, sind wissenschaftlich als verfehlt zu betrachten; stets beruhen sie auf einer willkürlichen Auswahl von Textstellen, welche ihre Verfasser von einem vorgefaßten Standpunkte aus vorgenommen haben, lassen aber die weit größere Zahl anderer, den betreffenden Theorien widersprechender Stellen außer acht. Ebensowenig, wie es möglich ist, ein solches allgemein gültiges System aufzustellen, läßt sich ein Urteil abgeben über die älteste Form der ägyptischen Religion, und beweisen, ob dieselbe monotheistisch war, wie man aus allgemeinen Gründen annimmt, oder ob sie, wie von anderer Seite behauptet worden ist, auf Pantheismus, Polytheismus, Sterndienst, Ahnenkult oder noch andern Vorstellungen beruht. Alle diese Glaubensformen finden sich in der ägyptischen Religion mehr oder weniger klar vertreten, es ist aber nicht belegbar, welches die ältern, welches die jüngeren sind. Bereits in den ältesten uns überkommenen längeren religiösen Texten, in den Inschriften der Pyramiden der sechsten Dynastie sind sie insgesamt vorhanden und nebeneinander in einzelnen Sätzen und längern Ausführungen dargelegt. Soweit unsere Kenntnis des alten Ägyptens reicht, ist die Forschung bei der Frage nach den Ursprüngen der Religion, der Verfassung, der Schrift, der Herkunft des Volkes zu keinem Abschlusse gelangt. Im Gegenteil, je mehr Material erschlossen, je gründlicher es durchgearbeitet

wird, um so unklarer werden die Ursprünge, eine Theorie nach
der andern erweist sich als verfehlt, ohne daß eine beweisbare
Wahrheit sich an ihre Stelle setzen ließe. Wie in so vielen andern Ländern, so kennt auch in Ägypten die Geschichte im wei-
testen Sinne des Wortes ihre Anfänge nicht. Das Einzige, was
die Religionswissenschaft für Ägypten bei dem jetzigen Stande
unseres Wissens thun kann, ist, denselben Weg wieder einzuschla-
gen, den die Ägypter einst gegangen sind, nur in umgekehrter
Richtung. Wo sie combinierten, müssen wir isolieren. Auf
Grund der Texte muß man suchen, die einzelnen durcheinander
laufenden Lehren zu entwirren und jede für sich darzustellen, um
auf diese Weise die einzelnen Steine loszulösen, aus denen sich
das bunte Mosaikbild zusammensetzt, welches der ägyptische
Glaube an höhere Mächte darbietet. Wir werden sehen, daß man
auf diesem Wege eine längere Reihe einzelner klarer Lehren gewinnen kann, welche hohes Interesse darbieten, welche jede für
sich einen abgeschlossenen Gedankenkreis bilden, der logischer
Weise aber, obwohl es die Ägypter versucht haben, nicht mit den
andern zu besprechenden Lehren vereint werden kann.

Ehe wir jedoch dazu übergehen, die wichtigsten dieser Kreise,
die teils an bestimmte Göttergestalten, teils an einzelne Grund-
ideen anknüpfen, zu betrachten, muß auf die Entstehung des
ägyptischen Staates mit einigen Worten eingegangen werden, da
sich aus dieser manche wichtige Thatsache der ägyptischen Glaubenslehre ohne weiteres erklärt, wie dies in einem Lande, wo
Staat und Religion sich in so hohem Grade deckten, wie im Nilthale, nicht anders möglich ist.

Der altägyptische Staat hat sich gebildet durch die Vereinigung einer größeren Zahl kleinerer Staaten, aus denen das Nilthal in vorgeschichtlicher Zeit bestand. Bei dieser Einigung, deren Abschluß die Sage Menes, dem ersten menschlichen Könige
Ägyptens, zuschreibt, wurden die Einzelstaaten nicht aufgelöst,
sondern bestanden als solche fort, hatten eigene Verwaltung in
religiöser, staatlicher und militärischer Beziehung und erkannten
im Könige nur insofern ihr Oberhaupt an, als er die Einzelfürsten
in ihrer Stellung zu bestätigen hatte, im Kriege den Oberbefehl
führte, Ehrenämter und Titel verleihen konnte und bestimmte
Abgaben gezahlt erhielt. Ob er auch das Recht besaß, die Un-
terfürsten abzusetzen, ist fraglich. Thatsächlich ist es öfters ge-

schehen, doch ging dem dann ein Krieg vorher, der zur Nieder-
werfung des Fürsten geführt hatte, so daß der Pharao hier als
Eroberer auftrat. Das auf diese Weise gewonnene Land durfte
er jedoch nicht als sein Eigentum behalten, sondern hatte einen
andern damit zu belehnen, der in alle Rechte und Pflichten seines Vorgängers eintrat und das Gebiet seinen Nachkommen ver-
erben konnte. Diese regelmäßige Weiterbelehnung hat dazu geführt, daß die uralten Landesteile bis in die späteste Zeit erhalten blieben; nur in seltenen Fällen traten Verschiebungen ein,
wurden durch die Vererbung zwei Teile vereinigt oder früher
vereinte Teile wieder getrennt, im großen und ganzen geben die
Texte von der Pyramidenzeit an bis in die Epoche der Ptolemäer
und römischen Kaiser stets die gleichen Bezirke als bestehend an.

Der altägyptische Name dieser Bezirke war ḥesp *), während
die Griechen sie Nomen nennen, eine Bezeichnung, die die Römer, unter denen dieselben so selbständig gestellt waren, daß sie
eigene Münzen prägen durften, beibehielten. Jeder Nomos zerfiel
in vier Unterabteilungen, in die Hauptstadt, den Sitz der Behör-
den, vor allem des Nomarchen und des Hauptgottes; in das regelmäßig Jahr für Jahr bestellte Fruchtland; in die nur zeitweise
bebauten, meist als Weideland und zur Cultur von Wasserpflan-
zen benutzten Sümpfe, und endlich in die von eigenen Beamten ver-
walteten Kanäle. Letztere unterlagen in weit höherem Grade als
das übrige Land der Beaufsichtigung der Centralbehörden, da eine
regelmäßige Bewässerung in Ägypten nur dann zu erzielen ist,
wenn eine Behörde das Ganze leitet und im Interesse der Allge-
meinheit den Versuchen entgegentritt zu Gunsten von Einzelinte-

---

*) Bei der Umschrift ägyptischer Worte entspricht ḥ dem schwächeren,
χ dem härteren Kehllaut, š dem sch, und ꝯ etwa dem englischen th. Die mit a, á, â,
i, u wiedergegebenen Zeichen stehen den semitischen Semivokalen näher, als
unsern Vokalen, werden aber bei der Wiedergabe von Fremdwörtern und bisweilen auch im Ägyptischen selbst als Vokalzeichen benutzt. Im allgemeinen
schreibt der Ägypter die Vokale nicht; wo in den Worten aus lautlichen oder
sonstigen Gründen ein solcher bei der Aussprache einzusetzen ist, wird dies
ein e andeuten, welches also den verschiedensten Vokalen entsprechen kann.
Die wahre Vokalisation der Worte ist meist unbekannt, und sind daher im
fortlaufenden Texte die griechischen Umschriften, falls solche vorliegen, verwendet worden, die den Wortklang richtiger wiedergeben werden, als die buch-
stäbliche Umschrift der ägyptischen Zeichen, deren einmalige Angabe für jeden
Eigennamen genügen wird.

ressen das Wasser abzusperren und abzuleiten, ein Versuch, den die ägyptische Moral als ein Vergehen gegen die Gottheit selbst betrachtete.

Die Bedeutung dieser Nomen für die Zustände und Entwicklung Ägyptens, auch in religiöser Beziehung, ist eine so große, daß eine tabellarische Aufführung derselben hier ihre Stelle finden muß:

I. Oberägypten.

	Name.	Hauptstadt.	Gottheit.
1	Ta-Kens	Āb (Elephantine), später Nub-t (Ombos)	Xnum
2	Tes-Hor	Deb (Apollinopolis magna, Edfu)	Hor-behudet (Hor-budet)
3	Ten	Neχeb (Eileithyia, später Sene (Latopolis, Esneh)	Neχeb
4	Ust	Ust (Tebent, später Ān-res (Hermonthis)	Amon-Rā, später Ment
5	Hor-ui	Kebt, (Coptos)	Xem
6	Āa-ta	Ta-en-terer (Tentyris, Denderah)	Hathor
7	Seχem	Ha (Diospolis parva)	Hathor
8	Āčd	Ābdu (Abydos, fr. wohl Teni (This)	Ānher
9	Xem	Āpu (Panopolis)	Xem
10	Uaa-t	Debu (Aphroditopolis)	Hathor
	Neter-ui	Du-ka (Antaeopolis)	Horus
11	Set	Sasχetep (Hypsele)	Anum
12	Du-t	Nu-ent-Bak (Antaeopolis)	Horus
13	Atef-χent	San-t (Lycopolis, Siut)	Āp-uat
14	Atef-peḥ, später An-ti-noites	Kesi (Cusae)	Hathor
15	Un	Χemennu (Hermopolis)	Thoth
16	Meḥ-maḥes	Heben-nu (Hipponon)	Horus
17	Anup	Ka-sa (Cynopolis)	Anubis
18	Seχ	Ha-suten (Alabastronpolis)	Anubis
19	Uab	Par-mā-ẟet (Oxyrynchos)	Set
20	Atef-χent	Χemennu (Heracleopolis magna)	Her-ẟef (Arsaphes)
21	Atef-peḥ	Semen-Hor	Anum
	Ta-se	Ta-ẟel (Crocodilopolis im Fayûm)	Sebek
22	Mi-ten	Tep-ḥeḥ (Aphroditopolis)	Hathor

II. Unterägypten.

	Name.	Hauptstadt.	Gottheit.
1	Anub (die weiße Mauer)	Men-nefer (Memphis)	Ptah.
2	Āa	Seχem (Letopolis)	Horus
3	Ament (der Westen)	Nu-ent-Hapi (Apis)	Hathor
4	Seχ-res	ẟeka	Amon-Rā

	Name.	Hauptstadt.	Gottheit.
5	Sepi em het	Sau (Sais)	Neith
6	Ka-set	Xasuu (Chois)	Amon-Râ
7	..... âment	Sent-nefer	Hu
8	..... âbd	Sukot (Sukot)	Tum
9	Aəi	Pa-Ásiri (Busiris)	Osiris
10	Ka-kem	Ha-her-âb (Athribis)	Horus
11	Ka hebes	Ka-hebes (Kabasos)	Isis
12	Ka-əeb	Heb-neter (Sebennytos)	Ánher
13	Hak-ad	Án-u (Heliopolis)	Râ
14	Xent-âbd	Hân (Tanis)	Horus
15	Thut	Pa-Thuti (Hermopolis)	Thoth
16	Xar	Pa-Ba-neb-ded (Mendes)	Ba-neb-ded (Osiris)
17	Sam-Hut	Pa-χen-en-Ámen (Diospolis)	Amon-Râ
18	Ám-χent	Pa-Bast (Bubastis)	Bast
19	Ám-peh	Pa-Uaə (Buto)	Uaə (Buto)
20	Sepd	Kesem (Gosen, Phakussa)	Sepd

Ein Blick auf die Liste zeigt, daß jeder Nomos seine eigene
Gottheit besaß. Der Haupttempel derselben stand in der jeweiligen Hauptstadt, hier war das Priestercollegium thätig, das sich
seinem Dienste geweiht hatte. An der Spitze der Priester, ägyptisch âb „der Reine", neter hen „der Diener des Gottes" — von
den Griechen mit Prophet wiedergegeben, doch hatte der betreffende Beamte mit Prophezeiungen nichts zu thun — und ähnlich
genannt, stand regelmäßig ein Oberpriester, der einen besonderen
Titel führte. so in Memphis den Oberster der Arbeiter, in
Mendes den Vorsteher der Soldaten, in Heliopolis den Großer des
Schauens. Neben ihm war eine in späterer Zeit gleichfalls beti-
telte Oberpriesterin und ein festbestimmtes Personal thätig, dessen
Zahl je nach der Größe und dem Reichtum des Tempels wech-
selte, doch war dasselbe nicht so groß, als man vielleicht glauben
könnte, in Siut bestand es beispielsweise aus 10, in Abydos nur
aus 5 Personen. Dazu kamen jedoch zahlreiche niedere Tempel-
beamte und Persönlichkeiten aus der Stadt, welche priesterliche
Funktionen im Nebenamte verrichteten. Die Priester in jedem
Nomos waren selbständig und unterstanden keiner höheren Behörde. Wenn zuweilen der Gedanke auftauchte, einen Oberpriester für ganz Ägypten einzusetzen, der am Hofe lebend und unter dessen Einflusse stehend die Priesterschaft in regierungsfreund-
lichem Sinne beherrschen sollte, so ist dieser Versuch dem Selbstän-
digkeitsgefühle der einzelnen Collegien gegenüber regelmäßig geschei-

tert. Die Könige haben sich damit begnügen müssen, die Ober-
priesterstellen an den wichtigsten Heiligtümern mit ihren Verwandten oder sonst ihnen ergebenen Männern zu besetzen, um so
indirekt Einfluß auf das Priestertum zu gewinnen. Die Unabhän-
gigkeit der Collegien ward aber nicht nur in politischer Beziehung gewahrt, sie erhielt sich auch in religiösen Dingen. In jedem Nomos bestand eine eigene Religion, die sich für sich ohne
Rücksicht auf den Nachbarnomos entwickelte; fast jeder hat seine
Nomosgottheit zeitweise in henotheistischer Weise verehrt. Hier
galt dieselbe als Herrscher der Götter, als Schöpfer der Welt, als
Spender alles Guten, und es verschlug dem Anhänger der Gestalt
wenig, daß im Nachbarnomos eine ganz andere Gottheit die gleiche
Rolle spielte, während sein Gott sich dort mit einer untergeord-
neten Stellung begnügen mußte.

Bei einer solchen Abgeschlossenheit der Nomen konnten tief-
gehende Gegensätze zwischen denselben nicht ausbleiben; einzelne
Gottheiten galten mythologisch als Feinde anderer; wurde nun in
einem Landesteil die eine, in dem zweiten ihr Feind verehrt, so
traten sich auch ihre Anhänger feindlich gegenüber und diese
Gegnerschaft hat noch in der römischen Kaiserzeit mehrfach blutige Kämpfe zwischen verschiedenen Bezirken hervorgerufen. Zugleich mußte aber im Laufe der Geschichte die unbeeinflußte Fort-
entwicklung der Nomenreligionen dazu führen, daß ursprünglich
gleiche Gottheiten in verschiedenen Nomen sich auch selbständig
entwickelten und zuletzt ganz verschiedenartige Gestalten wurden.
Der Horus von Edfu deckt sich in geschichtlicher Zeit nicht mehr
mit einem Horus von Letopolis; ersterer ist der scharfblickende
Gott der klaren Sonne, letzterer ein blinder, in der Sonnenfinster-
nis sich zeigender Gott. So darf man bei der Behandlung einer
Gottheit nicht ohne weiteres alle auf sie bezüglichen Angaben verwerten, sondern muß sorgsam prüfen, ob dieselben auch von dem
gleichen Orte herstammen, will man nicht Gefahr laufen, verfehlte
Vorstellungen zu gewinnen.

Gelegentlich freilich ist diese Abgeschlossenheit durchbrochen
worden. Häufig geschah dies im Kleinen, wenn der Bewohner eines Nomos sich in einem andern niederließ und dabei seine Götter mit sich brachte. Dann durfte er denselben nach erfolgter
behördlicher Erlaubnis Kapellen errichten. War aber ein solches
Heiligtum reich ausgestattet, feierte es glänzende Feste, dann war

es besonders in Orten, deren Haupttempel arm war, nur natürlich, wenn sich bald mehr und mehr Anhänger um den neuen
Gott scharten und dieser allmählich den alten zurückdrängte. So
geschah es beispielsweise in Abydos, wo der Nomosgott Anher
im Laufe der Zeit so gut wie ganz dem Osiris hat weichen müssen. Wenn sich aber diese Vorgänge mehr im Geheimen ab-
spielten und nur örtliche Bedeutung besaßen, so war die religiöse
Umwälzung eine ganz anders ausgedehnte, wenn eine neue Dynastie an das Ruder kam. Eine solche glaubte stets der Gottheit
ihres Heimatnomos die Krone zu verdanken, ihr galt daher auch
vor allem die Verehrung des Begründers der Dynastie, ihren Cult
im ganzen Reiche zu verbreiten war sein Hauptbestreben,
dem die Bevölkerung gern entgegengekommen sein wird.
Die Erhebung des Königs über die andern Nomarchen war
für sie zugleich eine Erhöhung seines Gottes über die übrigen Gottheiten, ihm wurden daher allgemein Opfer und Gebete
gebracht. Solchen Erwägungen und königlichen Einflüssen hatten
der Cult des Ptah, Xnum, Amon-Rá ihre Verbreitung zu verdanken. Wieder andere Götter gelangten infolge philosophischer
Anschauungen zu ihrer Macht. Seit der Hyksoszeit suchte man
in der Sonnenverehrung den Kern aller Religion, fast alle Haupt-
götter wurden mit dem Sonnengotte verschmolzen; es entstanden
Mischformen wie Xnum-Rá, Amon-Rá und zahlreiche ähnliche
Gestalten, und zugleich ward jener solare Zug in die altägyptische
Mythologie eingeführt, welcher dieselbe mit dem Beginne des
neuen Reiches (um 1700 v. Chr.) als eine Sonnenreligion erscheinen läßt und welcher, als man später seine letzten Consequenzen
zog, die ganze Glaubenslehre zu dem Pantheismus hinführen
mußte, obwohl sich mit diesem beispielsweise der an die Osirisreligion anknüpfende Gedankenkreis nicht vereinigen ließ.

Zweites Kapitel.

Die Sonnenreligion.

Der Name, unter dem der Sonnengott am häufigsten in den
Texten erscheint, ist der Rá. Man hat oft aus diesem Namen
selbst weitgehende Schlüsse auf die Natur der Gottheit ziehen wollen und hat vermutet, da rá unter anderem geben, gelegentlich auch

anordnen bedeutet, Râ heiße so als das Wesen, das alles schuf
und anordnete, wie er denn auch nach Inschriften älter war als
das Firmament, und die Götter und Menschen bildete. Allein
diese Erklärung ist zu weit hergeholt. Der Name des Gottes hat
mit dem Worte für geben thatsächlich nichts zu thun, er ist abzuleiten von der seit den allerältesten Zeiten allgemein gebräuch-
lichen Bezeichnung der Sonne râ. Von dem Gestirne ist er auf
den Gott übertragen worden, in dessen Gestalt man sich den
Beseeler eben dieses Gestirnes verkörpert dachte. Daß man diesem Wesen eine schöpferische Thätigkeit zuschrieb, war selbstverständlich. Nur unter Mitwirkung der Sonne konnte Leben gedacht werden, ohne ihr Wirken blieb alles tot. Ehe andere Wesen
entstehen konnten, mußte die Sonne und mit ihr das Licht gebildet sein, und von dieser Annahme eines Bestehens der
Sonne vor den anderen Dingen war es, wenn man sich
einmal die Sonne als Person dachte, nur ein Schritt zu der
zweiten, die Sonne habe selbst alle Dinge in das Leben gerufen.

Ursprünglich ward die Sonne männlich gedacht. Erst in
verhältnismäßig junger Zeit kam man auf den Gedanken, sie in
ein männliches und ein weibliches Wesen zu zerlegen. Das letztere erhielt den Namen Râ-t, welcher durch Anhängung des Zei-
chens des weiblichen Geschlechtes an den alten Gottesnamen gebildet, durch eben diese künstliche Bildung seine junge Entstehung
verrät. Man hat denn auch mit der Göttin nichts rechtes anzu-
fangen gewußt. Sie wird öfters als Herrin von Heliopolis genannt,
gilt als Bewohnerin einiger Landschaften wie z. B. der Sinai-
Halbinsel und ist in Erment neben Month und Harpocrates in die
Göttertriade aufgenommen worden, eine selbständige Stellung
vermochte sie jedoch nirgends zu erringen und deckt sich in
ihrer Thätigkeit vollständig mit Isis. Ihr Bild zeigt sogar die
Kuhhörner dieser Göttin, nicht aber den Sperberkopf, den sie
tragen müßte, falls sie eine altüberkommene Sonnengottheit wäre.

Die Verehrung der Sonne bestand in Ägypten schon in vorgeschichtlicher Zeit. Bereits in den ältesten Texten tritt dieselbe
auf und bis in die jüngsten Zeiten des Ägyptertums blieb sie ohne
Unterbrechung beliebt. Der Sonne wurden als Weihegeschenke
die Obelisken errichtet, welche neben den Tempeleingängen sich
erhoben, ebenso wie die kleinen gleichgeformten Votivgegenstände,
die man besonders im alten Reiche in den Gräbern aufstellte.

Im neuen Reiche wurden letztere durch kleine Pyramiden ersetzt,
die hier nicht als Ebenbilder der Grabpyramiden des alten Reiches,
die nichts anderes sind als künstlich aufgemauerte Berge ohne
tiefere symbolische Bedeutung, betrachtet werden dürfen, sondern
als durch ihre Spitze allein angedeutete Obelisken anzusehen
sind. Zuweilen erscheinen diese Votivpyramiden oben abgeflacht
und mit einem Ringe versehen, damit man die Stücke als Amulett
tragen könne. Eine dritte Art Denkmäler steht zwischen beiden
Formen in der Mitte. Dieselbe besteht zunächst aus einer breiten
oben abgeflachten Pyramide, welche die Gestalt der sogenannten
Mastaba, der Gräber des alten Reiches, vorführt. Aus der Mitte
der oberen Fläche ragt ein Obelisk hervor, auf dem häufig eine
Sonnenscheibe sich befindet. Derartige Denkmäler waren in der
fünften Dynastie sehr beliebt; mehrere Könige ließen in der Nähe
von Memphis große monumentale Anlagen in dieser Form errichten und mit Tempelanlagen verbinden, in denen verschiedene
Priester thätig waren. Die Bauten waren Râ oder Râ-Harmachis
geweiht; verhältnismäßig selten ward daneben Horus und Hathor
verehrt. Über die Lage der Bauwerke, ihren Plan u. s. f. liegen
keine Angaben vor, doch bestand wohl ein Zusammenhang zwischen ihnen und den Grabpyramiden, auf den der Umstand hin-
weist, daß dieselben Männer als Propheten an den Totenpyra-
miden thätig waren und in diesen Râ-Heiligtümern Stellungen einnahmen.

Der Mittelpunkt der ganzen Sonnenreligion war die Stadt
Ân, hebr. On, oder Pa-Râ „Haus des Râ", das Heliopolis der
Griechen, dessen Geschichte sich freilich nicht sehr weit zurück-
verfolgen läßt. Im alten Reiche wird es nur selten genannt und
erst in der zwölften Dynastie (vor 2000 v. Chr.) erfolgte. wie eine
dichterisch ausgeschmückte Schilderung des Ereignisses, die in
einer Berliner Lederhandschrift[1]) erhalten geblieben ist, berichtet,
die Gründung des großen Râ-Tempels, an dem die späteren Pharaonen eifrig thätig waren. Der Bau war jedoch nicht das erste
Heiligtum an dieser Stelle, der eben genannte Papyrus erwähnt
das große Haus des Tum in Heliopolis, das bei Gelegenheit der
neuen Anlage vergrößert worden sei. Von dem Tum-Tempel ist
nichts erhalten geblieben, und von der Gründung der zwölften
Dynastie legt nur noch die Tempelumwallung und ein einsamer
Obelisk mit dem Königsnamen Usertesen I bei dem Dörfchen

Matariéh Zeugnis ab. Das Wort des Propheten Jeremias 43. 13:
„er wird die Bildsäulen im Sonnentempel in Ägyptenland zerbre-
chen und die ägyptischen Götzentempel mit Feuer verbrennen",
hat sich hier im vollsten Umfange erfüllt. Schon im Altertume
begannen die Zerstörungen. Unter Ramses III. (um 1200) stand
der Tempel auf der Höhe seiner Macht, 12913 Personen sollen in
ihm angestellt gewesen sein; später weiß Herodot nur noch von
der Weisheit der hiesigen Priester, nicht mehr von der Pracht
der Anlage zu erzählen und unter Strabo war der Ort so gut
wie ganz verlassen, wenn ihn auch Reisende noch häufig be-
suchten. Trümmer erhielten sich bis in die arabische Zeit hinein, der Obelisk, der neben dem erhaltenen stand, stürzte erst im
13. Jahrhundert n. Chr. um, eine prächtige Götterstatue, die in
der Nähe sich befand, ward von Aḥmed ibn Tulun (870—884 n. Chr.)
zerstört. Bei neuern Ausgrabungen hat man auch unter der Erde
fast nichts mehr vorgefunden.

Länger als die Denkmäler des Gottes Râ erhielt sich eine ihm
hier geweihte Quelle. Als um 730 v. Chr. der König Pianchi von
Äthiopien auf seinem Siegeszuge durch Ägypten [2]) nach Heliopolis
kam, da wusch er sein Angesicht, wie er selbst erzählt, in dem
Becken frischen Wassers, in dem Râ sein Antlitz zu waschen
pflegt. Es ist dies die Sonnenquelle, wie sie noch heute die Araber
nennen, in der nach einer alten Legende die Mutter des Heilands
die Windeln des Kindes wusch, als sie vor Herodes flüchtend nach
Ägypten gelangte. Aus dem verschütteten Wasser entsproß der
Balsamstrauch, der nach Maqrizis poetischer Erzählung nirgends
auf der Welt wächst, als gerade hier; und noch heute zeigt man
die Sycomore, in deren Schatten die heilige Familie gerastet haben
soll. Wenn auch der jetzige Stamm erst wenige Jahrhunderte alt
ist, so steht er doch an der Stelle eines Vorgängers, der bis in
die Zeit Christi sein Alter zurückgeführt haben mag: die Stelle
selbst gilt bis auf den heutigen Tag den Arabern und christlichen
Kopten als eine geweihte.

Der eben erwähnte altägyptische Text gewährt in seinem
weiteren Verlaufe Aufschluß über die Handlungen, die ein nach
Heliopolis selbst gelangender Pharao vorzunehmen hatte. Nach-
dem er sich gewaschen hatte, zog Pianchi auf die Sandhöhe in
Heliopolis und brachte hier angesichts des Gottes Râ bei dessen
Aufgange ein großes Opfer dar mit weißen Rindern, Milch, Bal-

sam, Weihrauch und allerhand wohlriechenden Hölzern. Als er
von diesem Zuge nach dem Sonnentempel kam, da pries ihn der
Vorsteher des Tempels, der Vorleser im Tempel sprach die Formel vom Abwehren der Feinde vom Könige, die Ceremonie im
Sternenhaus (ein Tempelraum) ward vollzogen, die heilige Binde
angelegt. Der König reinigte sich mit frischem Weihrauch, man gab
ihm die Blumen des Ḥa-t benben, d. h. die Pflanzen, die der Opfernde
hier im Tempel in den Händen halten mußte, wenn er vor der
Gottheit erscheinen wollte. „Er trug die Blumen, er stieg hinauf die
Treppe zu der großen Kammer (dem Allerheiligsten) um zu sehn
Râ in dem Ḥat-benben, er, der König selbst. Es stand der Fürst
allein da, er löste den Riegel, er öffnete die Thürflügel, er sah
seinen Vater Râ in dem ehrwürdigen Ḥat-benben, die Mâ.ɩ-Barke
des Râ und die Sekti-Barke des Tum. Dann verschloß er die
Thüren, legte Siegelerde auf und drückte auf diese das königliche Siegel. Dann sprach er befehlend zu den Priestern: „Ich
habe geprüft das Siegel, niemand soll zu ihm (dem Heiligtum)
eingehen von den übrigen Königen (d. h. den Unterkönigen Pi-
anchis)". Er stand da, sie aber warfen sich nieder auf ihren
Bauch vor Seiner Majestät, indem sie sprachen: „es bleibe bestehn, es mehre sich, nicht werde vernichtet Horus, der da liebt
Heliopolis" d. h. der König selbst. Nun ging Pianchi zurück zu
dem Tempel des Tum, herbeigebracht ward die Bildsäule seines
Vaters Tum-Xeperâ, des Fürsten von Heliopolis". Hierauf verließ
der Herrscher die Stadt.

Das Heiligtum, welches Pianchi besuchte, enthielt zunächst
zwei Barken. Dieser bedurfte der Sonnengott, um seine Tages-
fahrt am Himmel durchführen zu können, bestand doch nach
altägyptischer Anschauung die Bewegung der Gestirne in einer
Schifffahrt, die entweder auf dem aus Wasser bestehenden Himmelsgewölbe oder, falls man das Gewölbe für ehern hielt, auf dem
dasselbe durchströmenden himmlischen Nile vor sich ging. Die
Sonne hatte nach der verbreitetsten Ansicht zwei Schiffe zur Verfügung, die Mâ.ɩ, bez. Mâ.ɩet-Barke, welche sie während der Mor-
genstunden, und die Sekti-Barke, die sie Nachmittags benutzte.
Daneben tritt der Gedanke auf, die Zahl der Barken sei eine weit
größere, für jede Tagstunde sei eine besondere bestimmt. Die
Boote haben die Gestalt der gewöhnlichen Nilschiffe, in der Mitte
pflegt eine Cajüte angebracht zu sein, in der der Gott Râ Platz

genommen hat, davor und dahinter stehn je nach den Stunden
wechselnde Gottheiten, die die Sonne begleiten, ihre Feinde bekämpfen oder das Schiff lenken. Vor allem werden gerne die
Nebenformen des Râ selbst Tum und Xeperä unter seinen Genossen aufgeführt.

Auser den beiden Barken befand sich in dem Tempelraume
noch ein anderer heiliger Gegenstand, ein Göttersymbol in Gestalt
eines kleinen, vermutlich aus Stein bestehenden Obelisken, benben, nach dem der ganze Tempel den besonders in religiösen
und magischen Texten vielverwendeten Namen Hat-benben „Haus
des Obelisken“ erhalten hatte.   Dieser galt als Incorporation
des Gottes Râ selbst.   Wenn man als solche einen leblosen Gegenstand auswählte, so geht dies, wie noch zu erwähnen sein wird,
auf asiatische Anschauungen zurück, und ist es sehr beachtenswert, daß diese Vorstellung in Heliopolis nicht nur bereits in uralter Zeit auftritt, sondern sich auch während der ganzen Dauer
des Altägyptertumes zu erhalten vermochte.   Dies ist um so auffallender, als man daneben in dem Phönix eine rein ägyptischen
Vorstellungen entsprungene zweite Incorporationsform des Râ an
dem gleichen Orte verehrte.   Seit vorgeschichtlicher Zeit scheint
ein inniger Zusammenhang zwischen Heliopolis und Asien bestanden zu haben und die Erinnerung an ihn ward nie vergessen,
noch den griechischen Reisenden ward von ihm erzählt, woraus
sie freilich die irrtümliche Angabe erschlossen, Heliopolis sei
eine arabische Gründung, während die Semiten thatsächlich hier
nichts gestiftet hatten, als eine Religionsform.

Schon die eben hervorgehobene Thatsache, daß man in Heliopolis zwei Incorporationen des Sonnengottes verehren zu müssen
glaubte, zeigt, daß man denselben nicht für eine einheitliche Gestalt hielt, sondern in verschiedene Teile zerlegte, deren jedem eine
eigene Persönlichkeit zugeschrieben ward; altägyptische Texte behaupten denn auch, Râ habe nicht weniger als 7 Seelen (ba) und
14 Persönlichkeiten (ka) besessen. Anfangs wird jede Form einen
eigenen Wirkungskreis gehabt haben, allmälig aber griff eine
in die Machtsphäre der andern über, so daß zwar die Grundbedeutung der Gestalten eine verschiedenartige blieb, ihr Wesen und
Wirken sich sonst aber fast ganz deckte.   Die wichtigsten unter
diesen Einzelformen sind diese: Râ selbst, den die Inschriften als
Gott von Heliopolis, von Chois, Apollinopolis magna und des

15. oberägyptischen Nomos bezeichnen. Dargestellt wird derselbe fast regelmäßig als Mann mit dem Sperberkopfe, in der einen Hand das Zeichen des Lebens, in der andern das der königlichen Würde, das Herrscherszepter us. Auf dem Kopfe befindet sich die Sonnenscheibe, um die sich die Uräusschlange, das Symbol der Macht über Leben und Tod schlingt. Der Sperberkopf ist das charakteristische Zeichen aller Sonnengottheiten, ein großer Teil derselben verkörperte sich in Sperbern, und wenn ein Gott diese Gestalt zeigt, so ist der Rückschluß auf seine solare Natur ein zwingender. In der Zeit, in welcher die ganze altägyptische Religion eine Sonnenreligion zu werden suchte, ward der Sperber gleichbedeutend mit Gott und dient das Bild des hockenden Vogels als Sinnzeichen für das Wort neter „Gott", geradeso wie das Bild der Schlange für das neter-t „Göttin" verwendet wird. Wie man dazu kam, den Sperber mit der Sonne in Verbindung zu setzen, wird nicht überliefert, der Name des Tieres bak hat mit dem Gestirne nichts zu thun, doch liegt die Vermutung nahe, daß das Volk den Raubvogel, der hoch in den Lüften dahinschwebte, der an dem blauen Himmel zu verschwinden schien, der sich scheinbar mit der Sonne vereinigte, und dann wieder auf die Erde schnell wie ein Lichtstrahl herabschoß, für den Boten und einen Teil der Sonne ansah, und hiervon ausgehend annahm, auch die Sonne selbst habe Sperbergestalt. Noch die Neuplatoniker haben einen innigen Zusammenhang zwischen Sperber und Sonne zu finden geglaubt: Porphyrius erzählt, dieser sei darauf begründet, daß der Sperber aus Blut und Geist ($\pi\nu\epsilon\tilde{v}\mu\alpha$) sich zusammensetze. Daß derartige Schlüsse sehr nahe liegen, erkennt man am klarsten, wenn man sich erinnert, daß auch andere von den Ägyptern ganz unabhängige Völker Sperber und Sonne zu verbinden trachteten und beispielsweise Homer, Odyssee 15. 525 den Habicht des Phöbus schnellen Boten nennt. Im Nilthale wurden in Folge dieser Gedankengänge die verschiedenen Sperberarten göttlich verehrt, in heiligen Hainen gepflegt und nach ihrem Tode einbalsamiert.

Horus. Unter dem Namen des Horus (Her) werden zwei ursprünglich ganz verschiedene Göttergestalten verstanden, Horus der Sohn der Isis und der Sonnengott Horus. Erst später hat man versucht, beide Gottheiten zu verschmelzen, und hat den Krieg,

den der Sonnengott Horus mit den Mächten der Finsternis führte,
gleichgesetzt dem Kampfe, den der Sohn der Isis mit Set aus-
focht. Der Sonnengott Horus ist es, den die Griechen ihrem
Apollo gleichstellten, mit dem Isis-Sohne hat derselbe in seiner
innern Bedeutung nichts gemein. Meist wird der Sonnengott dadurch von seinem Namensverwandten unterschieden, daß man
ihm bestimmte Beinamen giebt, die je nach den Nomen, in denen
derselbe verehrt ward, wechseln; jede dieser Nomosformen ward
im Laufe der Zeit zu einer selbständigen Gottheit und kommt es
häufig vor, daß man mehrere derselben als von einander unabhängige Gestalten gleichzeitig verehrte. Unter diesen Formen sind
hervorzuheben: Hor-ur; „der ältere Horus“, griechisch Aroëris,
der besonders in dem nahe bei Memphis gelegenen Letopolis Verehrung fand, als sein Geburtsort galt Apollinopolis parva, als seine
Mutter eine Hathor. Auch in Ombos in Oberägypten war ihm
ein ausgedehnter Tempel geweiht. Seine Gestalt war die eines
Mannes mit Sperberkopf oder auch die eines Sperbers. Bezeichnend für die Religionsmischerei der spätern Zeit ist es, daß er in
dieser als Hor-ur-Su, der Sohn des Rå auftritt, wobei er selbst,
Su und Rå ursprünglich gleichbedeutende Begriffe sind.

Hor-mer-ti, „der Horus der beiden Augen“, d. h. der Sonne
und des Mondes, Herr von Sedennu, einer Stadt des unterägyp-
tischen Nomos Pharbåthus. In Panopolis setzte man ihn in
späterer Zeit dem Gotte der zeugenden Naturkraft Xem und
dem Monde gleich, verwandelte demnach seine solare Natur in
eine lunare.

Hor-χent-nen-ma „Horus, der Herr des nicht Sehens“,
eine in Letopolis auftretende als blind gedachte und die Sonnen-
finsternis symbolisierende Gottheit, der die Spitzmaus heilig war,
welche man nach Plutarchs Behauptung in Ägypten göttlich
verehrte, weil sie als blind galt und die Finsternis älter war
als das Licht.

Hor-em-χu-ti, der griechische Harmachis „Horus an beiden Horizonten“, d. h. am Horizonte des Ostens und Westens,
bei seinem Aufgange und Untergange; zuweilen nur als Hor-em-
χu „Horus an dem Horizont“ bezeichnet, gilt er als Gott der auf-
gehenden Sonne insbesondere. Gerne und schon frühe ward er
mit Rå vereinigt und dann „der große Gott, der Herr des Himmels Rå-Harmachis“ genannt, in welcher Form er, zuweilen mit

Hinzufügung des Namens des Tum als Gott von Heliopolis erscheint, wo seine Gemahlin die Iu-s-âas war. Außerdem spielte er in Tanis, ganz im Osten des Deltas an der asiatischen Grenze, eine besondere Rolle. Jhm war die große Sphinx zu Gizeh geweiht, jenes uralte Denkmal, das den Inschriften zufolge bereits zur Zeit des Chephren vorhanden war.

Ḥor-nub „der goldene Horus" ist zunächst die Gottheit der Morgensonne, die sich im goldigen Glanze des Morgenrotes zeigt; er tritt dabei in einen gewissen Gegensatz zu der „goldenen" Hathor, die nichts zu thun hat mit der goldigen Aphrodite der Griechen, sondern Göttin des im Abendglanze strahlenden, die sterbende Sonne empfangenden Westhimmels ist. Mit Vorliebe nimmt der König, der sich stets als irdische Sonne hinzustellen suchte, den Titel Goldhorus an, wie er auch sein eigenes Erscheinen als ein Erglänzen zu bezeichnen pflegt, mit demselben Ausdrucke, der regelmäßig für den Sonnenaufgang Verwendung findet.

Ḥor-ḥekennu, ein sperberköpfiger Gott, der in Dendera als Gatte der Göttin Bast genannt wird und von dem es heißt, er glänze in der Sonnenscheibe.

Ḥor-beḥudet, dem Ḥor-dema entspricht, spielt in einer Sonnensage die Hauptrolle.

Ḥor-ka „Horus der Stier", ist der Planet Saturn, Ḥor-dešer „der rote Horus" der Planet Mars und Ḥor-âp-šeta „der Eröffner des Geheimnisses", der Planet Jupiter, wobei diese drei Planeten als Emanationen der Sonne betrachtet worden zu sein scheinen. — Eine auf grammatischem Wege gewonnene Gottheit ist Ḥor-t, unter deren Namen man Hathor in Sebennytos verehrte. Sie gilt hier als Tochter des Râ und Mutter des Ánḥer, und wurde in später Zeit der Tefnut in ihrer Gestalt als Löwin und der wohlthätigen Nephthys gleichgestellt, Göttinnen, die mit ihr nur das weibliche Geschlecht gemeinsam hatten. In den Mythen war für diese nur priesterlicher Spekulation entsprungene Gestalt begreiflicher Weise ebensowenig wie für Râ-t Platz, alle ihr gegebenen Titel und Eigenschaften, ihre Geburt in Dendera und ähnliches sind von anderen Gottheiten auf sie übertragen worden.

X̌ep|e rä „der Werdende" ist genau genommen der Gott der Morgensonne. In einem Turiner Papyrus heißt es daher: „Ich bin X̌eper des Morgens, Râ des Mittags, Tum des Abends", doch ward diese Unterscheidung nicht streng durchgeführt und kann X̌eperä

bisweilen die Sonne ganz allgemein bezeichnen. Meist tritt der Gott
als Mensch auf mit dem Skarabäuskäfer über sich oder mit einem
Skarabäus als Kopf, wobei das Tier als Sinnbild für den Namen
des Gottes und zugleich für das Wort χeper „werden", welches
seine Haupteigenschaft angab, diente.

Tum, Átum, griechisch Tomos ist zunächst die Abendsonne;
er ward in Heliopolis als Herr der Welt und als Schöpfer hoch
verehrt.' Das Totenbuch nennt ihn „den Schöpfer des Himmels,
den Verfertiger der Wesen, der alles was da ist erzeugte, der die
Götter gebar, der sich selbst erschuf, den Herrn des Lebens, der
frische Kraft gewährt den Göttern". Er selbst entstand aus dem
Urgewässer Nu und hatte für die Unsterblichkeit große Bedeutung, aber auch im Diesseits erwies er sich als gütige Gestalt,
denn von ihm ging der Nordwind aus, der in dem heißen Sommer Ägyptens den Bewohnern frische Luft zuführte und dessen
„süßen Hauch zu atmen" einen der Sehnsuchtswünsche noch der
Toten bildete. Neben Heliopolis war eine Hauptstätte seiner Verehrung die in dem alten Testamente erscheinende Stadt Pithom
(ägyptisch pa-Tum „Haus des Tum"), deren Reste vor einigen
Jahren von Naville bei Tell el Maschûta im Süden des Delta auf-
gedeckt worden sind, wobei derselbe noch die Mauern der Korn-
magazine nachzuweisen vermochte, deren Anlage nach II. Mos.
1. 11. durch die Juden erfolgte. Dargestellt ward Tum meist als
ein Mann mit der Krone von Ober- und Unterägypten; wenn er
neben andern Sonnengöttern erscheint, so pflegt er Râ-Harmachis
zu folgen, dagegen vor Xeperä zu stehn. Eine weibliche Gottheit
steht ihm ursprünglich nicht zur Seite, erst ein später Text zu
Dendera spricht von der Göttin Tum-t, dem weiblichen Tum, und
behauptet, sie sei in Bubastis verehrt worden.

Šu, griechisch Sos, Sosos, Sosis genannt, ist der erstgebo-
rene Sohn des Râ und der Hathor und der Zwillingsbruder der
löwenköpfigen Göttin Tefnut, in den Götterdynastien zu Theben
ebenso wie zu Memphis nimmt er die dritte Stelle ein. Ein Text
der Königsgräber zu Theben berichtet von ihm in seiner Mischform Λunsu-nefer-ḥetep-Šu „er hat getrennt den Himmel von der
Erde, er hat den Himmel erhoben in Ewigkeit über die Erde".
Andere Texte lassen ihn das Urgewässer (Nu), die Säulen des
Himmels u. s. f. erheben. Seine Gestalt ist die eines Menschen
mit einer Feder auf dem Haupte; wenn er mit Tefnut zusammen

abgebildet wird, häufig die eines Löwen. Unter seinen Verehrungsstätten sind die Insel Biggeh bei Philae, Latopolis, Dendera,
Memphis zu nennen. Die Grundbedeutung des Gottesnamens ist
wohl „der Erheber", entsprechend dem Stamme šu erheben, sich
erheben, und denkt man dabei an ihn als den Träger des Himmels. In andern, spätern Texten erscheint er mit veränderter
Bedeutung als Vertreter der glühend heißen Sonne, bez. des
heißen Windes; die zufällig dem eben erwähnten šu gleichlautenden
Stämme für „heiß sein, ausdörren", und für „Wind" haben wohl
diese Bedeutungsverschiebung veranlaßt.

Die eben genannte Genossin des Šu, die Göttin Tefnut,
gilt im Totenbuche neben ihm selbst und neben Tum als einer
der Herren von Heliopolis. In Philae wird sie als Tochter des
Râ bezeichnet, in Nubien ist sie Mutter der Thoth, und in Elephantine wird sie Isis-Sothis gleichgestellt, während die jüngern
Texte sie mit Su in das Sternbild der Zwillinge versetzen. Wie
man sieht, ist ihre Auffassung eine sehr verschiedenartige, je nach
ihren Kultusstätten, zu denen noch Memphis, Lycopolis in Unterägypten, Dendera, Eileithyia u. a. hinzuzurechnen wären. Meist
erscheint sie als Göttin mit Löwenkopf, die Sonnenscheibe auf
dem Haupte, seltener wird der Löwenkopf durch einen Menschenkopf ersetzt oder die ganze Gestalt als die eines Löwen gebildet.
Ursprünglich wohl als solare Gottheit gedacht verwischt sich ihr
Charakter später vollkommen, ebenso wie der der meisten ägyptischen Göttinnen.

Áten bezeichnet zunächst die Sonnenscheibe und ist es ein
wenig glücklicher Einfall gewesen, das Wort mit dem zwar lautlich anklingenden, begrifflich aber grundverschiedenen semitischen
Adonai oder mit Adonis vergleichen zu wollen. Im allgemeinen
wird áten nur im Zusammenhange mit Râ genannt, der dann Râ
in seinem áten und ähnlich heißt, doch kommt daneben verschiedenfach bis in die Zeit des Taharka herab eine Verehrung des
áten für sich vor. Dieselbe war in Heliopolis üblich, wo sich ein
Áten-Tempel erhob, in dem Könige aus der 18. und 19. Dynastie
baulich thätig gewesen sind. Während einer kurzen Periode der
ägyptischen Geschichte gelang es der Áten-Religion Reichsreligion
zu werden. Es war dies unter dem Könige Amenophis IV. (um
1500), einem Monarchen, der sich schon durch sein Äußeres, das
weit vorspringende Untergesicht, die unproportionirt langen Glied-

maßen, die Fettwülste an seinen Gliedern auffallend von den
übrigen Ägyptern unterscheidet. Denn der Umstand, daß seine
Zeitgenossen sich ihm ähnlich abbilden ließen, zeigt nicht etwa,
daß sie es wirklich waren, sondern entspringt nur der ägyptischen
Gewohnheit, in den Darstellungen die ganze Generation schab-
lonenhaft mit den charakteristischen Zügen des augenblicklich
regierenden Pharaos auszustatten.

Vielfach hat man geglaubt, dem Könige asiatische Abstam-
mung zuschreiben und dadurch seine Eigentümlichkeiten erklären
zu müssen, obwohl gerade sein Äußeres den Gedanken an semi-
tisches Blut hätte ausschließen sollen. Aber auch sonst ist die
Vermutung aus der Luft gegriffen. Sein Vater Amenophis III.
war ein Ägypter in seinem Äußern wie in seinem Wesen und
seine Mutter Tii trägt keinen semitischen, sondern eher einen
libyschen Namen. Gelegentlich hat man behauptet, sie sei identisch mit der Tochter eines asiatischen Fürsten, die Amenophis III.
zum Geschenk erhalten hatte, und hat sogar in dem Vorhandensein von Urkunden, die einen innigen Verkehr zwischen Asien
und Ägypten in dieser Periode beweisen, einen Beleg für diese
Annahme finden wollen. Ein Blick auf die Denkmäler genügt,
um sie als unberechtigt zu erweisen. Nach diesen war Tii die
Tochter zweier Privatpersonen Juáa und Tuáa, deren Namen
gleichfalls auf libyschen Ursprung hindeuten und keinenfalls semi-
tisch sein können. Wäre aber die regierende Königin Asiatin gewesen, dann würden gerade die erwähnten Urkunden, die mehrfach der Familienbeziehungen der damaligen Monarchen unter einander gedenken, auch diese für den asiatisch-ägyptischen Verkehr
grundlegende Thatsache anführen.

Amenophis III. war, soweit die Inschriften darüber Aufschluß
gewähren, strenger Anhänger der alten ägyptischen Religion gewesen; Amon-Râ von Theben war es, dem er vor allem Tempel
errichtete. Sein Sohn ließ anfangs die alten Verhältnisse bestehen, trug er doch selbst einen mit Amon zusammengesetzten
Namen; auf den ältesten Denkmälern ist sein Bild noch dem seines
Vaters ähnlich. Bald änderten sich jedoch seine Anschauungen,
er nahm einen neuen Namen Χu-en-áten „Glanz des Áten" an,
und beschloß den Áten-Kult in ganz Ägypten einzuführen mit
Unterdrückung der Verehrung der anderen Gottheiten. Nur die
Sonnengötter sollten insofern anerkannt werden, daß man sie mit

Áten, der als henotheistische Gestalt verehrt werden sollte, verschmolz. In diesem Sinne, als Teile der einen Gottheit, treten Horus, Râ, Tum und auch Amenophis III. unter seinem Vornamen Râ-neb-maâ „Râ, der Herr der Wahrheit" in den Inschriften dieser Zeit auf. Der Umschwung scheint plötzlich eingetreten zu sein. Noch ist in Theben ein Grab erhalten, dessen Anlage in den ersten Jahren des Königs erfolgte und dessen eine Hälfte ihn als Anhänger des Amon zeigt, während die andere von Áten spricht und das unvollendete innere Grab auf die dritte Periode dieser Religionsreform hindeutet. Der König hatte nämlich zuerst in Theben seinen Aufenthalt nehmen wollen, wie es seine Vorfahren gethan hatten, hier sollte ein großer Tempel für Râ-Harmachis-Áten, ein Benben, also eine sich an einen Obelisken anschließende Anlage sich erheben. Allein der Widerstand der thebanischen Priesterschaft war übermächtig, der König verließ mit seinem ganzen Hofstaat den Ort, legte sich in Mittelägypten bei dem heutigen Tell el Amarna eine neue Hauptstadt an, die ganz der Sonnenverehrung geweiht war; sogar das Reichsarchiv ward hierher mitgeschleppt, ihm entstammen die in letzter Zeit viel besprochenen Keilinschriften von Amarna. Hier befinden sich auch die Gräber der Anhänger des Monarchen, deren Inschriften und Reliefs die Quelle für das Wenige bilden, was von dem Áten-Kulte bekannt ist.

Das Bild des Gottes war das einer Sonnenscheibe, die ihre Strahlen zur Erde sendet, jeder Strahl endet in eine Hand und diese Hände reichen häufig das Zeichen des Lebens, der Macht und Ähnliches dem Könige, oder streuen dieselben über der Erde aus. In menschlicher Gestalt wird der Gott nie dargestellt. Der Kultus bestand ähnlich dem sonstigen ägyptischen wesentlich in feierlichen Umzügen, an denen der König mit seiner Familie Teil zu nehmen pflegte, und in dem Absingen von Hymnen, die sich durch ihre geschmackvolle Form auszeichnen. Einer derselben, der in dem Grabe eines Áḥmes erhalten geblieben ist, lautet: „Dein Untergang ist schön, oh Du lebender Áten, Du Herr der Herrn, Du Fürst Ägyptens! Wenn Du Dich vereinigst mit dem Himmel im Untergehn, dann jubeln die Länder und die Menschen zu Deinem Angesicht, indem sie Lobpreisungen darbringen dem, der sie erschuf und anbeten den, der sie bildete vor dem Angesichte Deines Sohnes, den Du liebst, des Königs von Ober- und

Unterägypten, der da lebt von Wahrheit, Χu-en-áten. Das ganze
Ägypten und jedes Land, welches liegt innerhalb des Kreislaufes,
den Du in Deinem Glanz vollbringst, preist Dich bei Deinem
Aufgange und bei Deinem Untergange in gleicher Weise. O Du
Gott, der Du lebst von Wahrheit, der Du uns vor Augen stehst,
Du schaffest was nicht war, Du machtest dieses alles, wir gingen
hervor aus Deinem Munde. Du giebst mir Ehren vor dem Könige an jedem Tage, nicht fehle mir ein schönes Grab nach
meinem Greisenalter in dem Berge der Stadt Χu-áten u. s. f."
Sogar ein Königsring ward dem Gotte verliehen, der ihn als König der Welt kennzeichnen sollte, in ihm wird er bezeichnet als
„Rû-Harmachis, der sich freut am Horizonte in seinem Namen als
Šu, der sich in dem Aten befindet"; unter seinen Titeln treten
die „Herr des Himmels, Herr der Erde, der Leben giebt ewiglich,
der erleuchtet die Erde, der sich freut über die Wahrheit"
häufig auf.

    Χu-en-áten scheint anfangs versucht zu haben, seine Reform
friedlich durchzuführen; der Widerstand, den er fand, machte ihn
zum Fanatiker. Der Name des Amon, in dem er den Hauptgegner seines Gottes erkannte, ward auf den Monumenten zerstört,
bis in die Grabkammern hinein, auf Totenstelen und ähnlichen
Gegenständen ward er aufgesucht und sogar in Eigennamen ausgemeißelt. Trotz dieser Gewaltmittel gelang es ihm nicht seinen
Zweck zu erreichen. Als er starb, hielt sein unmittelbarer Nachfolger noch an dem Glauben fest, dann ließ man ihn fallen und
nun begann umgekehrt eine Verfolgung des Áten. Die Hauptstadt des Sonnenkönigs ward verlassen und ist nie wieder besie-
delt worden, die Atentempel wurden zerstört, der Name des
Gottes und der des Königs ausgemeißelt. Nur gelegentlich wird
diese Gestalt des Sonnengottes später in den Texten erwähnt,
Heliopolis scheint der einzige Ort gewesen zu sein, wo sein Heiligtum bestehn blieb, im übrigen Reiche traten die andern Sonnengottheiten wieder an seine Stelle. Freilich erscheinen sie nunmehr selten allein und in reiner Form, meist sind sie mit andern
Göttern verbunden, als Amon-Rā, Χnum-Rā u. s. f. Von bedeu-
tendern Göttern ist es fast nur Ptaḥ, der sich der allgemeinen
Verschmelzung mit der Sonne zu entziehen vermochte und dies
auch nur dadurch, daß er so gut wie ganz in Osiris aufging, in

dem Gotte des Totenreiches, der in gewissem Gegensatze zu Râ, dem Gotte der lebenden Welt, stand.

Der Kult, der dem Sonnengotte galt, unterschied sich in nichts von dem, den man andern Gottheiten zollte Man opferte ihm Speisen und Getränke und brachte auch blutige Opfer neben pflanzlichen dar; die gern wiederholte Behauptung, Blut und Wein seien dem Gotte nicht genehm gewesen, beruht auf Irrtum. Nur darin ist eine Verschiedenheit zu erkennen, daß man Râ mehr Hymnen sang und längere Gebete an ihn richtete als an andere Wesen. Dies lag in der Natur der Sache begründet, bei einer Naturgottheit wie der Sonne war es weit leichter, ihre wohlthätige Macht in ihren Werken, die jedermann vor Augen standen, zu preisen und klar zu legen, als bei mehr ethischen Gestalten, die keine so greifbaren Erfolge ihrer Thätigkeit aufweisen, konnten. So finden sich denn dichterische Werke aller Art. die Râ und seinen Doppelgängern, Harmachis, Χeperá, Tum u. s. f. gewidmet sind, in reicher Fülle seit den ältesten Zeiten bis zur Herrschaft der römischen Kaiser herab in Papyris wie auf Steindenkmälern aufgezeichnet.

Zahllos sind vor allem die Hymnen, welche in Totentexten in ermüdender Weise stets dieselben Gedanken über die schaffende und erfreuende Macht der Sonne und den Segen wiederholen, welchen der Verstorbene von ihr erwartete. Als bezeichnendes Beispiel sei hier ein in vielfachen, leicht abweichenden Gestalten erhaltener Gesang in der Form wiedergegeben, die der Turiner Totenbuchtext cap. 15 darbietet:

„Rede des Osiris N. (Name des Toten): Preis sei Râ, dem Herrn der Strahlen, der leuchtet über dem Osiris N. Er wird gepriesen am Morgen, er wird geehrt am Abend, es geht hervor seine Seele zu Dir an den Himmel, reisend in der Mâdet-Barke, anlangend in der Sekti-Barke; sie dringt ein in den Kreis der Planeten am Himmel.‟

„Der Osiris N. spricht, indem er preist den Herrn der Ewigkeit: Preis sei Dir Râ-Harmachis, Χeperá, der sich selbst erzeugt, doppelt schöner! Du gehst auf am Horizonte, du erleuchtest Ägypten mit Deinen Strahlen. Alle Götter sind in Freude, wenn sie erblicken den König des Himmels. Die Uräusschlange steht aufrecht an Deinem Haupte, die Krone des Südens und die Krone des Nordens stehn aufrecht an Deiner Stirn, sie bereiteten sich

ihren Sitz vorn an Dir. Preis sei dem Wohlthätigen vorn an der
Barke (wohl Šu), dieweil er für Dich vernichtet alle Deine Feinde,
welche weilen im Duat (Unterwelt), er geht hervor verteidigend
Deine Majestät, wenn man Deine schöne Gestalt erblickt."

„Ich komme zu Dir, ich bin bei Dir um zu sehen Deine
Sonnenscheibe jeden Tag. Nicht werde ich eingeschlossen, nicht
werde ich zurückgestoßen, wenn ich erneuere meine Glieder mit
dem Anblick Deiner Schönheit ebenso wie mit all Deinen Zauberformeln, dieweil ich bin einer von diesen Dir Ergebenen auf Erden.
Ich erreiche das Land der Ewigkeit, ich vereine mich mit dem
Lande der Ewigkeit, mit Dir! Siehe da, es erleuchtet es mir Râ
samt allen Göttern."

„Der Osiris N. spricht: Preis sei Dir, wenn Du aufgehst am
Horizonte am Tage! Du beführst den Himmel in Frieden um
zu rechtfertigen. Alle Menschen freuen sich, wenn sie Dich kommen sehn, Dich preisend mit ihren Händen. Du läßt sein am
Morgen jeden Tages Wachstum und Entstehen unter Deiner Majestät. Deine Strahlen sind über den Menschen. Wie man nicht
beschreiben kann den Glanz des Ásem (Legierung von Silber und
Gold), so kann man nicht schildern Deinen Glanz oder die Länder
der Götter. Deine Strahlen zerteilen das Dunkel über den Menschen. Du wurdest allein gebildet als Du machtest Deine Gestaltungen auf dem Urgewässer Nu."

„Möge ich gehn gleichwie Du gehst; kein Ende möge ich
finden gleichwie Deine Majestät, o Râ! Keinen noch so großen
Fürsten giebt es, der durcheilte unendlich viel Wasser in einer
kleinen Minute! Du thust es. Du gehst unter, Du beendest die
Stunden — anders gesagt: die Tage und Nächte gleichwie Du
sie abgemessen hast —; Du beendest sie, gleichwie Du es angeordnet hast. — Du erhellst die Erde mit Deinen Armen als Sonne
wenn Du aufgehst am Horizonte". (Dies bezieht sich auf Darstellungen des Sonnengottes als einen Menschen, der mit seinen
beiden Armen die Sonnenscheibe in die Höhe hebt).

„Der Osiris N. spricht, indem er Dich preist am Morgen
wenn Du strahlst, er spricht zu Dir bei Deinem Aufgange in
Lobpreisungen: Der Du vergrößerst Deine Werdungen, glänzend,
– anders gesagt: groß in dieser Deiner Schönheit. -- Du formst
Deine Glieder; Dich selbst gebärend und nicht geboren werdend
am Horizonte gehst Du auf am Oberhimmel. Laß mich erreichen

den Oberhimmel der Ewigkeit an der Stätte derer, die Dich preisen. Ich vereinige mich den ehrwürdigen, vollkommenen, leuchtenden Geistern der Unterwelt; ich gehe hervor mit ihnen um zu
sehen Deinen Aufgang am Abend, an dem Du umarmst Deine
Mutter, die Himmelsgöttin Nut. Wenn Du wendest Dein Antlitz
nach Westen, dann preisen meine Arme Deinen Untergang im
Lande des Lebens (die Unterwelt). Du schufst die Ewigkeit; Du
wirst gepriesen bei Deinem Untergange im Urgewässer Nu. Du
hast Dich eingesetzt in mein Herz, ohne Unterlaß. Du verjüngst
Dich selbst mehr als alle Götter".

„Der Osiris N. spricht: Preis sei Dir, wenn Du aufgehst im
Urgewässer, erleuchtend die Erde am Tage, da Du geboren wardst,
geboren von Deiner Mutter auf ihren Händen. Du strahlst, Du
verjüngst Dich. Du leuchtest als Großer des Sonnenaufgangs im
Urgewässer Es schmücken sich die Wesen an Deinem Strome,
Feste feiern Dir die Nomen, alle Städte und alle Tempel, die erleuchtet werden durch Deine Schönheiten. Dargebracht werden
Dir Gaben, Überfluß und Fülle. Erhabener der Erhabenen, der
da schützt alle seine Stätten gegen das Schlechte, der Große des
Glanzes in der Sekti-Barke, der Große des Erwünschten in der
Mâ̌et-Barke. Du leuchtest dem Osiris N. in der Unterwelt, Du
läßt ihn weilen im Westen als Herrn über das Böse, geschützt
gegen das Schlechte. Versetze ihn unter die Ehrwürdigen, die
sich Dir ergeben haben, er vereinige sich den Seelen in der Unterwelt, er durchwandele die Felder von Áalu nach einer Fahrt
voll Freuden."

„Der Osiris N. spricht: Ich gehe hervor zum Himmel, ich
befahre das Erz (den Himmel), mein Leib ist inmitten der
Sterne. An mich richtet man Lobpreisungen in der Barke, ich
werde angerufen in der Mâd-Barke, ich sehe Râ im Innern seiner
Kapelle, indem ich anbete seine Sonnenscheibe täglich . . . Zeigt
sich ein Bösewicht, so wird er niedergeworfen angesichts der Ver-
kündigung des Râ, daß ich ihn zerschneiden würde in Stücke
an seinem Rückgrat. Ich öffne Dir, Râ, Deine Kapelle bei günstigem Winde, die Sekti-Barke vermindert ihre Fahrkraft, die
Schiffsleute des Râ sind in Freude, wenn sie ihn sehn, den Herrn
des Lebens, dessen Herz erquickt ist, denn er hat niedergeworfen
alle seine Feinde. Siehe da, ich sehe Horus am Steuerruder (?),
und Thoth mit der Wahrheit auf seinen Händen. Alle Götter

sind voll Freude, weil sie ihn sehen, der da kam in Frieden. Verklärt sind die Herzen der Verklärten; der Osiris N. ist mit ihnen im Westen, sein Herz ist erquickt".

„Es spricht der Osiris N.:

Preis sei Dir, der Du kommst als Tum, der Du wardst, indem Du erschufst die Neunheit der Götter.

Preis sei Dir, der Du kommst als Geist der herrlichen Geister im Westen.

Preis sei Dir, Oberster der Götter, der erleuchtet das Duat mit seinen Schönheiten.

Preis sei Dir, der Du kommst als Leuchtender wandernd in Deiner Sonnenscheibe.

Preis sei Dir, der Du größer bist als alle Götter, der leuchtet am Himmel, der herrscht in dem Duat.

Du giebst süßen Hauch des Nordwindes dem Osiris N.

Preis sei Dir, der Du eröffnest das Duat, der Du alle Pforten zeigst.

Preis sei Dir inmitten der Götter, der Du prüfest die Worte in der Unterwelt.

Preis sei Dir in Deiner Wiege, der Du schaffend erschaffst das Duat mit Deinem Glanze.

Preis sei Dir, Großer, Mächtiger, Deine Feinde sind hingeworfen im Hinrichtungsraume.

Preis sei Dir, der Du vernichtest Deine Feinde, der Du vertilgst die Âpep-Schlange (die Finsternis).

Du giebst süssen Hauch des Nordwindes dem Osiris N."

„Es öffnet Aroëris das Thor (der Unterwelt) er, der große Eröffner des großen Landes des Friedens im Berge der Unterwelt. Erhellt wird das Duat durch Deinen Glanz. Die Seelen in ihren geheimnisvollen Behausungen werden erhellt in ihren Höhlen. Du vernichtest das Böse, indem Du niederschmetterst und vernichtest die Feinde".

„Der Osiris N. spricht indem er preist Râ-Harmachis bei seinem Untergange im Lande des Lebens: Preis sei Dir Râ, Preis sei Dir Tum bei Deiner Ankunft! Schöner, Gekrönter, Mächtiger. Du durchfährst den Himmel, Du durchwanderst die Erde, Du vereinigst Dich mit dem Oberhimmel im Glanze. Die Bewohner beider Hälften Ägyptens beugen sich vor Dir, sie geben Dir ihre Verehrung, es freuen sich die Götter und die Bewohner der Un-

terwelt über Deine Schönheiten; es preisen Dich die Bewohner
der geheimnisvollen Orte; Dir opfern die Fürsten, die Du erschufst
auf Erden. Es fahren Dich die, welche weilen am Horizonte, es
lassen Dich fahren die, welche sind in der Sekti - Barke. Sie
sprechen preisend wegen des Sieges Deiner Majestät: Komme,
komme! Nahe Dich in Frieden! Dir gilt der Freudenruf, Herr
des Himmels, Herrscher der Unterwelt. Es umarmt Dich Deine
Mutter Nut, sie sieht in Dir ihren Sohn, der da ist der Furchtbare
und der Schreckliche, der da untergeht im Lande des Lebens,
wenn es Nacht wird. Es erhebt Dich dann Dein Vater Tanen
(hier die Erde), er breitet aus seine Arme hinter Dir zum Schutze.
Es erfolgt Deine Verjüngung in der Erde; Tanen versetzt Dich
unter die Geehrten vor Osiris. Der Tote N. ist in Frieden, in
Frieden, er ist Râ selbst".

„Dies sind die Worte, welche zu sprechen sind vor Râ, wenn
er untergeht im Lande des Lebens. Des Redenden beide Arme
sind zur Erde geneigt".

„Der Osiris N. spricht preisend Tum bei seinem Untergange
im Lande des Lebens in dem Glanze des Duat (in dem Duat, das
er mit Glanz erfüllt): Preis sei Dir, der Du untergehst im Lande
des Lebens, Du Vater der Götter, Du vereinigst Dich mit Deiner
Mutter im Lande des Westens; ihre Arme ergreifen Dich jeden
Tag. Ein Teil Deiner Majestät ist in der Behausung des Sokaris
(ein Teil der Unterwelt). Erfreut bist Du durch die Liebe zu Dir.
Dir öffnet man die Thore am Horizonte, Du gehst unter im Berge
des Westens. Deine Strahlen durcheilen die Erde um zu erleuch-
ten die Länder der Bewohner der Unterwelt. Die in der Unterwelt und die lobpreisenden Geister preisen, wenn sie Dich sehn
an jedem Tage. Gieb Frieden den Göttern auf Erden, die Dir
nämlich folgten; ich gehöre zu denen, welche sind in Deinem
Gefolge. Erhabener Geist, gezeugt von den Göttern, den sie aus-
rüsteten mit seinen Eigenschaften, über den kein Gericht abge-
halten wird (?). Fürst, der Du groß bist in Geheimnissen. Gnä-
dig sei Dein schönes Antlitz dem Osiris N. Xeperâ, Vater der
Götter! Nicht giebt es eine Vernichtung bis in alle Ewigkeit in
Folge (des Vorhandenseins) dieses Buches; ich bin beständig
durch dasselbe. Sagt man dasselbe her oder zeichnet es zu diesem Zwecke auf, so ist man dadurch in Frieden. Überfluß ward
mir gegeben, meine Arme sind voll Speise und Trank, ich ver-

einte mich mit diesem Buche nach meiner Lebenszeit. Es ward
aufgezeichnet zu großer Herzensbefriedigung." Die letzten Sätze
versichern demnach dem Hersager dieses Kapitels, bez. demjenigen
der es sich aufzeichnen ließ, er werde sich mit dem Buche vereinigen, es in das Jenseits mitnehmen können und so die ewige
Seligkeit erlangen; eine Versicherung, die bei zahlreichen Texten
mit ähnlichen Worten wiederholt wird.

Drittes Kapitel.

Die Sonnensagen.

Neben seiner Stellung als Sonnengott hat Râ nach ägyptischer Ansicht noch eine zweite besessen, er war der erste König
des Landes. In der Volksanschauung der älteren Zeit galt er,
wie es scheint, durchweg als solcher, unbekümmert darum, daß
priesterliche Systeme andere Gestalten statt seiner an die Spitze des
Pantheons zu setzen trachteten. Erst in späterer Zeit mußte er
seinen Platz dem Osiris, dem Vorbilde der ägyptischen Herrscher
einräumen, aber auch dann noch ließ man ihn nicht ganz
fallen, sondern versetzte ihn, während Osiris als Mensch nur über
Menschen herrschte, in eine Zeit, in der noch Götter unter den
Menschen weilten, über diese Götter und Menschen schwang er
sein Scepter.

Die Zeit, in der Râ herrschte, war die früheste Vorzeit: dies
ist nicht geschehn seit den Zeiten des Râ ist ein gewöhnlicher
Ausdruck, um ein noch nie seit Menschengedenken erfolgtes Ereignis einzuführen. Dabei ward der Gott ganz menschenähnlich
gedacht. Wenn dies in Märchen geschieht, wenn er in diesen,
wie in der Erzählung von den zwei Brüdern, auf Erden mit den
andern Göttern sich ergeht, sich mit den Sterblichen unterhält,
seinen Günstlingen Geschenke verleiht, die freilich oft nicht zu
deren Glück dienen, und als ein gutmütiger, alter Mann aufgefaßt wird, so hat dies nichts auffallendes; man wird aus den
Volksmärchen und aus den volkstümlichen Anschauungen der
verschiedensten Völker und Religionskreise ähnliche Auffassungen
als Parallele beibringen können. Allein in Ägypten war diese
niedere Vorstellung von der Gottheit auch in den gebildeten Klassen verbreitet. Der König galt als der leibliche Sohn des Gottes

Râ, der auf rein materielle Weise mit der Königin erzeugt worden war, der Vorgänger auf dem Throne war nur der scheinbare
Vater. Diese Anschauung findet sich zunächst in dem Volksmunde
entnommenen Texten, wie dem Märchen vom König Cheops, in
dem Râ zum Vater der Könige der fünften Dynastie wird; sie tritt
noch in der von Alexander dem Großen selbst begünstigten Tradition
auf, er sei dem Bunde des Jupiter-Amon und der Olympias entsprossen, einer Tradition, die später spöttisch dahin umgedeutet wurde,
der Vater sei gar nicht der Gott, sondern der als Gott verkleidete
Zauberer Nectanebus, der letzte einheimische König Ägyptens gewesen. Derselbe Gedanke wird aber auch in den Inschriften unzählige Male ausgesprochen, der König nennt sich regelmäßig
Sohn des Râ, und zahlreiche Texte liegen vor, in denen sich
der Gott selbst seiner Vaterschaft in der drastischsten Weise
rühmt.

Diese menschenähnliche Auffassung des Gottes durchzieht
auch die Mythen, die über Râ erhalten geblieben sind, Mythen,
die alle über sein hohes Alter handeln, in dem ihm die Zügel der
Regierung bereits zu entsinken begannen und sich Götter und
Menschen Ungehorsam und Aufruhr gegen ihren Herrscher er-
laubten. Die drei wichtigsten Sagen sind die von Râ und Isis,
erhalten in einem Turiner Papyrus aus der Zeit der 20. Dynastie;
die von der Vernichtung des Menschengeschlechtes, aufgezeichnet
in den Gräbern der Könige Seti I. und Ramses III.; und endlich
die von der geflügelten Sonnenscheibe, welche eine Wand des in
der Ptolemäerzeit errichteten Tempels von Edfu bedeckt. Als
bezeichnende Beispiele ägyptischer Denkweise und Götterauffassung
sind diese Texte von hoher Bedeutung und verdienen daher in
ihren Hauptteilen eine etwa wörtliche Wiedergabe.

Die Sage von Râ und Isis [3]).

Kapitel von dem Gotte, der sich selbst erschuf, dem Schöpfer des Himmels, der Erde, der Götter, der Menschen, der wilden
Tiere, der Viehherden, der Reptilien, Vögel und Fische, dem Könige der Menschen und Götter, dem die Jahrhunderte Jahre sind,
der zahlreiche Namen besitzt, die man nicht kennt, die nicht einmal die Götter kennen.

Isis war eine Frau, mächtig an Worten, ihr Herz hatte die

Welt der Menschen satt, sie zog die Welt der Götter vor; da
dachte sie in ihrem Herzen, ob sie nicht so gut wie Râ im Himmel und auf Erden die Welt besitzen könne vermittelst des Namens des hehren Gottes, d. h. des geheimnisvollen Namens des
Râ, den niemand kannte und dessen Kenntnis dem Gotte selbst
seine Macht über die Götter und die Menschen verlieh.

Der Gott Râ kam jeden Tag auf seinen Thron; er war alt
geworden, sein Mund lief und der Speichel floß auf die Erde; was
er ausspie, fiel auf den Boden. Das knetete Isis mit ihrer Hand
zusammen mit der Erde, die daran war; sie bildete daraus eine
heilige Schlange, der sie die Gestalt eines Speeres gab. Sie wand
sie nicht um ihr Gesicht (wie sonst die Göttinnen die Uräusschlangen um den Kopf gewunden tragen), sondern warf sie auf
den Weg, den der große Gott durchschritt, so oft er es wünschte,
in seinem Doppelreiche.

Der ehrwürdige Gott trat hervor, die Götter, die ihm als ihrem Pharao dienten, begleiteten ihn, er erging sich, wie alle Tage.
Da biß ihn die heilige Schlange. Der göttliche Gott öffnete den
Mund und sein Schrei drang bis zum Himmel. Sein Götterkreis
rief „Was ist das?" und die Götter schrieen „siehe da!" Er
konnte nicht antworten, seine Kinnbacken klapperten, seine Glieder zitterten, das Gift ergriff sein Fleisch, wie der Nil sein Gebiet
bedeckt (bei der Überschwemmung).

Als der große Gott sein Herz beruhigt hatte, da rief er zu
seinem Gefolge: „Kommt zu mir, ihr Kinder meiner Glieder, ihr
Götter, die ihr aus mir hervorgingt! Erklärt dies Xeperâ. Ein
schmerzhaftes Ding hat mich verletzt, mein Herz fühlt es, aber
meine Augen sehen es nicht, meine Hand that es nicht. Nicht
weiß ich, wer es vollbrachte; nie fühlte ich einen Schmerz wie
diesen, kein Übel ist schlimmer als das.

Ich bin ein Fürst, der Sohn eines Fürsten, der göttliche Samen eines Gottes; ich bin der Große, der Sohn des Großen, mein
Vater erdachte meinen Namen; ich bin der Vielnamige, der Viel-
gestaltige, dessen Gestalt sich in jedem Gotte befindet. Mein Name
ward durch meinen Vater und durch meine Mutter ausgesprochen und dann ward er verborgen in mir durch meinen Er-
zeuger, damit nicht entstehe ein Zauberer, der mich verzaubern
könne (was mit Hülfe der Kenntnis des geheimnisvollen Namens
des Râ möglich gewesen wäre).

Ich war herausgegangen um zu sehen, was ich geschaffen hatte; ich erging mich in den beiden Ländern, die ich gemacht hatte, als mich etwas stach, was ich nicht kannte. War es Feuer, war es Wasser? Mein Herz ist in Glut, meine Glieder zittern, alle meine Glieder erschaudern. Man bringe mir die Götterkinder, die wohlthuende Reden führenden, mit verständigem Munde, deren Macht bis zum Himmel reicht".

Die Götterkinder kamen voller Trauer, Isis kam mit ihren Zaubereien, sie, deren Mund voll ist von Lebensodem, deren Formeln die Leiden vernichten, deren Wort den Toten belebt. Sie sprach: „Was ist das, göttlicher Vater, was ist das? Eine Schlange hat das Übel in Dir verbreitet, eines Deiner Geschöpfe hat sein Haupt gegen Dich erhoben. Es soll fallen durch wirksame Zauberformel, ich werde es zurückweichen lassen beim Anblicke deiner Strahlen".

Der heilige Gott öffnete seinen Mund: „Ich ging auf dem Wege, ich erging mich in den beiden Ländern der Erde, nach dem Wunsche meines Herzens, um zu sehen, was ich erschuf, da ward ich gebissen von einer Schlange, die ich nicht sah. Ist es Feuer, ist es Wasser? Ich bin kälter als Wasser, ich bin heißer als Feuer, alle meine Glieder sind in Schweiß, ich zittere, mein Auge ist ohne Kraft, ich sehe den Himmel nicht, das Wasser steigt auf mein Gesicht wie im Sommer".

Isis sprach zu Râ: „O nenne mir Deinen Namen, göttlicher Vater, denn der wird leben, der durch seinen Namen befreit wird". Da sprach Râ: „Ich habe den Himmel und die Erde geschaffen, ich habe die Berge geordnet und alle Wesen geschaffen, die darauf sind. Ich bin der, der das Wasser schuf und das große Urgewässer hervorbrachte. Ich erschuf den Gatten seiner Mutter (eine Gottheit). Ich erschuf den Himmel und das Geheimnis beider Horizonte, ich habe die Seelen der Götter hineingesetzt. Ich bin der, der beim Öffnen seiner Augen alles hell werden läßt; wenn er die Augen schließt, dann dunkelt es. Das Wasser des Niles steigt, wenn er es befiehlt; die Götter kennen seinen Namen nicht. Ich mache die Stunden und schaffe die Tage, ich schicke das Jahr und schaffe die Überschwemmung, ich schaffe das lebende Feuer, ich reinige die Häuser. Ich bin morgens Xeperâ, mittags Râ und abends Tum".

Das Gift wich nicht, es drang weiter, der große Gott machte

keine Fortschritte. Isis sprach zu Râ: „Das war nicht Dein Name, was Du mir anführtest. Sage ihn mir, damit das Gift herausgehe, denn der wird leben, dessen Name genannt wird."

Das Gift glühte wie Feuer, es war heißer als die Flamme und das Feuer. Der Gott Râ sprach: „Ich gestatte, daß mich Isis erforsche, daß mein Name aus meiner Brust in ihre Brust übergehe". Der Gott verbarg sich vor den Göttern, leer ward die Barke der Unendlichkeit. Als der Augenblick des Herzausschüttens gekommen war, da sprach Isis zu ihrem Sohne Horus: „Er soll sich verpflichten, seine beiden Augen (Sonne und Mond, die sichtbaren Zeichen der Macht der Sonne) preiszugeben."

Des großen Gottes Name ward ihm genommen und Isis, die große Zauberin, sprach: „Fließe Gift, verlasse Râ, Horusauge (von einer Gottheit gesendete Gabe, hier das von Isis gesendete Gift) gehe aus dem Gotte, strahle aus seinem Munde. Ich, ich handle; ich lasse fallen auf die Erde das besiegte Gift, denn der Name des großen Gottes ward ihm entrissen. Râ möge leben, das Gift dagegen möge sterben." So sprach Isis, die Große, die Leiterin der Götter, sie, die da kennt Râ und dessen wahren Namen. —

Die Schlußworte des Textes bemerken noch, es sei ein vortreffliches Mittel gegen Schlangengift, wenn man diese Erzählung über einem Bilde der Götter Tum, Horus und Isis hersage, oder sie aufschreibe, die Schrift auflöse und die Lösung von einer Person trinken lasse, oder sie auf einem Stück Leinewand niederschreibe und dieses einer Person um den Hals hinge.

Die Vernichtung des Menschengeschlechts [1]).

Râ ist der Gott, der sich selbst erschuf seit er war im Besitze der Königsherrschaft über Menschen und Götter zusammen. Die Menschen führten Reden gegen seine Majestät und sprachen: „Siehe da, Seine Majestät, der Gott Râ, ist alt geworden, seine Knochen sind zu Silber geworden, seine Glieder zu Gold und seine Haare zu echtem Lapis lazuli". Seine Majestät hörte die Worte, die die Menschen über ihn aussprachen. Es sprach Seine Majestät zu denen, die in seinem Gefolge waren: „Rufet zu mir mein Auge (die Göttin Hathor-Sexet) und den Gott Šu und die Göttin Tefnut, den Gott Seb und die Göttin Nut, und die Väter und die Mütter, die bei mir waren, als ich noch im Urgewässer Nu war,

und auch den Gott des Urgewässers, Nu. Er möge mit sich bringen seine Umgebung, er möge sie bringen in aller Stille, damit
die Menschen sie nicht sehen, damit sie nicht entfliehen. Er
möge gehen mit ihnen zu dem Tempel in Heliopolis, damit sie
Ratschläge geben, denn ich werde herausgehn aus dem Urgewässer an den Ort, der mir gebührt, man bringe mir dorthin diese
Götter.

Als nun diese Götter kamen an den Platz, an dem Râ sich
befand, da warfen sie sich nieder zur Erde vor Seiner Majestät
und er hielt eine Rede vor Nu, dem Vater der ältesten Götter,
der da erschuf die Menschen, der der König war der denkenden
Geister. Sie sprachen vor Seiner Majestät: „Rede zu uns, damit
wir deine Worte hören." Und es sprach Râ zu Nu: „O, Du älte-
ster Gott, durch den ich entstand, und ihr Götter der Vorfahren!
Sehet die Menschen, die entstanden sind aus meinem Auge, sie
halten Reden gegen mich. Sagt mir, was ihr dagegen thun wür-
det. Möget ihr für mich Rat suchen. Nicht will ich sie töten,
bis ich gehört habe, was ihr in Bezug darauf sagt."

Da sprach die Majestät des Gottes Nu: „O mein Sohn Râ,
Du Gott, der größer ist als sein Schöpfer (Nu selbst) und als die
Götter, die ihn bildeten! Fest steht Dein Thron, groß ist die
Furcht vor Dir. Wende Dein Auge gegen die, die sich gegen Dich
verschwören." Es sprach der Gott Râ: „Sehet, die Menschen
fliehen in die Berge, ihr Herz ist voll Furcht wegen dessen, was
sie sagten." Da sprachen die Götter: „Entsende Dein Auge, es
möge für Dich vernichten die Leute, die böse Anschläge erdach-
ten. Nicht giebt es ein Auge unter den Menschen, das sich Deinem Auge widersetzen könnte, wenn es herabsteigt in der Gestalt
der Göttin Hathor."

Da ging diese Göttin hin und sie tötete die Menschen auf
dem Gebirge. Da sprach die Majestät dieses Gottes: „Komme in
Frieden, Hathor! Nie werde ich mich von Dir trennen (?)." Da
sprach diese Göttin: „Mögest Du leben für mich! Als ich in Besitz nahm die Menschen, da war mein Herz erfreut." Da sprach
die Majestät des Gottes Râ: „Ich werde die Menschen in Besitz
nehmen als ihr König und sie vernichten (?)". Und es geschah,
daß Seχet mehrere Nächte in dem Blute der Menschen watete,
beginnend bei Heracleopolis magna.

Da sprach Râ: „Rufet zu mir schnelle eilende Boten, sie mö-

gen eilen wie ein Windstoß“. Man brachte diese Boten sogleich
herbei. Es sprach die Majestät dieses Gottes: „Sie mögen eilen
nach Elephantine, sie mögen mir bringen viele Mandragoren (?)“.
Diese Mandragoren (?) wurden ihm gebracht. Sie wurden gegeben dem Gotte Sekti (dem Zermalmer) von Heliopolis, um zu
zermalmen diese Früchte. Siehe da! Als die Sklavinnen zer-
quetscht hatten Korn für Bier, da that man diese Früchte in die
Krüge [in denen sich dieses Bier befand und außerdem] das Blut
der Menschen. Man bereitete daraus 7000 Bierkrüge.

Als nun kam die Majestät des Königs von Ober- und Unter-
Ägypten Râ mit den Göttern, um zu sehen dieses Bier, und es Tag
wurde, nachdem diese Göttin während der Zeit ihrer Stromauffahrt
die Menschen abgeschlachtet hatte, da sprach die Majestät dieses
Gottes: „Schön ist dies, schön ist dies. Ich werde schützen die
Menschen vor ihr“.

Es sprach Râ: „Man möge tragen und bringen (?) die Krüge
zu dem Orte, an dem die Menschen abgeschlachtet werden“. Es
befahl die Majestät des Königs von Ober- und Unter-Ägypten Râ,
während der schönen Nacht auszugießen diesen einschläfernden
Trank. Es waren die Felder nach allen vier Seiten hin voll Flüssigkeit, wie es befahl die Majestät dieses Gottes.

Und es kam die Göttin Seχet am Morgen, sie fand die Felder überschwemmt, erfreut war ihr Gesicht dadurch, sie trank
davon, erfreut ward ihr Herz, sie ging herum betrunken und erkannte die Menschen nicht mehr. Da sprach die Majestät des Râ
zu dieser Göttin: „Komme in Frieden, Du reizende Göttin“ (ámi-t),
daher entstanden die anmutigen Mädchen in Ámu (weil Râ die
Seχet ámi-t „reizend“ genannt hatte, darum wurden anmutige Mädchen als Priesterinnen in der Stadt Ámu, d. h. Apis im westlichen
Delta, angestellt). Und es sprach die Majestät des Râ zu dieser
Göttin: „Man fertige für Dich Schlaftrunke bei allen Neujahrs-
festen und zwar soll ihre Zahl (der den Trunk enthaltenden Krüge)
entsprechen der meiner Dienerinnen“. Daher werden gemacht die
Schlaftrunke entsprechend der Zahl der Dienerinnen am Feste der
Hathor von allen Menschen seit diesem Tage.

Und es sprach die Majestät des Râ zu dieser Göttin: „Ein
brennender Schmerz macht mich leidend, woher kommt dieser
Schmerz (?)“ Es sprach die Majestät des Râ: „Zwar bin ich am
Leben, aber mein Herz ist es müde, mit den Menschen zusam-

men zu sein; nicht habe ich sie vernichtet, nicht sind sie so vernichtet, wie es meiner Macht entsprochen hätte". Da sprachen
die Götter, die sich in seinem Gefolge befanden: „Lasse ab von
Deiner Mattigkeit, Du bist mächtig entsprechend Deinem Wunsche."
Aber es sprach die Majestät dieses Gottes zu dem Urgewässer
Nu: „Meine Glieder sind krank zum ersten Male, nicht werde ich
warten, bis mich ein zweites Mal diese Schwäche ergreift."

Das folgende Stück wird von großen Lücken unterbrochen,
so daß sich nur abgerissene Satzteile erkennen lassen; danach
scheint Nu den Šu und die als Himmelskuh gedachte Göttin Nut
aufgefordert zu haben, Râ in seinem Schmerze zu helfen, um ihm
wieder Lust zur Regierung zu machen. Nach längern Verhand-
lungen nimmt Nut den Gott Râ auf ihren Rücken. In diesem
Augenblicke wagen sich auf Erden die Menschen wieder hervor
und sehen, wie Râ auf dem Rücken der Nut sich befindet. Da
erfaßt sie Reue über ihr Thun und sie bieten Râ an, seine Feinde,
d. h. die, welche sich einst gegen Râ verschworen hatten, zu töten. Râ wird unterdessen weitergetragen, bis er zu dem Heiligtum [der Kuh, d. h. einem Tempel der Hathor im Nomos Libya]
gelangt. Die Menschen begleiten ihn dabei. Er kommt dort an,
als es noch Nacht ist. Als aber die Erde hell ward und es Morgen wurde, da traten die Menschen hervor mit ihren Bogen und
zogen in das Feld gegen die Feinde des Gottes Râ. Da sprach
die Majestät dieses Gottes Râ: „Eure Vergehen sind Euch ver-
geben, das Blutbad (das ihr für mich vollzogt) gleicht aus das
Blutbad (das die Aufrührer gegen mich vorhatten)". Und es
sprach dieser Gott zur Göttin Nut: „Ich habe beschlossen, mich
in die Höhe erheben zu lassen", d. h. zu den seligen Göttern einzugehen und auf die Regierung der Welt zu verzichten. Dieser
Wunsch des Gottes wird vollzogen, er gelangt in die höhern Re-
gionen und besichtigt die Gegend, die er sich ausgesucht hat.
Er spricht seine Absicht aus, hier viele Menschen um sich zu
versammeln und erschafft, um für diese einen Aufenthaltsort zu
haben, die verschiedenen Teile des Jenseits. Es sprach Seine
Majestät, der Leben, Heil und Gesundheit sei: „Es entstehe (ḥetep)
ein großes Gefilde" und es entstand das Gefilde des Friedens
(ḥetep). „Ich will sammeln (âarâd) in ihm Kräuter" und es entstand das Gefilde Âaru (Âalu). „Ich sammle darin als Bewohner
Dinge, welche hängen am Himmel, nämlich die Sterne". Da zit-

3 *

terte Nut gar sehr, d. h. der Himmelsraum schüttelte sich, die
Sterne fielen dadurch ab und kamen., wie es Râ befohlen hatte,
in das von ihm erschaffene Land. Und es sprach die Majestät
des Gottes Râ: „Ich lasse entstehen Millionen von Wesen, um mich zu
preisen" und da entstanden Millionen. Und es sprach die Majestät
des Râ: „O mein Sohn Šu, mögest Du Dich vereinigen mit meiner Tochter Nut und dort behüten für mich die Millionen von
Millionen, die dort sind, die dort in Finsternis weilen", d. h. Šu
wird von Râ angewiesen, den Menschen dort, auf der alten Erde, zu
leuchten, er wird als die neue Sonne von der alten eingesetzt.

Hieran schließt sich ein langer Text, in welchem in sehr un-
klaren Ausdrücken, die durch Schreibfehler noch schwerer verständlich werden, die Himmelskuh geschildert wird. Diese Kuh,
die man zuweilen Hathor und auch Nut gleichstellte, bildete nach
einer ägyptischen Weltanschauung das Himmelsgewölbe, das sich
über unserer Erde erhebt, an ihr fährt die Sonne dahin und sie
selbst wird von verschiedenen Gottheiten, besonders dem Gotte
Šu, gestülzt. Auf ihrem Rücken weilt Râ, der sich zur Ruhe
zurückgezogen hat und beherrscht den Oberhimmel, den er, wie
wir eben sahen, sich selbst geschaffen hat mit allen seinen Feldern, in denen der Ägypter nach seinem Tode eine Wohnung zu
finden hoffte, um hier mit zu den Millionen zu gehören, die den
Gott Râ preisen.

Nachdem so der Himmel und die Erde neugeordnet sind,
erinnert sich Râ daran, daß er auf Erden Wesen zurückläßt, die
ihm selbst gefährlich gewesen sind, nämlich die Reptilien, deren
Stich ihm die erste Einbuße seiner Macht zugefügt hatte. Ehe er
also ganz auf seine Königswürde verzichtet, giebt er einen auf
diese Tiere bezüglichen Befehl, der vor allem die Kenner des
Schlangenzaubers als besondere Günstlinge der Gottheit hinstellen
soll: Es sprach die Majestät dieses Gottes zu Thoth: „Rufe mir
die Majestät des Gottes Seb (die Erde) und sprich zu ihm: Mögest Du kommen in Eile". Als zu ihm kam die Majestät des Seb,
da sprach die Majestät des Gottes Râ: „Habe acht auf das Gewürm, das in Dir ist, mögen sie Furcht empfinden vor mir, wie
ich bin. Wenn Du erfahren hast ihre Absichten gegen mich, dann
eile an den Ort, an dem sich mein Vater Nu befindet und sage ihm:
„Bewache die Würmer der Erde und des Wassers" und mache
auch Schriften für jedes Loch, in welchem sich Dein Gewürm befindet des Inhaltes: „Hütet Euch, irgend etwas zu beschädigen".

Sie mögen wissen, daß ich fortgehe, aber ich werde leuchten über sie. Achten auf sie soll ihr Vater, Du bist ihr Vater auf Erden für alle Zeit. Achten möge man auf diese Tiere. Kenner von Zauberformeln werden sie bezaubern, ausgerüstet mit meinen eigensten Zauberformeln. Ich werde die Formeln von mir geben, ich werde ihre Besitzer anbefehlen Deinem Sohne Osiris; ihre Kinder sollen geschützt werden, gedeihen sollen sie, sie sollen handeln wie sie wünschen gegen die ganze Erde, indem sie bezaubern die, die sich befinden in ihren Löchern."

Es sprach die Majestät des Gottes Râ: „Man rufe zu mir Thoth". Er ward sogleich herbeigebracht. Es sprach die Majestät dieses Gottes zu Thoth: „Laß uns gehn, verlassend den Himmel und meine Behausung, denn ich werde erschaffen einen leuchtenden glänzenden Gegenstand in dem Duat und in dem Lande der Tiefe. Einschreiben sollst Du dort als Bewohner und festhalten sollst Du dort die, welche thaten böse Thaten ...... und die Diener, welche haßt mein Herz. Du aber bist in meinem Orte, der Bewohner meines Ortes, Dich wird man nennen Thoth, den Ortsbewohner (Stellvertreter) des Râ. Ich gebe Dir die Macht, auszusenden Deine Boten (hab) — da entstand der Ibis (habi) des Thoth. Ich lasse Dich erheben Deine Hand angesichts der großen Neunheiten der Götter; schön ist die Handlung (χen), die Du ausführst — da entstand der heilige Vogel (? χeni ?) des Thoth. Ich lasse Dich umfassen (ánḫ) beide Himmel (den des Tages und den der Nacht) mit deinen Schönheiten — da entstand der Mond (áâḫ) des Thoth. Ich lasse Dich Dich wenden (ânân) zu den Nordvölkern — da entstand der Cynocephalus (ânân) des Thoth, der da sein möge mein, des Râ Stellvertreter. Du, Thoth, hast jetzt inne meinen Platz vor den Blicken aller, die sich nach Dir hinrichten; jedes Wesen preist Dich als einen Gott".

Nach diesen Worten, durch die Râ den Gott der Weisheit und der gesetzmäßigen Ordnung zu seinem Stellvertreter ernennt und ihm gleichzeitig seine heiligen Tiere erschafft — denn sobald Râ in seiner Rede ein Zeitwort ausspricht, das lautlich dem Namen eines heiligen Tieres entspricht, entsteht dieses — folgt noch eine kurze Notiz, die nicht in Verbindung steht mit dem Inhalte der Legende. Dieselbe bezieht sich vielmehr darauf, in welcher Weise man dieselbe herzusagen hatte, wenn man eine magische Wirkung erzielen wollte.

„Wenn eine Person ausspricht diese Worte für sich selbst, soll sie sich einreiben mit Öl und Salbe, ein Räucherfaß sei auf ihren Händen voll Weihrauch, hinter ihren beiden Ohren (?) sei Natron, wohlriechende Salbe auf ihrer Mundspitze. Sie sei bekleidet mit zwei neuen Gewändern, sie sei gereinigt mit Überschwemmungswasser; bekleidet sei sie an den Füßen mit weißen Schuhen, gemalt sei das Bild der Wahrheit auf ihrer Zunge mit grüner Malerfarbe. Wenn das Herz des Thoth danach steht, herzusagen dieses Buch für Râ, dann soll er sich selbst reinigen sieben mal an drei Tagen, es sollen handeln die Priester und Menschen in gleicher Weise."

Die Sage von der geflügelten Sonnenscheibe⁵).

Im Jahre 363 der Regierung des Râ-Harmachis, des ewig lebenden. Râ befand sich im Lande Nubien mit seinen Kriegern. Feinde aber verschworen sich (uu) gegen ihn und daher trägt das Land seit diesem Tage den Namen Verschwörerland (uaua). Da machte sich der Gott Râ auf den Weg in seinem Schiffe samt seinem Gefolge und landete im Nomos von Edfu. Hier befand sich der Gott Hor-behudet in dem Schiffe des Râ und sprach zu seinem Vater: „O Harmachis, ich sehe, wie die Feinde sich verschwören gegen ihren Herrn." Da sprach die Majestät des Gottes Râ-Harmachis zu der Person des Horbehudet: „Du Sohn des Râ, Erhabener, der aus mir hervorgegangen ist, schlage den Feind, der vor Dir ist, in kurzer Zeit." Horbehudet flog empor zur Sonne (die also hier nicht der Sitz des Gottes Râ ist, der vielmehr auf Erden weilt) als große geflügelte Scheibe; deshalb wird er seither genannt der große Gott, der Herr des Himmels. Er sah die Feinde vom Himmel her, er folgte ihnen als große geflügelte Scheibe. Infolge des Ansturmes, den er gegen sie machte mit seiner Vorderseite, sahen ihre Augen nicht mehr, hörten ihre Ohren nicht mehr, ein jeder tötete seinen Nebenmann in der kürzesten Zeit, nicht blieb ein Haupt übrig, durch das sie hätten leben können. Horbehudet aber kam in einer vielfarbigen Gestalt als große geflügelte Scheibe in das Schiff des Râ-Harmachis. Da sprach Thoth zu Râ: „Herr der Götter, es kam der Gott von Behudet (Edfu) in der Gestalt einer großen geflügelten Scheibe. Er soll genannt werden Hor-behudet (Horus von Edfu) von diesem Tage an." Und (Thoth) sprach: „Die Stadt Edfu werde ge-

nannt die Stadt des Hor-behudet von diesem Tage an." Und Râ
umarmte die Gestalt des Hor und sprach zu Hor-behudet: „Du
thatst Weinbeeren in das Wasser, das aus Edfu hervorgeht (d. h.
Du ließest das rote Blut der Feinde in dasselbe fließen) und Dein
Herz ist darüber erfreut." Daher heißt dieses Wasser von Edfu
von diesem Tage an [Weinbeerenwasser].

Und Horbehudet sprach: „Schreite voran, Râ, damit Du sehest
Deine Feinde liegend unter Dir in diesem Lande". Als nun die
Majestät des Râ den Weg zurückgelegt hatte und mit ihm die
Göttin Astarte, da sah er die Feinde liegen auf der Erde, jeder
lag hingestreckt wie ein Gefangener. Da sprach Râ zu Hor-
behudet: „Das ist ein angenehmes Leben". Genannt wird angenehmes Leben deshalb der Ort des Hor-behudet seit diesem Tage.
Es sprach der Gott Thoth: „Ein Erstechen (deb) meiner Feinde
war dies". Erstechung (deb) wird genannt der Nomos von Edfu
seit diesem Tage. Thoth sprach zu Hor-behudet: „Du bist ein
großer Schutz (mâk âa)". Großer des Schutzes (âa mâk) wird genannt das heilige Schiff des Horus seit diesem Tage.

Es sprach Râ zu den Göttern, die in seinem Gefolge waren:
„Lasset uns fahren (χen) in unserem Schiffe zu dem Nile, wir
sind froh, da unsere Feinde liegen auf dem Boden." Der [Kanal],
in dem sich der große Gott befand, heißt Fahrwasser (pe-χen)
seit diesem Tage.

Darauf begaben sich die Feinde des Râ in das Wasser; sie
verwandelten sich in Krokodile und Nilpferde. Harmachis aber
fuhr daher auf dem Wasser in seinem Schiffe. Als nun zu ihm
gelangt waren die Krokodile und Nilpferde, da öffneten sie ihre
Rachen, um zu verletzen die Majestät des Gottes Harmachis. Da
kam heran Hor-behudet, seine Diener waren in seinem Gefolge
als Arbeiter mit Erzwaffen (mesen), eine Eisenlanze und eine
Kette hatte jeder in seiner Hand, da schlugen sie die Krokodile
und die Nilpferde. Herbeigebracht wurden auf der Stelle 381
Feinde, die man getötet hatte angesichts der Stadt Edfu.

Da sprach Harmachis zu Hor-behudet: „Mein Bild möge sein
im Südlande, denn das ist ein Platz, an dem man siegte" (neχt âh).
Siegreicher Wohnsitz (neχt âh) heißt der Wohnsitz des Hor-
behudet seit diesem Tage. Thoth sprach, nachdem er gesehen
hatte die Feinde liegend auf der Erde: „Froh ist Euer Herz, ihr
Götter des Himmels, froh ist Euer Herz, ihr Götter auf Erden!

Horus der Jugendliche kommt in Frieden, er hat Wunderbares geleistet auf seinem Zuge, den er „unternahm gemäß dem 'Buche vom Schlagen des Nilpferdes" (Hor-beḥudet hat auf seinem Zuge die magischen Formeln, die dieses Buch enthielt, verwertet und daher seinen Sieg errungen). Erzbilder (mesen) des Hor-beḥudet giebt es seit diesem Tage. (Gerade Horus ward sehr häufig in Bronze dargestellt.)

Hor-beḥudet verwandelte seine Gestalt in die einer geflügelten Sonnenscheibe, die da weilt über dem Vorderteile des Schiffes des Râ. Er nahm die Göttin des Südens Neχeb-t und die des Nordens Uaʾ-t mit sich in Gestalt zweier Schlangen, um zu vernichten die Feinde in ihren Leibern, in Gestalt von Krokodilen und Nilpferden an jeder Stelle, an die er kam im Südlande und im Nordlande.

Da wandten sich die Feinde vor ihm, sie wandten ihr Gesicht nach Süden (als sie eingeholt waren, denn ihren Rückzug hatten sie, wie das Folgende lehrt, nach Norden hin angetreten), ihr Mut war ihnen entsunken aus Furcht vor ihm. Hor-beḥudet aber war hinter ihnen in dem Schiffe des Râ, eine Eisenlanze und eine Kette waren in seiner Hand. Mit ihm war sein Gefolge, das ausgestattet war mit Waffen und Ketten. Da erblickte er die Feinde im Süd-Osten von Theben auf einer zwei Morgen großen Fläche" u. s. f. Die Feinde werden natürlich besiegt und ebenso ergeht es ihnen an den nächsten Orten, an denen sie dem Gotte Widerstand zu leisten versuchen; schon sind sie bis zum 19. oberägyptischen Nomos zurückgetrieben und hier geschlagen worden, als sich der Leiter und Veranlasser des Aufstandes entschließt, persönlich dem Gotte entgegenzutreten.

„Siehe da, Set trat hervor und schrie gräßlich (neha), indem er ausstieß Verwünschungen wegen dessen, was that Hor-beḥudet, als er tötete die Feinde. Da sprach Râ zu Thoth: „Der Gräßliche (nehaha) schreit laut wegen dessen, was Hor-beḥudet gegen ihn gethan hat". Da sprach Thoth zu Râ: „Genannt werden derartige Rufe gräßliche (nehaha) deswegen von diesem Tage an". Hor-beḥudet kämpfte mit Set eine Zeitlang, er schleuderte sein Eisen nach ihm, er schlug ihn nieder auf dem Boden dieser Stadt, die seit dieser Zeit Pa-reḥeḥui (Ort der Zwillinge Horus und Set, die nach einer öfters erwähnten Ansicht Zwillingsbrüder waren) genannt wird. Als nun Hor-beḥudet zurückkehrte, da führte er

Set herbei, sein Speer stak an seinem Halse, seine Kette war an seiner Hand, die Keule des Horus hatte ihn getroffen, um seinen Mund zu verschließen. Er brachte ihn vor seinem Vater Râ.

Es sprach Râ zu Thoth: „Es mögen gegeben werden die Genossen des Set der Isis und dem Horus, ihrem Sohne, damit sie verfahren mit ihnen nach ihrem Belieben". . . . Da schnitt Horus, der Sohn der Isis, ab den Kopf des Set und seiner Bundesgenossen vor seinem Vater Râ und dem gesamten großen Götterkreise. Er zog ihn an seinen Sohlen durch das Land, er that den Dreizack an seinen Kopf und an seinen Rücken (Anspielung auf Bilder des Horus, der mit dem Dreizack in der Hand über dem Set steht)".

So hatte, fährt der Text nach einigen Zeilen fort, Hor-behudet am 7. Tybi im Gemeinschaft mit Horus, dem Sohne der Isis, der seine Gestalt der des Hor-behudet ähnlich gemacht hatte, diesen elenden Feind und seine Bundesgenossen abgeschlachtet. Der Kampf war damit noch nicht entschieden. Obwohl Set enthauptet worden war, lebte er fort; er verwandelte sich in eine brüllende Schlange, die sich in einem Loch verkroch, das zu verlassen ihr verwehrt ward. Dann ward das Land durchstreift, die vereinzelten Anhänger des Set metzelte man nieder, mehrfach trat Set wieder auf und man mußte sogar die magischen Sprüche der Isis gegen ihn zu Hülfe nehmen. Der letzte Ort, an dem man kämpfte, war die Stadt Θalu ganz im Osten Ägyptens; in Gestalt eines Löwen erlegte Horbehudet hier 142 Feinde, mit seinen Krallen tötete er sie, die Zunge riß er ihnen aus und ihr Blut strömte auf den Höhen. Nun floh der Rest der Feinde auf das Meer.

Da sprach Râ zu Hor-behudet: „Stehe still! Laß uns segeln auf das Meer um zu schlagen die Feinde in ihrer Gestalt als Krokodile und Nilpferde angesichts der Küste Ägyptens". Da sprach Hor-behudet zur Person des Râ: „O Herr der Götter! Gehemmt ist die Segelfahrt wegen des Drittels der Feinde, die übrig geblieben sind und sich im Meere befinden. Da las Thoth ab die Kapitel über den Schutz des Schiffes und der Barken der Kämpfer in Erz, um zu besänftigen das Meer in der Stunde seines Wütens; diese magischen Formeln thun selbstverständlich ihre Wirkung, was der Text gar nicht für nötig hält hervorzuheben, die Feinde, die den Sturm erregten, verschwinden. Da sprach Râ zu Thoth: „Haben wir nun nicht das ganze Land durchlau-

fen, haben wir nun nicht das ganze Meer durchlaufen (seked)".
Es sprach Thoth: „Genannt werde Meer des Durchlaufens (seked)
dieses Wasser (das Meer) seit diesem Tage."

Hierauf kehrten die Götter um bei Nacht, denn nicht sahen
sie mehr Feinde. Als sie sich näherten Nubien und der Stadt
Sasher, da erblickte Hor-behudet die Feinde, und ihre auser-
wählten Krieger im Lande Uaua, wie sie sich verschworen (uaua)
gegen Horus ihren Herrn. Der Gott verwandelt sich wieder in
eine geflügelte Sonnenscheibe und tötete in der Gestalt einer solchen die Feinde.

Nach diesem letzten Siege kehrten die Götter zur Heimat
zurück. „Es kam Harmachis in seinem Schiffe und landete am
Horus-Thron (Tes-Hor, Edfu). Es sprach Thoth: „Der Strahlen-
sender, der hervorging aus Râ, er besiegte die Feinde in seiner
Gestalt [als geflügelte Sonnenscheibe], er werde genannt der
Strahlensender, der aus dem Horizonte hervorgeht, seit diesem
Tage." Es sprach Râ zu Thoth: „Bringe an diese Sonne an
jedem Platze, an dem ich weile, an den Plätzen der Götter im
Südlande, an den Plätzen der Götter im Nordlande, [an den
Plätzen der Götter] in der Unterwelt, damit sie vertreibe das
Böse aus ihrer Nähe." Thoth brachte an diese Gestalt an jedem
Platze, an jedem Orte, so viele es ihrer gab, an denen irgend
welche Götter und Göttinnen sich befanden. Und dies ist die ge-
flügelte Sonnenscheibe, welche sich befindet über den Heiligtümern aller Götter und Göttinnen in Ägypten, denn ihr Heiligtum ist auch das des Hor-behudet".

Die soeben größtenteils mit den Worten des Originales vor-
geführte Sage ist nach verschiedenen Richtungen hin von Interesse. Auffallend ist in ihr vor allem das den Ägyptern eigentümliche Bestreben, welches bereits in der Sage von der Vernichtung des Menschengeschlechts eine Rolle spielte, durch Wortspiele
die Entstehung bestimmter Ausdrücke zu erklären. Weil ein Gott
gelegentlich ein Wort aussprach, darum heißt ein Ding, in dessen
Nähe er es aussprach, ebenso wie dieses Wort. Naturgemäß war
der Gang der Entwicklung thatsächlich ein umgekehrter, die Sach-
bezeichnung war vorhanden, die Worte der Götter sind aus ihr
heraus erfunden. Dabei bekümmerte man sich wenig um die
Grammatik, um den Namen „Großer des Schutzes", was den Sinn
von größter Beschützer hat, zu deuten, dient die Gruppe „großer

Schutz". Noch weniger ward der Sinn berücksichtigt. Nach dieser Richtung hin bezeichnend ist die Erklärung des Namens der Isis durch eine Ptolemäer-Inschrift zu Philä, wo es heißt, „als Isis geboren ward, da sagte ihre Mutter Nut, als sie sie erblickte: Siehe, da (ás), das bin ich, d. h. das ist mein Ebenbild! und so gab man der Göttin den Namen Isis (Ás)". Für die Mythendeutung ist aus derartigen Spielereien begreiflicher Weise ebensowenig zu gewinnen, wie aus den Etymologien, welche die Griechen und Römer für ihre Götternamen vorgeschlagen haben. Ihre große Rolle in den erhaltenen Mythen beweist aber einmal deren verhältnismäßig jungen Ursprung, da sie ja bereits vorliegende und nicht mehr verständliche heilige Bezeichnungen erklären sollten. Dann aber bieten sie treffliche Belege dar für die Kühnheit der mythologisch-sprachlichen Schlüsse der Altägypter auf der einen Seite und auf der andern in ihrer durch und durch prosaischen Form für den Mangel an Phantasie und dichterischer Gestaltungsgabe des ägyptischen Volkes. Dieselbe steht in dem auffallendsten Gegensatze zu der poetischen Weise, in der griechische und römische Dichter die Entstehung später nicht mehr verständlicher Ausdrücke zu deuten wußten. Dieser Vergleich ist um so berechtigter, als die Sage von der geflügelten Sonnenscheibe eine durchaus volkstümliche war, die sogar den Fall des Heidentums zu überdauern vermochte und eine Reihe koptischer Texte beeinflußte, welche im Anschlusse an die bekannte Erzählung der Apocryphen von der Reise Christi als Kind durch Ägypten den Siegeszug des Heilands durch das Nilthal schilderten, und ihn dabei seine Feinde von Ort zu Ort treiben und an jedem derselben vernichten lassen.

Von großem Werte ist der Text endlich als Beispiel eines bewußten Sagensyncretismus, wie er in jüngern Texten oft dem Leser entgegentritt. Die Grundlage der Erzählung bildet die Schilderung eines Kampfes des Gottes Râ gegen seine Gegner, die sein Altern benutzten, um sich gegen ihn zu verschwören, ebenso wie die Menschen dies in einer bereits besprochenen Sage thaten. Râ trat ihnen nicht selbst entgegen, sondern nahm seine Zuflucht zu dem Gotte Hor-behudet, der die Gestalt einer geflügelten Sonnenscheibe besaß. Er war ursprünglich gleichfalls eine Sonnengottheit gewesen, ein Doppelgänger des Râ, der bei der Verschmelzung verschiedener Kulte als letzterem untergeben darge-

stellt ward. Ihm fiel die Aufgabe zu, die Feinde der Sonne zu
besiegen und er that es, indem er mit Râ ganz Ägypten durchfuhr, und stets von dem Götterkönig das Übel abwehrte. Da er
dies hier gethan hatte, so hoffte man, werde er es überall thun,
und brachte daher, worauf die Schlußworte des Textes anspielen,
über den Eingang der innern Tempelräume, wie übrigens auch
über dem Thoren der Tempel, auf Stelen und sonstigen Gegenständen das Bild der geflügelten Sonne als Schutz gegen alles Un-
heil, vor allem gegen die Vernichtung an. Bald erscheint dieselbe allein als Sonnenscheibe mit Flügeln ⊂⊃, bald befinden
sich an der Sonne rechts und links Schlangen ⚭, die bisweilen
die Krone von Ober- bez. Unterägypten auf dem Haupte tragen.
Sie sollen die Schutzgöttinnen dieser beiden Hälften Ägyptens,
die Göttinnen Nezeb-t und Ua·⁹-t darstellen, die Ḥor-beḥudet bei
seinem Kampfe mit sich führte. Diese Bildnisse finden sich im
alten Reiche nur selten, während sie im neuen so gut wie überall auftreten und man in später Zeit auf demselben Monument
sogar mehrere geflügelte Sonnenscheiben unter einander anbrachte
in der Hoffnung, durch die Wiederholung des heiligen Symboles
seine schützende Wirkung zu verstärken. Die Mythe ist eine
Lokalsage von Edfu, wo Ḥor-beḥudet Nomosgott war, an andern
Orten trat zwar eine ähnliche Sage von der Sonnenfahrt auf, erscheinen jedoch andere Gestalten als Verteidiger des Gestirnes, so
trägt Ánḥer, der Gott von This, in Abydos den Beinamen „Schlä-
ger der Feinde" und hat die Aufgabe, vorn in der Sonnenbarke
zu stehn und die Geschöpfe, die sich deren Fahrt und damit dem
Râ widersetzen, besonders die Nilpferde und Schlangen. mit seiner Lanze niederzustechen.

Mit der alten Sage von dem Kampfe des Ḥor-beḥudet gegen
die Feinde des Râ, die die Mächte der Finsternis darstellen sollen, ist in dem Edfu-Texte ein zweiter Mythus verschmolzen worden, der von dem Rachezuge des Sohnes der Isis, Horus gegen Set,
den Mörder des Osiris. Dieser letztere Mythus, auf den noch zurückzukommen sein wird, entspricht in seiner Anlage der ursprünglichen Ḥor-beḥudet-Sage. Nach ihm durchzog Horus ganz Ägypten und besiegte aller Orten Set und dessen Anhänger, die hier
aber nicht die finstern Gegner des Lichtgottes, sondern die bösen
Feinde des guten Wesens sind. Daher war auch in beiden Sagen
der Ausgang des Kampfes ein gleicher, ein unentschiedener. Wie

in der Hor-behudet-Sage die Feinde des Râ, nachdem sie von
Süden nach Norden durch ganz Ägypten getrieben worden sind,
plötzlich wieder im Süden auftreten und so der ganze Kampf von
neuem zu entbrennen droht, weil das Licht die Finsternis zwar
zu besiegen und zurückzudrängen, aber nicht zu vernichten vermag, so ist es auch in der Horussage, in der das Gute den
Sieg über das Böse erringt, ohne es aus der Welt schaffen zu
können. So kommt es, daß in dem in den Edfuer Text aufge-
nommenen Zuge der Horus-Sage Set besiegt und hingerichtet
wird, daß er aber gleich darauf wieder Leben gewinnt und die
Gottheit in anderer Gestalt angreift. Osiris selbst spielt in der
Inschrift keine Rolle, aber seine Sage wird vorausgesetzt; nur aus
ihr heraus hat es einen Sinn, wenn man Set der Isis, die als
Gattin und Schwester des ermordeten Gottes an erster Stelle zur
Blutrache berufen war, zur Bestrafung übergiebt.

Neben den besprochenen drei großen Sagen vom Gotte Râ
gab es zahlreiche kleinere, von denen eine [a]) dadurch bemerkens-
wert ist, daß sie die Sonnen- bez. Mondfinsternis mythologisch
erklären will. Eines Tages, berichtet dieselbe, wünschte Horus
alle Wesen zu sehn, die Râ erschaffen hatte: da zeigte ihm dieser ein schwarzes Schwein und in dem gleichen Augenblicke
fühlte Horus einen heftigen Schmerz im Auge, denn Set hatte
sich, um Horus zu verletzen, in ein Schwein verwandelt. Infolge dessen wollte Horus, als er wieder genesen war, keine
Schweine mehr geopfert erhalten. Bei den Griechen erscheint
die Sage dahin umgeändert, daß Set das Auge des Horus verletzte, ausriß, verschluckte, dann aber Helios zurückerstatten mußte.

Viertes Kapitel.

Die Sonnenfahrt in der Unterwelt.

Verläßt man etwas nördlich von dem von Seti I. und Ramses II. um 1300 v. Chr. erbauten Tempel von Qurnah, der nörd-
lichsten thebanischen Tempelanlage, das Fruchtland und reitet
auf das Gebirge zu, so öffnet sich nach wenigen Minuten ein
schmales Felsenthor, durch das ein vorgeschichtlicher Sturzbach
sich seinen Ausweg in das Nilthal gegraben hat. Kurz darauf
teilt sich sein ehemaliges Bette und führt in zwei fast parallelen

Linien hinter dem libyschen Gebirge entlang bis auf die Höhe
des Assassifthales in der Mitte der thebanischen Totenstadt. Mit
einer steil aufsteigenden Felswand findet der dem Nilthal zunächst
gelegene Teil sein Ende. Kurz vorher öffnen sich in den Felsen
dreiundzwanzig Gänge, welche zu Königsgräbern führen, während im andern Thale deren nur zwei mit Inschriften versehene
entdeckt worden sind. Die Zahl derselben war im Altertume
weit größer, Strabo spricht von 40 zugänglichen und besich-
tigungswerten, ihre Eingänge liegen jedoch teilweise unter dem
Schutt verborgen, der von den verwitternden Felsen in das Thal
herabgestürzt ist und werden wohl nur durch Zufall wieder entdeckt werden, wie auch nur die gelegentliche Beobachtung, daß
ein Regenbach statt hinab in das Thal zu fließen, an einer Stelle
am Gebirgsrande verschwand, zu der Auffindung des schönsten
dieser Gräber, der Ruhestätte Seti I., Veranlassung gab.

Von dem Eingang der während der 19. und 20. Dynastie
angelegten Gräber führt ein Gang oder auch eine Treppe schräg
abwärts in den Fels; zuweilen erweitert sich der Gang zu
Kammern oder sind Zimmereingänge in seine Seitenwandungen
gebrochen, im allgemeinen hält er die gleiche Richtung ein bis
er zu einem großen Raume gelangt, der den Sarkophag eines
Königs enthält. An diesen Raum schließen sich Kammern an
und bisweilen setzt sich hinter ihm der Gang wieder fort um
blind in dem Gestein zu verlaufen. Diese Erscheinung beruht
darauf, daß der König, sobald er zur Regierung kam, den Bau
des Grabes begann, das zunächst nur einen Gang mit einer
Grabkammer an seinem Ende umfaßte. Lebte er länger, so führte
er von dieser Kammer den Gang weiter zu einer neuen Kammer
u. s. f. bis ihn der Tod ereilte. Das eben genannte Grab Seti I.
hat auf diese Weise eine Länge von fast 60 m erhalten.

Die Wände der Gänge und Kammern, die Decken und die
Sarkophage in den Gräbern sind mit Inschriften und Darstellungen
bedeckt, welche sich insgesamt auf das Jenseits beziehen [7]. Eines
der Texte, der Sage von der Vernichtung des Menschengeschlechtes, ist bereits gedacht worden, zwei weitere, das negative Sündenbekenntnis und die Begräbnisceremonien, werden bei Gelegenheit der osirianischen Unsterblichkeitslehre zu berühren sein,
zahlreiche andere unbedeutendere Ausführungen können unberück-
sichtigt bleiben, wie beispielsweise die Sonnenlitaneien [8]), 75 An-

rufungen an den Sonnengott, die man zu sprechen hatte „am Abend, wenn gerechtfertigt wird Ŗā gegen seine Feinde in der Unterwelt", mit andern Worten, wenn die verstorbene Sonne alle Hindernisse überwindend als ein seliger Gott in das Jenseits eingeht. Dieselben rufen den Gott an unter allerhand geheimnisvollen und ohne ausführlichen Commentar nicht verständlichen Titeln, die ihn als eine alles umfassende, die verschiedensten Götterfunktionen in sich vereinigende Gestalt schildern, und beweisen so den bedeutenden Einfluß des Syncretismus bereits um 1300 v. Chr. Weit wichtiger für das Verständnis der ägyptischen Religion sind 2 andere hier verzeichnete ausgedehnte Werke, das Buch vom Am-Duat und das Buch der Thore.

Das erste, das Buch von Ám-Duat „von dem was ist in der Tiefe", findet sich in diesen Gräbern begleitet von zahlreichen Abbildungen der in ihm geschilderten Räume des Jenseits und seiner Bewohner; dann kommt es auf Sarkophagen, wie auf dem jetzt in London aufbewahrten des 369 v. Chr. verstorbenen Königs Nectanebus I. vor, und ward besonders in der Zeit der 20. Dyn. auch auf Papyrus aufgezeichnet, um in dieser Gestalt vor allem Priestern und Priesterinnen des Amon in das Grab gegeben zu werden. Die erhaltenen Abschriften zerfallen in zwei Klassen, die eine giebt den vollständigen Text mit allen seinen Abbildungen, die andere, besonders in Papyris zu findende, enthält für die 7 ersten Stunden der Nacht einen kurzen Auszug, während die 5 letzten Stunden unverkürzt blieben. Im Grabe Seti I. sind merkwürdiger Weise beide Klassen vertreten und steht der Auszug neben dem vollständigen Texte. Diese Aufführung der doppelten Version hat keine logische Veranlassung, sie beruht einzig und allein auf der Leichtfertigkeit der ägyptischen Schreiber, die zufällig vorhandene Vorlagen ohne Rücksicht auf ihren Inhalt abschrieben und daher öfters doppelte Texte anbrachten; findet sich doch auch sonst in dem prachtvoll ausgestatteten Seti-Grabe keinerlei Ordnung in den Inschriften. Die für die verschiedenen Stunden bestimmten Texte folgen sich nicht nach einem bestimmten Systeme, sondern sind da angebracht, wo der Zeichner gerade einen passenden Raum für die eine oder andere zur Verfügung zu haben glaubte.

Das Duat zerfiel nach diesen Texten in zwölf Teile, deren jeder von der Nachtsonne in einer Stunde durchzogen ward. Die

Abteilungen werden als Gefilde, als Stadt, als Behausung bezeichnet, den Eingang bildete jedesmal eine Thüre. In der Mitte lief
durch alle diese Räume ein zusammenhängender Fluß, auf dem
der Sonnengott in seiner Barke den Weg von Westen nach Osten
zurücklegte, auf dem rechten und linken Stromufer hausten allerhand Dämonen und Geister. Dem entsprechend zerfällt die ägyptische Darstellung in drei übereinander gestellte Reihen, die
oberste bildet das rechte Ufer, die mittlere den Fluß, die untere
das linke Ufer. Die Dämonen selbst sind sehr verschiedenartig.
Einzelne sind alte Götter, andere erhielten Gestalten, die den Eischaften angepaßt waren, welche man ihnen zuschreiben zu müssen
glaubte. So hatten einige Affenform, weil sie die untergehende
Sonne anbeteten; man ging hier von der richtigen Naturbeobachtung aus, daß die Affen bei Sonnenuntergang zu lärmen pflegen
und sah hierin den Ausdruck ihrer Verehrung des Gestirns. Andere, Männer und Frauen, die die Bösen zerrissen und verletzten,
tragen Messer und Lanzen, und heißen denit „die schneidende“,
nekit „die zerreißende“, šesri „der Stecher“ u. s. f. Wieder andere verdankten ihre Form und ihre Namen nur der Ausgeburt
der ägyptischen Phantasie, die im Ausdenken des Unmöglichen
so rege war, wie es nur die eines orientalischen Volkes sein konnte.
Bei Durchsehen der Duattexte wird man kaum eine vorstellbare
Verbindung des menschlichen und tierischen Leibes vermissen,
sie alle hat der Ägypter für thatsächlich vorhandene Wesen gehalten, die er nach dem Tode zu erblic.. 1 hoffte, oder richtiger
gesagt, fürchtete. Die Leichtgläubigkeit der Bewohner des Nilthales hat nach dieser Richtung hin alle übertroffen, was von
abergläubischen Vorstellungen bei andern Völkern des Altertumes
bekannt geworden ist..

Das Werk beginnt in der verkürzten, leichter verständlichen
Form mit den Worten: „Anfang des Beginnes der Amenti (eig.
Westland, dann Unterwelt), der Grenze der versammelten Finsternis“, d. h. der Unterwelt und des Gebietes, in das sich während
des Tages die Finsternis zurückgezogen und gesammelt hatte,
aus dem sie hervorzubrechen drohte, sobald die Macht der Sonne
erlahmte, um die Nacht auch auf Erden zu verbreiten.

„Es tritt ein dieser Gott (die Sonne) aus der Erde in diesen
Raum des westlichen Horizontes; 120 áter (ein Längenmaß; ein
Paralleltext giebt an, der Raum sei 309 áter lang und 120 breit)

sind zu durchfahren in diesem Raum, ehe die Sonne sich naht
den Göttern des Duat. Net-Râ (Becken des Râ) ist der Name
dieses ersten Gefildes des Duat. Râ teilt zu die Felder des Raumes den Göttern, die sich in seinem Gefolge befinden, er beginnt
befehlende Worte zu sprechen, welche anordnen die Verhältnisse
der Duat-Götter in Bezug auf dieses Gefilde. Wenn man dieses
darstellt nach Maßgabe dieser Erscheinung, welche ist in der
Ámenti des Duat (d. h. wenn man die in dem Duat thatsächlich
vorhandenen Verhältnisse abbildet), wenn man kennt diese Bilder,
die gleichen dem großen Gotte selbst, dann wird der, der dies
thut, glänzend sein auf Erden in der That, dann wird er glänzend sein in dem großen Duat. Ušemt ḫât-u ҳeft-u Râ „Ver-
nichterin der Stirnen der Feinde des Râ“ ist der Name dieser
ersten Stunde der Nacht, welche leitet diesen großen Gott in
den Raum.“

Die Ausgabe mit Abbildungen giebt zunächst mit unbedeu-
tenden Abänderungen den gleichen Text, dann aber stellt sie den
Raum dar, den die Sonne in dieser ersten Nachtstunde betrat.
In der Mitte läuft ein Wasserstreif, auf dem eine Barke schwimmt.
In der Kabine steht aufrecht, das Zepter in der einen, das Zeichen
des Lebens in der andern Hand, mit den Widderkopf, über dem
die Sonnenscheibe sich erhebt, der Sonnengott, Âf-Râ „das
Fleisch des Râ“, nicht mehr Râ selbst, denn dieser ist gestorben,
wohl aber sein Fleisch und Blut, denn Râ ist auch in seinem
Leibe unsterblich. Aus diesem Grund hat die Gestalt das Leben
in der Hand, das ihm auch nach dem Tode verblieb, das Zepter
aber führte er als Herr der Unterwelt. Den Widderkopf trägt er,
weil es sich nicht um den reinen Sonnengott Râ handelt, der
sperberköpfig auftreten müßte, sondern um seine thebanische
Form Amon-Râ, deren irdische Incorporation ein Widder war.
Vor der Kajüte stehn Áp-uat „der Eröffner der Wege“, eine Form
des Gottes Anubis, die ebenso wie die Seelen der verstorbenen Menschen so auch die des Râ in die Unterwelt einzuführen hatte;
dann Sa, der Gott des Geschmackes und Wissens, und eine weibliche Gestalt mit den Kuhhörnern und der Sonnenscheibe, die als
Herrin der Barke bezeichnet wird. Hinter der Kabine stehn der
sperberköpfige Ḥor-ḥekenu, der Stellvertreter des Râ auf dieser
Fahrt, der Ka des Šu, also der Ka einer Form des Sonnengottes,
der ebenso wie der Ka des Menschen mit in die Unterwelt her-

absteigen mußte, hier aber neben Râ ein selbständiges Dasein
führte, wenn er auch in seiner Nähe verblieb; dann Nehes „der
Wächter", Ḥu „der Schlager" (?) und der Lenker des Schiffes,
der das Steuerruder in seiner Hand hält.

Vor der Barke schreiten zwölf Gottheiten; an ihrer Spitze
der Wächter der Stunden, ein Messer in der Hand; dann eine
Schlange; vier Kasten, auf denen je ein Menschenkopf sitzt, welche
die Rede des Osiris, des Xeper, des Tum, des Râ heißen, also
für die verkörperten Worte dieser Gottheiten, die individuelle
Selbständigkeit erlangt hatten, galten; dann kommt der widderköpfige große Erleuchter, wohl eine Form des Sonnengottes selbst,
die man von ihm abgelöst hat; dann die löwenköpfige treue Genossin der Sonne, die Göttin Seχet oder, wie sie hier auch heißt,
Seχmet; dann der, der in der Amente weilt, die mumienförmige
Gestalt des Osiris mit der Krone von Oberägypten auf dem
Haupte; ein mit einem Messer bewaffneter menschlicher Gott „der
Zerschneider"; endlich die beiden Göttinnen der Wahrheit, Wahrhaftigkeit und Gerechtigkeit. Der Begleittext wiederholt in etwa
die einleitenden Worte, macht nur den einen bemerkenswerten
Zusatz, der Fluß, auf dem der Gott fahre, sei der Urnes, was mit
dem griechischen Uranos naturgemäß nichts zu thun hat, die
Sonnenbarke sei die Sekti-Barke. Die Größe dieses Unterwelt-
teiles wird hier abweichend von obiger Angabe auf eine Breite
von 220, eine Länge von 300 Åter veranschlagt, eine Abweichung,
die zeigt, wie wenig consequent die Ägypter bei solchen Angaben
in religiösen Dingen waren. Vermutlich hatten verschiedene
Schriftsteller die Größe der Unterwelt sich verschieden berechnet
und haben die Zusammensteller des Textes es für besser gehalten,
die verschiedenen Lesarten nebeneinander aufzuführen, als sich
der Gefahr auszusetzen, vielleicht die unrichtige allein ihrem Werke
einzuverleiben.

Unter dieser Darstellung des Gottes und seiner Begleiter
befinden sich die Gestalten, welche dieselben in dem Raum der
ersten Stunde erwarteten, Râ aber nur hier begleiteten und zu-
rückblieben, wenn er den Raum verließ. Es sind 10 Gottheiten,
welche teilweise Schlangen als Zepter tragen und drei lange
Schlangen mit gefleckten Körpern. Dann folgt eine Barke, in
deren Mitte ein Skarabäus schwebt, der als „dieser Râ" bezeichnet von zwei Osiris genannten Männern angebetet wird, es ist

die Anbetung der Sonne durch die Verstorbenen, die das Bild
symbolisiert. Eine Inschriftszeile über der Darstellung besagt
etwa: „Dieser Gott (Râ) durchschreitet diesen Raum in Gestalt
eines Widders. Wenn er ihn durchschritten hat, dann steigen
nicht mit ihm auf (zu den andern Stunden) die Toten, die in
seinem Gefolge sind, sie bleiben stehen in diesem Raume, Râ
aber giebt Befehle (zu Gunsten der Toten, denen er Felder verleiht) den Göttern, welche in diesem Raume weilen." Die Toten,
von denen hier die Rede ist, sind Menschen, deren Seelen gleich
nach dem Absterben forteilten nach der Öffnung, die am westlichen Himmel sich befand und durch die Râ in die Unterwelt
einzog. Sie folgten dem Gotte hierher auf seinem Zuge, aber
damit war auch ihre Laufbahn abgeschlossen, nur besonders Auserwählte, die das Buch von dem, was ist in der Tiefe, kannten,
durften in die Sonnenbarke steigen und in ihr weiter fahren, alle
übrigen blieben hier zurück, mitnehmen durfte Râ dieselben nicht.

Auf dem linken Ufer des Urnes saßen neun Hundskopfaffen „die
Thüröffner dieser großen Seele", also Wesen, welche sobald die
Sonne im Westen angelangt war, ihr die Pforten des ersten
Stundenraumes erschlossen. Jeder derselben wird mit einem
Namen bezeichnet; „der Öffner der Erde", „die Seele der Erde",
„das Herz der Erde", „das doppelte Herz der Erde", „der der erblickt
Râ", und andere sitzen da nebeneinander. Dann erscheinen 12
weibliche Gottheiten „die da preisen auf Erden", die also dem
Gotte Lobgesänge darbrachten in dem Augenblicke, in dem er
von der Erde in die Unterwelt einging. Ihre Namen sind die der
12 Tagesstunden, die hier Abschied von Râ nahmen, um an den
Osthimmel zurückzukehren und dort die neue Sonne zu erwarten.
Nun folgen neun hockende Götter, je drei mit Menschen-, mit
Schakal- und Sperberkopf, „die Götter, die da anbeten Râ"; an
sie schließen sich 12 Göttinnen an „die geleiten den großen Gott";
wie ihre Namen beweisen, sind sie die zwölf Nachtstunden, die
nunmehr statt der Tagesstunden die Führung der Sonne übernehmen.

Das rechte Ufer des Urnes zeigt zunächst wieder 9 Hundskopfaffen „die da sprechen die Lobpreisungen des Râ"; dann
kommen 12 Uräusschlangen, die Feuer speien und damit die Finsternis der Unterwelt erhellen, sie sind „die Göttinnen, die da er-
leuchten die Finsternis im Duat"; die folgenden 9 Männer „prei-

sen den Herrn des Götterkreises", also wiederum Râ; und die 12 sich anschließenden Göttinnen „geben Lobpreisungen dem Râ, wenn er durchzieht den Urnes."

Hiermit schließt die Schilderung des ersten Raumes der Unterwelt. Ist Râ an sein Ende gelangt, so öffnet sich eine Thür, er tritt ein in den Bereich der zweiten Nachtstunde, in der er seinen Weg auf dem Urnes fortsetzt; die Götter in seiner Barke bleiben im allgemeinen die gleichen, aber die Gestalten, die ihn außerdem begleiten, werden andere und vor allem die Dämonen, die an beiden Seiten des Urnes hausen, wechseln fortwährend. Es kann keinen Zweck haben, dieselben im einzelnen zu betrachten, der Gesamtcharakter zeigt gegen die erste Stunde, deren Schilderung die Art und Weise, wie sich die Ägypter ihr Duat ausmalten, genügend gekennzeichnet haben wird, nur darin eine Änderung, daß die Zahl der Dämonen immer mehr wächst, sie nehmen immer merkwürdigere Formen an, immer häufiger treten aus Menschen- und Tierleibern zusammengesetzte Gestalten auf. Jede Figur trägt einen besondern Namen; es wurde vorausgesetzt, daß der tote Ägypter dieselben alle auswendig wußte oder doch einen Papyrustext bei sich führte, in dem er sie nachlesen konnte, falls er nicht bei Lebzeiten Sorge dafür getragen hatte, daß, wie im Grabe Seti I, ein Reisehandbuch für das Duat an den Wänden seines Grabes aufgezeichnet ward.

In jedem Teile der Unterwelt ließ Râ einige seiner Begleiter, die er von der Oberwelt mitgebracht hatte, zurück, indem er ihnen, wie dies bereits in der ersten Stunde geschah, Felder zuteilte, die sie bebauen durften. Der Gott verfuhr dabei ebenso wie der irdische König, der auch seine Getreuen dadurch belohnte, daß er ihnen Felder übergab zum Entgelt für geleistete Dienste und zur Ermunterung zu künftiger Treue. Der Pharao mußte dies thun, um bei den separatistischen Neigungen, die das ägyptische Volk nie verloren hat, Empörungen zu vermeiden oder doch sich in allen Nomen treu ergebene, von ihm abhängige Anhänger zu verschaffen. Ebenso verfuhr der Gott in eigenstem Interesse, er war es zwar, der den Bewohnern der Unterwelt bei seinem Durchzug Licht spendete, andererseits aber vermochte er allein nicht die Dämonen der Finsternis zu besiegen, er brauchte dazu Bundesgenossen, und diese fand er außer in einer Reihe von guten im Duat lebenden Dämonen, in den Toten, die er hier

ansiedelte und die wie irdische Vasallen an den ihnen verliehenen
Grund und Boden gefesselt waren. Hier erwarteten dieselben
Râ, um ihn und Osiris, der in einigen Angaben dieser Texte
Râ gleichgestellt wird, gegen die Âpep-Schlange, die die Finsternis
versinnbildlicht, zu unterstützen. Nach andern Andeutungen
trennte man Osiris gelegentlich von Râ und sah in ihm den im
Duat bleibenden Herrscher der Toten, ein Widerspruch, der beweist, daß in diesen Texten nicht mehr eine einheitliche Lehre,
sondern bereits eine Verschmelzung verschiedener Gedankenreihen
vorliegt. Eine weitere wieder andersartige Gottheit, deren Gestalt
in die Darstellung verflochten wird, ist Sokaris, als dessen Bereich
besonders das Gebiet der vierten und fünften Stunde gilt. In
dem letztern dieser Räume fand Râ bei seiner Durchfahrt den
Skarabäus Xeperâ vor, den Gott der neuen Morgensonne, der
hier die Barke bestieg, um dem toten Gotte der gestrigen Sonne
bis zum Osthorizonte das Geleite zu geben, wo dann seine eigene
Herrschaft beginnen sollte.

Der sechste und siebte Raum waren vor allem Osiris geweiht. In ersterem hausten zahlreiche mit seinem Mythus ver-
knüpfte Wesen, Isis, der Ibis, ein Horus, verschiedene Erschei-
nungsformen des Osiris selbst. Außerdem weilten hier in einer
großen Kammer die Könige von Ober-Ägypten; diejenigen die reich
sind an Opfergaben, also die Vermögenden, denen ihre Nachkommen viele Opfer darbrachten; die Könige von Unter-Ägypten und
die verklärten Geister. Ihnen verheißt der Gott, sie sollten ihre
Felder behalten, ihre Herrschaft weiter ausüben, die magischen
Formeln, die sie erlernten, benutzen können, die ihnen darge-
brachten Opfergaben auch wirklich erhalten. In der siebten
Stunde legt sich die Schlange Mehen „die Umspannerin" um die
Kajüte des Râ; hier gilt es den schwersten Kampf gegen die
Âpep-Schlange, die zuletzt glücklich besiegt und mit Messern
durchbohrt wird, während die Sonnenbarke auf Beschwörungen
der Isis hin sich von selbst fortbewegt. In diesem, dem siebten
Raume, stehen vier Kästen, die z. T. mit Sand gefüllt sind und
außerdem die Gestalten des Tum, Xeperâ, Râ und Osiris enthalten; je eine mit einem Messer bewaffnete Göttin bewacht sie, die
als besonders wirksame Talismane im Jenseits galten, und auf
den Ruf des Râ hin zu seiner Hülfe aufgetaucht zu sein scheinen.
Daneben erblickt man Schlangen, die ihre Flammen gegen die

Feinde des Osiris schleudern und die Seelen der Feinde des
Gottes fressen, Stern- und Stundengötter.

Im neunten Raume spieen zwölf Uräusschlangen Feuer, so
lange Râ hier weilte, um seinen Weg zu erhellen; sobald er vor-
beigezogen war, fraßen sie die Flammen wieder auf um sie nach
Verlauf von 23 Stunden wieder von sich zu geben. Ihr Feuer
traf die Feinde des Râ und sie lebten vom Blute derer, die sie
jeden Tag töteten. In der zehnten Abteilung, in der Xeperās
Geburt dargestellt wird, im Gegensatz zu der oben erwähnten
Stelle, die ihn bereits in der 5. entstehen ließ, findet sich haupt-
sächlich Wasser und dessen Bewohner. Von dem 11. Raume
führte ein geheimer Gang nach Sais hin, der von zwei Formen
der Göttin Xeith, die eine mit der Krone von Ober-, die andere
mit der von Unterägypten bewacht wurde. Er sollte wohl der
Xeith von Sais, die als Mutter des Râ galt, die Möglichkeit gewähren, aus ihrer Stadt in die Unterwelt zu gelangen um hier
die Sonne zu gebären. In der Nähe brannten große Feuer, in
denen unter Aufsicht des Horus die Feinde des Râ verbrannt
wurden. Im 12. und letzten Raume endlich entsteht die neue
Sonne in ihrer irdischen Form, sie gewinnt neues Leben und
wird von dem Gotte Šu am Horizonte des Himmels emporge-
hoben, mit ihr treten hier an das Tageslicht die Seelen derjenigen
Toten, denen es durch ihre Kenntnisse der magischen Formeln
gelungen ist, in der Sonnenbarke zu verbleiben und in ihr das
ganze Duat zu durchfahren, sie sind jetzt bei Râ und untrennbar
mit ihm verbunden, ohne darum ihrer Individualität verlustig
zu gehen.

Es ist eine ganz eigenartige Vorstellung vom Jenseits und
der Unsterblichkeit, die in diesem Texte vorliegt; eine Lehre, die
sich um den toten Râ gruppiert und in die Teile der Sokaris-
und Osiris-Lehre eingeflochten sind. Der Osiris, der dabei auftritt, ist aber nicht der des Totenbuches, der später zu behandeln
sein wird, er ist ein Sonnengott geradeso wie Sokaris, der aufgefaßt wird bald als Nebenform des Râ, bald als Beherrscher
eines Teiles der Râ gehörenden Unterwelt. Unsterblichkeit besaß
auch nach dieser Anschauungsweise jeder Mensch, aber nur der
Freund des Râ hatte Aussicht darauf, Felder im Duat zu erhalten, deren Ertrag ihn vor Hunger schützte; jeden Tag sah er
eine Stunde lang die Sonne, die übrige Zeit war er in Nacht

getaucht, die höchstens durch feuerspeiende Schlangen oder die
Flammenmeere erhellt ward, in denen die Feinde des Râ verbrannt wurden. Jubelnd begrüßte er das Licht, wenn sein Gott
erschien, aber sein Glück war kurz, nach einer Stunde schloß sich
das Thor hinter der Sonne, er blieb in Finsternis zurück. Selbst
Könige und Reiche traf dieses Los, wenn ihr Schicksal auch
dadurch, daß ihre Nahrung ihnen ohne Arbeit zufloß, erträglicher
ward. Nur wenige konnten ewig bei der Sonne bleiben, es waren
dies nicht die Mächtigen dieser Erde, auch nicht die besonders
Guten, es waren die, welche am genauesten Bescheid im Jenseits
wußten, die sich am besten auf Zaubereien verstanden. Die
ganze Lehre entspringt demnach einem Glauben an die Macht
der Magie, nur durch diese sind Dämonen zu besiegen, nur durch
sie ewiges Glück zu erlangen; der Gedanke, durch tugendhaften
Lebenswandel dieses verdienen zu können, tritt ganz zurück, das
Einzige, worauf man in diesem Leben in dieser Beziehung zu
achten hatte, war kein Feind des Râ zu sein.

Das zweite in den Königsgräbern auftretende, der Sonnenfahrt gewidmete Werk, das Buch von den Thoren, entspricht in
seinen Grundgedanken der eben besprochenen Schrift; vor allem
stellt es den Zustand der Toten im Jenseits in gleicher Weise dar, .
als ein Leben in Finsternis, in die täglich nur eine Stunde das
Licht der Sonne dringt. Eine Lücke hat es aber ausgefüllt, die
das Âm-Duat darbot, es hat das Gericht des Osiris über
Gute und Böse eingefügt. Dasselbe findet statt in einem Saale,
der sich zwischen der 5. und 6. Stunde befindet; hier sitzt Osiris
auf seinem Throne, auf dessen Stufen neun Gottheiten, der Götterkreis des Osiris stehen. Vor Osiris befindet sich die Wage, auf
der der Mensch gegen seine Thaten abgewogen werden soll. Jenseits steht Anubis, der in der Osirisreligion den Toten in die
Gerichtshalle brachte, hier aber nur als Zuschauer auftritt. Der
Begleittext meldet, daß alle Feinde des Osiris niedergeworfen und
vernichtet sind, und die Vernichtung wird in der Weise angedeu-
tet, daß man in einer kleinen Barke einen Hundskopfaffen, also
den Gott Thoth, erblickt, der mit einem Stocke ein Schwein „den
Fresser des Armes", d. h. den Gott Set, den Feind des Osiris
aus der Halle heraustreibt und ihn aus der Gemeinschaft der Gerechten stößt.

In der nun folgenden 6. Stunde wird der Erfolg der Ge-

richtsscene veranschaulicht, die Gerechten bebauen das Feld,
während die Bösen an Pfähle angebunden, ihrer Bestrafung harren,
die teilweise erst in der 8. Stunde durch Feuer und Wasser erfolgt. Die Ackerscenen erinnern in manchem an die Gefilde Áalu
der Osirisreligion, doch fehlt diesen Feldern das Licht, das in
Áalu reichlich leuchtet.

Eine ähnlich melancholische und doch wieder in manchem
abweichende und an griechische Vorstellungen erinnernde Auffassung
des Lebens nach dem Tode zeigen vereinzelte Texte, die dasselbe
als ein Schattendasein schildern. So ruft auf einer Stele des
britischen Museums") eine verstorbene Frau ihrem Gatten zu: „O
mein Bruder, mein Gemahl, höre nicht auf zu essen und zu trinken und den Becher der Freude bis auf die Neige zu leeren, die
Liebe der Frauen zu genießen und Feste zu feiern. Diene täglich
deinen Begierden, gönne der Sorge keinen Raum in deinem Herzen, so lange du lebst auf Erden. Denn, was die Ámenti betrifft,
so ist das das Land des Schlummers und der Finsternis, eine
Wohnung der Trauer für die, die dort weilen. Sie schlafen in
ihren körperlosen Gestalten, sie wachen nie wieder auf, ihre Brüder zu sehen, sie erkennen weder Vater noch Mutter, ihr Herz ist
gleichgültig gegen Weib und Kind. Auf Erden genießet ein jeder
das Wasser des Lebens, ich aber leide Durst. Das Wasser kommt
zu dem, der auf Erden weilet, ich aber dürste nach dem Wasser,
das mir nahe ist. Ich weiß nicht wo ich bin, seit ich an diesen
Ort kam. Ich schmachte nach den Wassern, die an mir vorüber
fließen. Ich weine nach dem Luftzuge am Ufer des Flusses, daß
er mein Herz in seinem Kummer laben möge. Denn der Name
des Gottes, der hier herrschet, ist „Vollkommener Tod". Er ruft
einen jeden und alle Menschen kommen, seine Gebote zu erfüllen,
und nahen sich ihm zitternd vor Furcht. Er macht keinen Unterschied zwischen Göttern und Menschen, vor ihm sind die Großen
den Kleinen gleich. Man scheut sich ihn anzurufen, denn er er-
höret kein Gebet. Niemand kommt ihn anzubeten, denn er ist
denen, die ihn verehren, nicht gütig, er achtet nicht auf die Opfer,
die ihm dargebracht werden."

Den Anfang des Buches von den Thoren bildet das Eingehn
der Sonne in die Unterwelt; sie naht sich in ihrer Barke in Gestalt einer Sonnenscheibe, um die eine Schlange sich schlingt, einem
Thale, das von zwei sandigen Höhen begrenzt wird. An der einen

Seite steht eine Standarte mit dem Kopfe eines Widders, des
Tieres, in dessen Gestalt der Gott im Jenseits erscheinen wird;
an der andern Seite trägt die Standarte den Schakalkopf und erinnert an Anubis, der die tote Sonne einführen soll in das jenseitige Land. Vor jeder Standarte knieen 2 Geister, der des Duat
und der des irdischen Berglandes, also der beiden Gegenden, die
an dem Unterweltsthore zusammen stoßen. Das Thal wird abgeschlossen durch eine einfache Thür, die sich auf eine Beschwörung hin dem Râ öffnet, der damit in den ersten Stundenraum
gelangt und dort widderköpfige Gestalt annimmt. Die hier hau-
senden Dämonen sind gerade so wie die in den andern Räumen
in dem Texte ausführlich beschrieben, in der Mitte ist immer der
Fluß, auf dem die Sonne dahinfährt, begleitet von ihren Genossen;
rechts und links an den sandigen Ufern stehen die Geister, aber
während die Anordnung als solche der des Ám-Duat entspricht,
sind die Einzelheiten, die Dämonennamen, die Bilder und Texte
durchweg andere. Es ist eine gleiche Grundlage benutzt, aber
in ganz anderer Weise behandelt worden, zwei ganz abweichende Vorstellungen vom Jenseits haben sich gebildet, zwischen
denen dem Ägypter die Wahl so schwer fiel, daß er sie bisweilen
beide in seinem Grabe darstellen ließ.

Schon die Trennung der 12 Stundenräume ist eine andersartige. Im Ám-Duat genügte zu dem Zwecke eine einfache Thüre,
hier hat sich dieselbe außer bei der ersten Stunde in eine Fes-
tungsanlage verwandelt. Eine Mauer schließt den Raum ab, nur
ein enger Pfad führt hinein, durch den man in einen Gang gelangt, der zwischen zwei mit Zinnen versehenen Mauern läuft
und einen rechten Winkel bildet, um so einem Feinde das Ein-
dringen möglichst zu erschweren. An beiden Enden steht je eine
Mumiengestalt, an dem rechten Winkel hängen zwei feuerspeiende
Schlangen, die ihre Glut durch den Gang laufen lassen. Neun
Götter lehnen außerdem noch als Verteidiger an der Wand. Nur
mit Hülfe von Beschwörungen konnte Râ selbst den Engpaß
durchfahren; hatte sein Fährmann dieselben ausgesprochen, so
öffneten die Mumiengestalten ihm ihre Arme, die Schlangen hörten auf Feuer zu speien und eine große Schlange, die am Ende
des Ganges die Thür zum nächsten Raume bewachte, öffnete
dieselbe. Kaum hatte sie aber Râ durchschritten, so traten alle
Dämonen wieder ihre Wache an. Trotz all dieser Verteidigungs-

maßregeln jedoch war der Gott in den Räumen nicht in Sicherheit, alle Augenblicke traf er Feinde, vor allem die Âpep-Schlange,
die er besiegen mußte.

Beachtenswert ist endlich noch der Schluß des Textes, der
weit genauer als das Âm-Duat die Geburt der neuen Tagessonne
schildert. Wenn die letzte Thür der Unterwelt, die das Ende der
12. Stunde bildet, zugefallen ist, dann herrscht angstvolles Seuf-
zen unter den Seelen, welche weilen in der Âmenti, die in Finsternis zurückbleiben; an der Thüre aber sitzen Isis und Nephthys
in Gestalt zweier Uräusschlangen, um den jungen Sonnengott zu
schützen, wie sie ja auch Horus, den Sohn der Isis, schützten.
Vor der Pforte breitet sich ein Gewässer aus, das Urgewässer Nu,
aus dem nach einer Mythe alles entstand, aus ihm mußte Râ
sich erheben und dies geschah dadurch, daß der Gott dieses Ge-
wässers ihn samt seiner Madet-Barke mit seinen Armen in die
Höhe hob. In der Mitte des Schiffes befindet sich Râ selbst in
Gestalt des Skarabäus, die Sonnenscheibe auf dem Haupte, neben
ihm stehen schützend Isis und Nephthys; hinten in der Barke außerdem Seb, Šu, der Gott Ḥek, der die Zauberformeln kennt, und
zwei Steuermänner. Vorn im Schiffe erblickt man die drei Öffner, die die Tagesthore geöffnet haben und die verschiedenen
Pforten am Oberhimmel erschließen sollen. Von der andern
Seite her richtet sich Nut empor, die Göttin des Tageshimmels,
und empfängt die Sonne: sie steht auf einer kreisförmigen Gestalt,
die mit ihren Füßen ihren Kopf berührt und die als der Osiris,
der das Duat umschließt, bezeichnet wird, der Tageshimmel erhebt sich hier über dem Nachthimmel, das Reich der Nut über
dem des Osiris.

Mehrfach war auf den vorhergehenden Seiten hervorzuheben,
daß diese Texte nicht eine reine Lehre wiedergeben, daß in dieselbe vielmehr manche Züge des ursprünglich von ihr unabhän-
gigen Osirisglaubens eingedrungen sind: dasselbe Verhältnis wech-
selseitiger Beeinflussung hat auch bei letzterem stattgehabt und
im Totenbuche, dem grundlegenden Texte der Osirisreligion, finden sich auf Schritt und Tritt Züge, die mit dieser an und für
sich nichts zu thun hatten, ja oft geradezu in Widerspruch zu
ihr stehen, sie sind teilweise den Texten über die Sonnenfahrt
in der Unterwelt entlehnt worden. So findet sich in dem oben
wiedergegebenen fünfzehnten Kapitel des Totenbuches das Duat

genannt, das Râ erhellt, die Âpep-Schlange tritt auf und ähnliches
mehr; Beispiele synkretistischer Neigungen, denen auch hier freies
Spiel gelassen worden ist.

Fünftes Kapitel.

Die wichtigsten Göttergestalten.

Die ägyptischen Tempel wurden als solche, wie ihre Inschriften zeigen, im allgemeinen nur der einen Gottheit geweih',
deren Incorporation das Heiligtum bewohnte, der die Haupt-
gebete, die großen Opfer und die wichtigern Feste galten.
Dieselben Inschriften zeigen aber, daß dieser Gott nicht allein
stand. Neben ihm wurden in fast allen Heiligtümern andere Gottheiten, die ϑεοὶ σύνναοι der Griechen, verehrt, die mit ihm einen
Kreis bildeten, der gewöhnlich in der Weise angeordnet war, daß
die Mitgötter in naher verwandtschaftlicher Beziehung zu dem
Tempelgotte standen. Die Zahl der Gottheiten pflegt drei zu sein
und entstehen auf diese Weise die sogenannten Triaden, zu denen
meist zwei männliche und ein weibliches Wesen gehören; letzteres ist die Gattin des einen Mannes, mit der derselbe den zweiten
männlichen Gott erzeugt hat. Dieser Sohn ist dem Vater gleich,
er ist bestimmt, an dessen Stelle zu treten, wenn der Vater nach
dem Naturgesetze, dem auch die Götter unterworfen sind, altert
und stirbt. So wird er der Vater selbst und in diesem Sinne
können die ägyptischen Texte von ihren Göttern sagen, sie seien
ewig, denn sobald ein Götterindividuum verschwindet, tritt ein
zweites ihm genau Gleiches an seine Stelle. In diesem Sinne hat
auch der Gott sich selbst erzeugt, er hat in seiner Stellung als
Vater den ihm entsprechenden Sohn gebildet; und so wird der
Gott zum Gatten seiner Mutter, indem er nach dem Tode des
Vaters auch seiner bisherigen Mutter, der weiblichen Gottheit gegenüber, in alle Rechte eintritt und nun seinerseits mit ihr den
neuen Göttersohn erzeugt, der berufen ist, einst ihn zu ersetzen.
So wird ein stetig weiter wirkender Kreis gebildet, der die Dauer
der Göttlichkeit und daneben die Selbständigkeit jedes Götter-
Individuums festhält. Eine Lücke in ihm entsteht nur durch die
Behandlung der weiblichen Gestalt, für welche entsprechend dem
Geschick der männlichen gleichfalls ein Altern, Absterben und

Ersetzt werden eintreten müßte. Die altägyptische Lehre enthält
keine hierauf bezügliche Angaben, was darin begründet ist, daß
in der Götterwelt die Göttin überhaupt kaum eine Rolle spielt;
sie gebiert den neuen Gott und erzieht denselben, aber abgesehen
von Isis, die für die Triaden nicht weiter in Betracht kommt,
besitzt keine weibliche Gestalt eine klar umgrenzte Persönlichkeit. in den Mythen werden dieselben meist übergangen und im
Kulte vernachlässigt. Die Inschriften nennen nur ihre Namen,
bezeichnen sie als Mütter, Ernährerinnen, Schützerinnen, ohne
charakteristische Züge hinzuzufügen.

Triaden der eben geschilderten Art bilden Amon, Mut und
Ḫunsu in Theben; Ptaḥ, Seχet und Imḥetep in Memphis; Sebäk,
Hathor und Ḫunsu in Kom Ombo u. s. f. An andern Orten tre-
ten andersartige Dreiheiten von Göttern auf. In einer Reihe von
Tempeln hat man entsprechend den Triaden drei Gottheiten verehren wollen, da aber der Hauptgott keine fest und klar gekennzeichnete Familie besaß, so hat man sich damit begnügt, die
Dreizahl festzuhalten, die Beziehung der Drei zu einander dagegen
vernachlässigt. So erscheinen in den Katarraktengegenden Ḫnum,
Sati und Ânuke, wobei die zwei letztgenannten Göttinnen dem
Ḫnum nur deshalb zur Seite gestellt wurden, weil sie in der betreffenden Gegend die Hauptrolle spielten und man sie daher in
den Tempeln mit vertreten zu sehen wünschte.

Der Begriff der Triade ist durch Verdreifachung derselben
erweitert worden zur Enneade, zur Götterneunheit. In einer solchen ist nicht die Verwandtschaft das verbindende Band, sondern
ein staatliches Verhältnis, der Hauptgott ist der Herr und König,
die andern bilden seinen Hofstaat, der ihn bei der Herrschaft der
Welt unterstützt und daher auch Anteil hat an den Ehren, die
dem Gotte zu teil werden. Der Gedanke an diese Neunerkreise
ist ein uralter; schon früh hat der Begriff Götterneunheit seine
Grundbedeutung verloren und ist gleichbedeutend mit Götterkreis
geworden. In den Märchen ergeht sich der Gott mit seiner Götterneunheit und wird dabei ganz allgemein an seine Umgebung gedacht, und in mehreren Texten wird die Götterneunheit eines
Tempels aufgeführt und stellt es sich dabei heraus, daß dieselbe
aus nur acht Göttern bestand.

Mancher Tempel begnügte sich nicht mit einer Götterneunheit, sondern hatte deren zwei, „die große und die kleine“, die

höhere und die niedere; man sprach sogar bisweilen in der Mehrzahl von den Götterneunheiten, um die Gesamtheit der Verehrungswesen zu kennzeichnen. Bei der Auswahl der Neunheiten haben keine tiefern Gedanken obgewaltet, dieselben bestehen aus den wichtigsten Gottheiten Ägyptens, an deren Spitze der jeweilige Nomosgott tritt.

Ein verhältnismäßig junger Gedanke ist es gewesen, das Nebeneinanderstehen verschiedener gleichartiger Gottheiten in ein und demselben Götterkreise, welches häufig vorkommt, dadurch zu vermeiden, daß man die betreffenden Götter gerade so wie irdische Könige nach einander herrschen ließ und ihnen dann auch den Titel eines Königs von Ober- und Unter-Ägypten beilegte. So sollten sich nach einer heliopolitanischen Tradition gefolgt sein: Átmu, Râ, Šu, Seb, Osiris, Set, Horus; während in Memphis Ptaḥ, in Theben Amon-Râ an erster Stelle stand. Großen Anklanges hat sich diese Lehre nicht zu erfreuen gehabt; es lag auf der Hand, daß sie die Hauptschwierigkeit, welche die ägyptische Götterauffassung darbot, nicht lösen konnte, durch das angebliche Aufeinanderfolgen der Herrschaft der einzelnen Gestalten wurde das gleichzeitige Fortwirken derselben in der jeweiligen Gegenwart nicht beseitigt. Die Theorie blieb daher nur auf einzelne Priesterschulen beschränkt, ohne je in das Volk einzudringen.

Naturgemäß können von den unzähligen Gottheiten, welche die Inschriften nennen, im Folgenden nur diejenigen hervorgehoben werden, welche am häufigsten auftreten und den Ägyptern selbst als die wichtigsten erschienen, und auch von ihnen kann nur das Notwendigste gesagt werden, eine Aufzählung aller Gestalten und Behandlung ihrer Eigenheiten würde Bände füllen.

Amon, Mut und Χunsu bilden, wie bemerkt, die Triade von Theben, dem Diospolis der Griechen, der Stadt, welche von der elften Dynastie an bis tief in das neue Reich hinein die Hauptstadt Ägyptens war, aus der die bedeutendsten und kriegerischsten Herrscher des Landes hervorgingen und aus deren Tempeln und Gräbern der größte Teil des Materiales entnommen ist, das der ägyptologischen Forschung zur Behandlung vorliegt. In Folge dessen besitzt man für die Verehrung der thebanischen Götter eine lange Reihe von Texten. Man muß sich aber wohl hüten, aus deren großer Zahl einen Schluß auf die Bedeutung des Amon in Ägypten überhaupt zu ziehen. Zwar haben die Theben ent-

stammenden Pharaonen gesucht, den Kult ihres Gottes in ihrem
ganzen Reiche einzuführen und es ist ihnen dies auch insofern
gelungen, als er in den meisten großen Heiligtümern Aufnahme
fand, aber er ward darum noch nicht der Hauptgott und mußte
sich gewöhnlich mit einer bescheidenen Rolle neben den Orts-
göttern begnügen.

Der Name des Gottes Ámen bedeutet „der Verborgene", die
Grundbedeutung der Gestalt wird nicht überliefert. In den vor-
liegenden Texten tritt der reine Gott Amon sehr selten auf, ihn
ersetzt die Mischform Amon-Râ, in der Amon zu einem Sonnengotte geworden ist, was er ursprünglich kaum war, eher ist auf
Grund des Namens, der von demselben Stamme sich ableitet, wie
die Bezeichnung Ámenti für den Westen und die Unterwelt, an
einen Totengott zu denken, wofür freilich zwingende Beweise fehlen. Wo in späteren Texten Amon allein erscheint, wird überall
an Amon-Râ gedacht, die ursprüngliche Bedeutung scheinen die
Ägypter selbst vergessen zu haben. In der spätesten Zeit ward
Amon-Râ zu einer pantheistischen Gottheit und klügelte man aus
dem Namen „der Verborgene" vielerlei heraus, er galt als die
geheimnisvolle, alles erschaffende und alles erhaltende Kraft, die
man in der Sonne an erster Stelle verkörpert glaubte. Dieser
pantheistische Gedanke lag gerade bei Amon-Râ um so näher,
als bereits ältere Texte ihn in fast monotheistischer Weise als
den Schöpfer des Alls und seinen Herrn gepriesen hatten, wobei
sie ihre Beweise und Vergleichungspunkte von der Sonne, die alles wärmt und erleuchtet, zu entlehnen pflegten. Besonders in
Hymnen findet dieser Gedanke seinen Ausdruck.

Man hat aus dieser Ausdrucksweise und aus Stellen, in denen es heißt, Gott bezw. ein Gott — das unbestimmte Pronomen
ein wird im Ägyptischen meist nicht ausgedrückt — wird gelobt,
Gott kennt den Bösen, Gott giebt ein Feld, Gott liebt den Gehor-
samen u. s. f. oft geschlossen, es sei darunter der wahre, ewige
Gott zu verstehen. Dies ist jedoch nicht ohne weiteres möglich;
dieselben Texte, die diese Angaben machen, sprechen daneben
von einzelnen Gottheiten und zeigen, daß der Schreiber bei dem
Worte Gott nur an seinen eigensten Gott dachte, an den Gott
seines Nomos, den neter nu-ti „den zur Stadt gehörigen Gott", wie
ihn die Texte nennen, der für ihn eine alles umfassende Macht war,
die aber darum das Bestehen anderer, für andere Menschen wich-

tiger höherer Mächte nicht ausschloß. Osiris, Horus, Thoth, Ra-
Tum-Harmachis, Ptaḥ-Tanen, der Nil, Amon-Râ und andere werden in den Texten als einzige Götter gepriesen, ohne daß man
daraus weitergehende Schlüsse auf eine tiefer gehende Gotteserkenntnis ziehen dürfte. Wenn aber derartige Ausdrücke an und für sich
keinen Beweis darbieten können für eine ursprüngliche und von Zeit
zu Zeit dem ägyptischen Volke wieder zum Bewußtsein kommende
reine, monotheistische Gotteserkenntnis, so kann man ebenso wenig aus den Inschriften den Beweis erbringen, daß eine solche
nicht vorhanden gewesen ist. Immer wieder und wieder muß den
Versuchen, die ägyptische Religion als Belegmittel bei der Erör-
terung dieser Frage bald für die eine, bald für die entgegenste-
hende Ansicht heranzuziehn, gegenüber betont werden, daß dieselbe nach diesen Richtungen hin bisher keinen Anhalt gewährt.
Nie darf man vergessen, daß erst ein kleiner Teil des aus dem
alten Ägypten erhaltenen Materiales vorliegt, vieles deckt noch
die Erde, vieles ruht noch unerforscht in den verschiedenen
Sammlungen; besonders für die Herausgabe religiöser Texte ist
äußerst wenig geschehen. Erst wenn solche in größerer Zahl in
zuverlässigen Durcharbeitungen vorliegen, erst dann wird sich
vielleicht über den tiefern Kern und den Ausgangspunkt des bunten Gewirres, das man jetzt als ägyptische Religion bezeichnet,
etwas beweisen lassen, bis dahin muß alles Vermutung bleiben.
In der ägyptischen Religion ist eben, wie in allen andern Dingen,
unser Wissen Stückwerk. Unter solchen Umständen sollte man
aber auch nicht, wie dies die sogenannte kritische Schule so gerne
thut, aus dem Schweigen des unzulänglichen vorhandenen Materiales Schlüsse auf die Unzuverlässigkeit der nichtägyptischen
Überlieferung, welche bestimmter bisher durch die Inschriften nicht
belegter Gedankenkreise und Thatsachen gedenkt, ziehen. Zahlreiche derartige mit großer Sicherheit vorgebrachte Behauptungen hat die genauere Durchforschung der Inschriften bereits als
irrtümlich erwiesen, andere können jeden Tag durch einen glück-
lichen Fund widerlegt werden. Wissenschaftlichen Gewinn ergeben nur die Angaben der Inschriften, nicht ihre zufälligen Lücken.
  Der längste, schönste und zugleich lehrreichste der erhaltenen Hymnen auf Amon-Râ findet sich in einem jetzt in Kairo
aufbewahrten, unter der 20. Dynastie niedergeschriebenen Papyrus [19]).
Derselbe ist als poetisches Werk gedacht und sind die einzelnen

Verszeilen durch rote Punkte abgeschlossen, was im Folgenden durch Zeilenabteilung wiedergegeben werden soll. Die Anordnung der Gedanken, der Parallelismus der Glieder erinnert vielfach an die Art der Zusammenstellung der Psalmen, mit deren Wortlaut sich, selbstverständlich abgesehen von der andersgearteten Auffassung der Gottheit, auch manche Sätze fast vollständig decken. Der Text lautet:

Preis sei Amon-Râ,
dem Stiere in Heliopolis, dem Obersten aller Götter,
dem gütigen, sehr geliebten Gotte,
der da giebt Leben durch allerhand Nahrungsmittel und durch
alles schöne Vieh.
Preis sei Dir, Amon-Râ, Herr der Throne der Welt,
weilend in Theben,
Gatte Deiner Mutter, der da weilt in in seinen Gefilden,
der dahin schreitet in den Ländern des Südens,
Herr der Libyer, Fürst von Arabien,
Fürst des Himmels, Thronfolger auf Erden,
der Herr, welcher giebt Bestand den Dingen, Bestand allen Dingen.

Einzig ist er in seinen Formen inmitten der Götter,
der schöne Stier der Neunheit der Götter,
der oberste aller Götter,
der Herr der Wahrheit, der Vater der Götter,
der Bildner der Menschen, der Schöpfer des Viehs,
der Herr des Seienden, der Schöpfer der Obstbäume,
der Bildner des Grases, der leben läßt das Vieh,
die schöne Gestalt, gebildet von Ptah,
der Jüngling, der schön ist durch Liebe.

Ihm geben die Götter Preis, ihm,

dem Schöpfer des Untern und des Obern,
der erleuchtet
die Erde, der befährt den Oberhimmel in Frieden
als König von Ober- und Unterägypten, Râ, der Selige, der Oberste der Welt,
der Große an Tapferkeit, der Herr des Schreckens,
der Oberste, der Schöpfer der Erde in allen ihren Gestalten,
der mehr Gedanken hervorbringt als irgend ein Gott (?). Es freuen sich die Götter wegen seiner Güte,
man giebt ihm Lobgesänge im Tempel und führt ihn aus in feierlichem Zuge aus dem Flammenhause.

Es lieben die Götter seinen Geruch,
wenn er kommt aus Arabien,
der Große des Thaues, der Libyen durchläuft,
der schön kommt aus dem Lande Nord-Arabien.
Wie Hunde umwedeln die Götter seine beiden Füße,
wenn sie erkennen Seine Majestät als ihren Herrn,
einen Herrn der Furcht, einen Großen des Schreckens,
einen Großen an Geist, einen Erhabenen an Einsicht (?),
einen Erfrischer der Gaben, einen Schöpfer des Überflusses.
Lobpreis sei Dir, Schöpfer der Götter,
der Du in die Höhe hobst den Himmel,
der Du niederdrücktest die Erde.
Pause.

Gesund sich erhebender, Xem-Amon
(Amon als Schöpfer),
Herr der Ewigkeit, Schöpfer der Un-
endlichkeit,
Herr der Lobpreisungen in Theben, fest-
stellend seine Hörner, schön von
Angesicht,
Herr der Uräuskrone, Erhabener in
Bezug auf seine Federn,
Schöner in Bezug auf sein Diadem,
Erhabener in Bezug auf die
Krone von Unterägypten, die
Königsbinde mit den beiden
Schlangen ist seine Größe.
Gekrönt ist er im Palaste mit der Se-
yet-Krone, dem Nemmes-Diadem
und dem Xeperes-Helm.
Prächtig ergreift er die Atefkrone,
liebend ihren Süden und ihren Norden
(die beiden durch sie symboli-
sierten Hälften Ägyptens).
Als Herr der Ausdehnung (Macht?)
ergreift er das Ames-Scepter,
als Herr des Schutzes besitzt er die
Geißel,
ein schöner Fürst, den man sieht mit der
weißen Krone von Oberägypten.
Als Herr der Strahlen schafft er die
Helligkeit.
Es geben ihm Preis die Götter,
seine beiden Hände geben dem der ihn
liebt,
er richtet zugrunde seinen Feind mit
Feuer,
sein Auge nämlich wirft zu Boden den
Bösen.
es wirft seine Lanze auf den Fresser
des Ozeans (die Apep Schlange),
es läßt verzehrt werden die böse
Schlange.
Preis sei Dir, Râ, Herr der Wahrheit,
Verborgener in Deinem Grabe, Herr
der Götter!
Xepera in seiner Barke,
er befahl in Worten und es entstanden
die Götter.

Tum, der bildete die denkenden Wesen
alle, so viele ihrer sind, der sie leben ließ,
der unterschied die Gestalt des einen
von der des andern,
der sie erhört, wenn einer flehet im
Unglück,
der freundlichen Herzens ist gegen den,
der ihn anruft.
Er errettet den Furchtsamen aus der
Hand dessen, der stolzen Herzens
ist,
er beurteilt den Armen, den Armen
und den Mächtigen.
Er ist der Herr des Erkennens, Überfluß ist auf seinen Lippen.
Er kommt als Nil zu denen, die ihn lieben,
ein Herr der Süßigkeit, ein Großer an
Liebe.
Er läßt leben die denkenden Wesen,
er öffnet jegliches Auge.
Gebildet ist er aus dem Urgewässer Nu,
schaffend die Lichtstrahlen.
Es freuen sich die Götter seiner Schön
heiten,
sie leben, wenn sie ihn sehn.

Pause.

O Râ, angebeteter in Theben, großer
an Glanz im Benben-Hause.
Áni (Feststehender), Herr des Festes
am 9ten des Monats,
dem man feiert das Fest des 6ten Monats-
tages und das des Mondviertels.
Fürst, dem Leben, Heil und Gesundheit sei! Herr der Götter!
Erblickt wird er weilend am Horizonte.
über allen Menschen die da unten sind:
verborgen (ámen), ist sein Name seinen Sprößlingen
in Folge dieses seines Namens Ámen
(der Verborgene).
Preis sei Dir, der in Ruhe ist!
Herr der Freuden, Erhabener der
Kronen,
Herr der Uräuskrone, Erhabener beider
Federn.

Schöner der Binde, Erhabener der
    weißen Krone.
Es lieben die Götter Deinen Anblick,
    wenn die Seχet-Krone auf Deiner Stirn
    sich erhebt.
Die Liebe zu Dir geht durch die Welt,
Deine Strahlen glänzen aus Deinen
    Augen, schön für die Menschen
    ist Dein Aufgang,
matt werden die Tiere, wenn Du mit
    voller Kraft leuchtest.
Sie lieben Dich am Himmel des Südens,
    angenehm bist Du am Himmel
    des Nordens.
Deine Schönheit erobert die Herzen,
Deine Liebe macht sinken die Arme
    (man kann sie nicht entsprechend
    preisen),
Deine schönen Schöpfungen lassen sin-
    ken die Hände,
die Herzen vergehen bei Deinem Anblick.
    Du einzige Gestalt, die alles Seiende
    erschuf,
Alleiniger, einziger, Schöpfer alles Be-
    stehenden!
Hervorgehn die Menschen aus seinen
    beiden Augen,
es wurden die Götter auf seinen Befehl,
er erschuf die Kräuter, damit lebe das
    Vieh, Ochsen, Ziegen, Esel,
    Schweine, Schafe,
und die Obstbäume für die Menschen,
er läßt leben die Fische in den Gewäs-
    sern,
und die Vögel unter dem Himmel.
Er giebt Odem denen, welche sind im Ei,
er läßt leben die Heuschrecken,
er belebt das Geflügel, das da ist,
die Reptilien und Vögel und in glei-
    cher Weise, was dazu gehört.
Er schafft Korn für die Ratten in ih-
    ren Löchern,
er läßt leben die Vögel auf jedem Baume.
    Preis sei Dir wegen dieser Freuden!
Einer, ein Einziger, hast Du viele
    Arme.

Ruhend wachst Du, während alle
    schlafen,
suchend das Gute für alle Deine Ge-
    schöpfe.
Amon, der Du feststellst alle Dinge,
Tum und Harmachis!
Dich preisen die Geschöpfe, indem sie
    alle sagen:
Lobpreisung sei Dir, der Du ruhest,
    wo wir sind;
Huldigung sei Dir, der Du uns erschufst!
    Preis sei Dir durch alle Tiere,
Lobpreisung sei Dir durch jedes Land,
so hoch der Himmel ist, so weit die
    Erde ist,
so tief das Meer ist.
Die Götter verneigen sich vor Deiner
    Majestät,
sie erheben den Geist ihres Schöpfers,
sie freuen sich, wenn Du Dich nahst,
    der sie erzeugte,
sie sprechen zu Dir: „Komme in Frieden,
Vater der Väter aller Götter,
der Du erhobst den Himmel, der Du
    niederdrücktest die Erde".
    Bildner des Bestehenden, Schöpfer
    des Seienden,
Fürst, dem Leben, Heil und Gesund-
    heit sei, Oberster der Götter,
Wir preisen Deinen Geist, dieweil Du
    uns bildetest,
Deine Geschöpfe sind wir, da Du uns
    gebarst.
Wir preisen Dich, weil Du unter uns
    ruhest.
    Preis sei Dir, der Du erschufst alles
    Seiende,
Herr der Wahrheit, Vater der Götter,
Schöpfer der Menschen, Erschaffer des
    Viehs,
Herr des Getreides,
der leben macht das Vieh des Landes,
Amon, schöner Stier,
geliebter in Theben,
Großer des Glanzes im Hause Benben,
hinzunehmend das Diadem in Heliopolis,

der Du schlichtetest den Streit der beiden Brüder (Horus und Set) in
der großen Halle (zu Heliopolis,
wo Râ nach einer Legende das
endgültige Urteil in dem Kampfe
der beiden Gegner sprach),
Oberster der großen neun Götter.
Er ist einer, ein einziger, nicht giebt
es seinesgleichen,
er wohnt in Theben,
er ist Âni unter den neun Göttern,
er lebt von Wahrheit jeden Tag.
Als Harmachis im Osten
schafft er das Land voll Silber, Gold,
echtem Lapis lazuli für die, die ihn lieben:
Balsam und Weihrauch gemischt für
die Libyer,
weißen Weihrauch für deine Nase,
wenn er kommt nach Libyen.
Amon-Râ, Herr der Throne der Welt,
der Du weilest in Theben,
Âni in Deinem Heiligtume!

Pause.

König ist er, wenn er allein ist, ebenso
wie inmitten der Götter,
mit vielen Namen, deren Zahl man
nicht kennt,
auf geht er am Horizonte des Ostens,
unter geht er am Horizonte des
Westens,
nieder wirft er seine Feinde,
sorgend für den Tag an jedem Tage,
am Morgen der Geburt jeden Tages.
Es erhebt Thoth seine Augen,
er senkt sie vor seinem Glanze.
Es freuen sich die Götter wegen seiner
Schönheiten,
es erheben ihn die in Anbetung Befindlichen (die Râ verehrenden
Hundskopfaffen).
Herr der Sekti- und der Madet-Barke,
die Dir umfaßt der himmlische Ozean
Nu in Frieden.
Deine Schiffsgenossen freuen sich,
wenn sie niedergeworfen sehn die Bösen.

Des Bösen Glieder frißt das Schwert,
die Flamme verzehrt ihn,
er wird zur Rechenschaft gezogen wegen seiner Missethat,
dieser Böse, den seine Beine retteten.
(Anspielung auf Âpep, der besiegt, aber nicht vernichtet wurde.
und an einem Tage in die Flucht
geschlagen, am nächsten seinen
Angriff auf die Sonne erneuerte).
Die Götter sind in Freude,
die Schiffsgenossen des Râ sind in Ruhe.
Heliopolis ist in Freude,
niedergeworfen sind die Feinde des Tum.
Theben ist in Frieden, Heliopolis in
Freude.
Die Uräusschlange ist erfreuten Herzens,
da niedergeworfen ist der Feind ihres
Herrn.
Die Götter von Babylon (bei Memphis)
preisen ihn,
die Bewohner von Letopolis verehren
ihn.
Sie sehen Dich mächtig in Deiner Macht
als den wahren Fürsten der Götter,
den Herrn von Theben,
in Deinem Namen „Schöpfer der Wahr-
heit, Herr des Überflusses, Stier
der Opfer",
in Deinem Namen „Amon, Stier Deiner
Mutter,
Schöpfer der Menschen,
Schaffer und Bildner alles Bestehenden",
in Deinem Namen als „Tum - Xeperä".
Als großer Sperber, dessen Leib man
Feste feiert,
Schöngesichtiger, dessen Auge (der
Sonne) man Feste feiert.
Deine Gestalt ist gebildet viele Ellen
hoch,
es fliegen die beiden Schlangen vorn
an Dir.
Es kriechen vor Dir die Herzen der
Menschen,
es gehn heraus für Dich die Erleuchteten,

5 *

es feiert Dich die Welt, wenn Du erscheinst.
Preis sei Dir, Amon-Râ, Herr der
Throne der Welt,
es liebt Deine Stadt Deinen Aufgang.

„Vollendet ward dies Werk
in Frieden,
wie es vorgefunden wurde" (regelmäßige Schlußformel ägyptischer
Texte, entsprechend dem mittel-
alterlichen „explicit feliciter").

Abgebildet wird der Gott Amon-Râ gewöhnlich als eine
menschliche Gestalt mit dem Scepter oder auch dem Zeichen des
Lebens in den Händen, auf dem Kopfe die Sonnenscheibe und
zwei lange steife Federn ⌸. die sich entweder über einer den
Kopf eng umschließenden Krone ⌸ oder den Widderhörnern ⌸
erheben. Die Farbe des Gottes ist blau, wohl als die Farbe des
blauen Himmels, in dem er als Sonnengott herrschte. Die Widderhörner erscheinen als sein Kopfputz, da er sich in Theben in
einem Widder verkörperte. Daher liegen hier längs der Straßen,
die zu seinem Tempel führen, Riesenbildnisse von Widdern, der
heiligen Tiere des Gottes, die den Zugang zu seinem Heiligtume
bewachen. Die Ehrfurcht vor dem einen Widdergott übertrug
man in Theben allmählich auf alle Widder, die man nicht schlachten durfte; die Gottheit hatte diese Gestalt gewürdigt, ihr als
Hülle zu dienen, ihre Verletzung mußte als Sünde gelten. Von
Theben aus gelangte der Kult des widderköpfigen Amon nach
der Oase Jupiter Amon, wo man denselben mit einem ursprünglich semitischen, in Gestalt eines Steines verehrten Gotte verschmolz
und von hier drang der Kult weiter über das Meer nach Grie-
chenland, wo sich mehrere Tempel des Amon erhoben. In dem
ganzen Bereiche der griechisch-orientalischen Welt ward der Gott
bekannt durch Alexander den Großen, der sich als Sohn des
Jupiter-Amon begrüßen und seine eingebogenen, um die Ohren
geschlungenen Hörner auf seinen Bildnissen, besonders auf Münzen, anbringen ließ. Die orakelgebende Kraft, die die Macht des
Amon in der Griechenwelt begründete, besaß er auch in seiner
Heimat Theben; hier zog man ihn, wenn es sich darum handelte,
beispielsweise den Veruber eines Diebstahls zu entdecken, zu Rate.
Die thebanischen Könige sahen in ihm, den sie als Herrn des
Himmels und der Throne der Welt, als König der Götter anrie-
fen, ihren steten Berater. Er sandte sie in den Krieg, er kämpfte
mit ihnen in der Schlacht, er verschaffte ihnen den Sieg, ihm

ward daher auch ein Hauptteil der Beute abgeliefert. Bei wichtigern Fragen, selbst bei Testamentbestimmungen, suchten sie seine Ansicht zu erkunden, Urteile wurden von ihm bestätigt, wer sich den betreffenden Satzungen widersetzte, auf den fiel der Fluch der Gottheit.

Die Inschriften berichten den Verkehr des Königs mit dem Gotte in der Form, daß der König vor den Gott tritt, und seine Frage, die die Antwort gleich in sich schließen muß und nur mit Ja oder Nein zu beantworten ist, vorlegt, der Gott nickt dann bejahend mit dem Kopfe oder schüttelt ihn verneinend. Man hat dabei oft an Statuen des Gottes gedacht, deren Bewegungen die Priester mittels Seilen geleitet hätten. Allein derartige Statuen haben sich im Nilthale nirgends gefunden und solche Einrichtungen hätten nur dann einen Sinn gehabt, wenn man das Volk hätte täuschen wollen, was hier dadurch ausgeschlossen erscheint, daß der König insgeheim und allein mit dem Gotte zu verkehren pflegte. Thatsächlich wird der König vor dem heiligen Tiere, welches der Gott selbst war, erschienen sein und dieses that in seinen Bewegungen seinen göttlichen Willen kund.

Mut ist die Gattin des Amon-Râ, die Fürstin der Götter, die Herrin des Himmels, das Auge des Râ, als dessen Tochter sie in der Stadt Samḥud galt. Ihr Hauptverehrungsort war Áśer, worunter der südlich von dem großen Reichstempel zu Karnak an einem heiligen See gelegene, von Amenophis III. errichtete Mut-Tempel zu verstehen ist. In diesem Tempel haben sich zahlreiche von seinem Gründer und später von dem Könige Scheschonk, dem Sisak der heiligen Schrift, geweihte löwenköpfige Statuen der Göttin gefunden. Die Zahl derselben war so groß, daß sie zum Teil bereits im Altertume in andere Heiligtümer übergeführt wurden und daß noch jetzt fast jedes größere Museum derartige Statuen besitzt. In den Reliefs tritt Mut weit häufiger in menschlicher Gestalt auf. Das Wort mut selbst bedeutet die Mutter und deutet demnach auf die mütterliche Stellung der Göttin in der Triade hin, gerade so wie die ideographische Schreibung ihres Namens mit dem Bilde eines Geiers, welcher, wie noch Horapollo, der in römischer Zeit ein uns in griechischem Auszug erhaltenes Werk über die Hieroglyphen schrieb, wußte, das Zeichen für Mutter bildet. — Zuweilen wird statt Mut eine andere weibliche thebanische Gottheit genannt, die Ámen-t, doch ist dies keine ursprüngliche Gestalt, sondern, wie schon die Bildung des Namens zeigt, eine künstliche Schöpfung. Darzustellen pflegt man dieselbe als Frau mit der Krone von Unterägypten, zuweilen reicht sie gerade so, wie dies Mut thut, dem jungen Könige die Brust. Daß sie aber Amon noch näher steht als Mut selbst, das zeigt ihre Vorführung als eine Göttin mit Widderkopf, also ganz in der Art und Weise ihres Gemahles. Mit der Göttin Ámenti (griechisch Amenthes), der Personification der Unterwelt, hat diese Ámen-t nichts zu thun.

Ȧunsu ist zunächst ein Mondgott und wird als solcher in seiner Thätigkeit fast völlig dem Thoth, mit dem er gelegentlich in Hermopolis und Edfu zu einem Gotte Ȧunsu-Thoth verschmilzt, gleichgestellt; auch sein Name, der vom Stamme χns „durchlaufen" abzuleiten ist, spielt auf seinen Zusammenhang mit dem Gestirne an. Ihn denkt man sich als Gott mit dem Sperberkopfe, auf dem Haupte die Mondsichel und die Sonnenscheibe 𓇳, welche letztere beide Symbole allen Mondgottheiten, Thoth, dem reinen Mondgotte Áḥ und andern eigenen. Sein großer Tempel in Theben zwischen dem Amon- und dem Muttempel gelegen, ward von Ramses III. begonnen und dann von den Königen der 21. Dynastie ausgeschmückt. Um etwa die gleiche Zeit scheint sich die in der Bentrešt-Stele mit großem Nachdruck betonte Zerlegung des Ȧunsu in zwei selbständige Formen, vollzogen zu haben, in die des Ȧunsu in Theben, des schön ruhenden, welcher bereits in sehr alten Texten genannt wird, und in Ȧunsu, den Ausführer der Pläne, der sich in Inschriften vom Anfange der 26. Dynastie wieder findet.

Von den Griechen wird Ȧunsu bisweilen dem Herakles verglichen, keinenfalls in dem Sinne, daß man letzteren als Mondgott aufgefaßt hätte, eher noch könnte Ȧunsu als Sonnengott gegolten haben. Es wird nach dieser Richtung hin wenigstens berichtet, daß er in Kom-Ombo die Mischform Ȧunsu-Ḥor, in Theben die Ȧunsu-Šu und Ȧunsu-Rá bildete, also gelegentlich einen solaren Charakter annehmen konnte, für den auch sein Sperberkopf spricht.

Ment, Month, ist der zweite unter den großen Göttern, die im thebanischen Nomos Verehrung fanden; er wird hier an so vielen Orten, in einem großen Tempel bei Karnak, in Medamot,

Erment, dem diesem gegenüber liegenden Taud verehrt, daß der Gedanke nahe liegt, er sei der eigentliche Nomosgott. Da sein Name außerdem stammverwandt mit ámen zu sein scheint, wäre es wohl möglich, daß beide Götter ursprünglich identisch waren und erst später sich von einander abtrennten. Als Gott ist Ment vor allem Kriegsgott, er kämpft mit dem ägyptischen Heere in den Schlachten und verleiht dem Könige Kraft und Sieg. Später wird er gern mit dem Sonnengotte zu Ment-Râ verbunden und steht als solcher vorn in der Sonnenbarke mit einer Lanze bewaffnet, um die sich der Sonnenfahrt widersetzenden Feinde zu erstechen. Als seine Gattin gilt in Erment Râ-ta-ui, in Taud dagegen Ânit oder Hathor. Das Bild des Gottes ist sperberköpfig, der Kopfschmuck der des Amon 🐏. Sein heiliges Tier war in Erment ein Stier, Baχ, der Bacis der Klassiker, der als die lebende Seele des Râ, d. h. als dessen Verkörperung bezeichnet wird, ein Beweis, daß der Gedanke an diese Incorpation einer Zeit entstammt, in der die Verschmelzung von Ment und Râ bereits durchgeführt war. Auch in Taud ward das Tier verehrt, denn hier erscheint der Gott mit seinem gewöhnlichen Kopfputze, aber mit Stierkopf und Stierhörnern. Der Kult des Ment spielt in späten Texten eine große Rolle; damals wurde Erment Hauptstadt des thebanischen Gaues, seine Götter damit dessen Nomosgötter; damals wurden auch an den Amon und seinem Kreis geweihten Tempeln zu Karnak zahlreiche auf Ment, oder richtiger Ment-Râ, bezügliche Inschriften angebracht. In ältern Texten erscheint der Gott sehr häufig, aber fast nur in Redensarten: der König war tapfer wie Ment, besiegte die Feinde wie Ment und ähnliches mehr, Ausdrücke, die für den Gott und seine Verehrung keinen Anhalt gewähren. Bisweilen ist er als der ägyptische Kriegsgott in einem gewissen Gegensatz zu Baal, dem semitischen Kriegsgotte aufgefaßt, und gilt es als Inbegriff aller Kraft, wenn Ment und Baal vereint einem Herrscher ihre Macht verleihen.

Χnum oder Χnef, der besonders in der Umgegend der Nilkatarakten verehrte Chnumis oder Kneph der Griechen, bezeichnet seinem Namen nach den Bildner. Er gilt in vielen ägyptischen Texten als der Schöpfer, „der erschuf alles Seiende, der bildete das Bestehende, der Vater der Väter, die Mutter der Mütter", „der erbaute die Menschen, der machte die Götter, der Vater war am

Anfange", „der Schöpfer des Himmels, der Erde, der Unterwelt,
des Wassers, der Berge", „der da bildete je ein Männchen und
ein Weibchen der Vögel, der Fische, des Wildes, der Viehherden
und allen Gewürmes." Den Menschen hatte er dabei auf einer
Töpferscheibe gebaut und gedreht und glaubte man noch im
neuen Reiche gelegentlich, der Pharao werde so gebildet; in dem
Märchen baut einmal Xnum auf Befehl des Râ-Harmachis ein
schönes Weib „und alle Götter waren in ihr". Nach andern
Texten hat er sich auch an der Weltschöpfung beteiligt, eine
späte Inschrift aus Esneh berichtet, er habe erhoben den Himmel
auf seine vier Säulen, er habe ihn in die Höhe gehoben seit
Ewigkeiten.

Das heilige Tier des Gottes war der Widder und wird er
daher gewöhnlich mit einem Widderkopf[11]), dessen Hörner nach
der Seite hin sich ausstrecken, dargestellt ⚱. In späterer Zeit
wird Xnum mit Râ combiniert und der heilige Widder zu Aba-
ton bei Philae als die lebende Seele des Râ bezeichnet, während
man in Heliopolis den Gott dem Osiris gleichstellte und den Widder hier als dessen Verkörperung verehrte; der leitende Grundgedanke war dabei immer der an die Zeugungskraft des Tieres,
die man in der sich stets erneuenden Natur und in dem sich
nach dem Tode erneuenden Leben des Menschen wiederzuerken-
nen glaubte.

Bisweilen galt als Gattin des Widders die froschköpfige Göttin Hek-t, die auch als Form der Hathor und als Mutter des
Aroëris galt. Über ihre eigentliche Bedeutung sind wir nicht unterrichtet, so häufig sie auch in den Texten auftritt; besonders
im alten Reiche rühmen sich die Großen gerne Propheten der
Wahrheit und dieser Hek-t gewesen zu sein. In der Auferste-
hungslehre spielte sie eine gewisse Rolle, wie ihr Erscheinen auf
Särgen beweist und der Umstand, daß aus koptischer Zeit Lampen erhalten blieben, auf denen neben dem Bilde eines Frosches
die Inschrift steht „ich bin die Auferstehung". Die Gedankenver-
bindung, die zu dieser Zusammenstellung führte, beruht vermutlich auf der oft erwähnten Annahme der Ägypter, die Frösche
entständen aus dem Schlamm, den der Nil bei seiner Überschwemmung befruchtete. Man wollte sogar beobachtet haben, wie einzelne Tiere noch halb aus Lehm bestanden und nur zur Hälfte

ausgebildet waren. Hieraus ergab sich ein selbständiges Entstehen
der Frösche aus der Erde und in weiterer Durchführung des Ge-
dankens der Beweis der Entstehung der ersten Lebewesen überhaupt im Nilthale.

Häufiger als Ḥek-t erscheint neben Ẋnum die Göttin Sati,
welche mit ihm und Ȧnuk-t die Triade von Elephantine bildet.
Ihr Titel, Herrin des Himmels, Herrscherin der Welt, Oberin aller
Götter, hat die Griechen veranlaßt, sie Hera zu identificieren, mit
der sie thatsächlich nichts zu thun hat. In den bisher bekannten
Mythen spielt Sati, die manche Texte Tochter des Ra nennen,
die eine Geierhaube, Kuhhörner und die Krone von Oberägypten
trägt, keine Rolle.

Ȧnuk-t, griechisch Anuki, wird Hestia verglichen, wofür kein
Grund ersichtlich ist; ihr Verhältnis zu dem Könige charakteri-
siert ein Text mit den Worten: er war ein Sohn des Ẋnum, geboren von Sati, ernährt von Ȧnuk. Sie erscheint als Frau mit
dem Zeichen des Lebens in der Hand und einer Federkrone auf
dem Haupte 𓀭. Schon dieser Federschmuck erinnert an barba-
rische Negergottheiten, und in der That zeigt die scharfe Begren-
zung ihres Kultes durch die Grenze Nubiens, daß man in ihr eine
ursprünglich nubische Gottheit zu erkennen hat. Früher wollte
man ihr durch ihren Titel, Herrin von Sati verführt, asiatischen Ursprung zuschreiben. Allein Sati bezeichnet nicht nur Asien, wie man
anzunehmen geneigt war, sondern auch den Hauptverehrungsort
der Göttin, die Insel Sehel in der Nähe von Philae.

Ptaḥ, von den Griechen mit Phtha umschrieben und als
Ḥephaestos gedeutet, leitet seinen Namen wohl vom Stamme ptḥ
„öffnen", besonders „den Mund öffnen" ab. In den Inschriften
scheint sich eine Beziehung dieses Namens zu einem Ereignisse
der Mythologie nicht zu finden, dagegen berichtet der in ägyptischen Dingen sehr gut unterrichtete Porphyrius, der Gott sei aus
einem Ei entstanden, das dem Kneph aus dem Munde ging. Dargestellt wird Ptaḥ als eine eingewickelte Mumie, an der nur
Gesicht und Hände frei sind, in letzteren trägt er ein Szepter, als
Fußschemel benutzt er das Zeichen der Wahrheit 𓐠, häufig hängt
hinten an seinem Halse ein bisweilen fast wie eine Blume gestal-
tetes Anhängsel herab 𓊽, über dessen Sinn viel gefabelt worden

ist. Nach Ausweis genauer Darstellungen ist es nichts weiter als ein sog. menât, ein Gegengewicht, welches verhindern sollte, daß der Halsschmuck hinten zu stark in die Höhe rutsche, es entbehrt jeder tiefern Bedeutung.

In Memphis, wo Ptah mit Sexet und Nefer-Tum oder Imhetep die göttliche Triade bildete, gilt er als erster König Ägyptens und als Schöpfer der Welt. Dieser Stellung verdankt er seine Titel Vater der mächtigen Väter (der andern Götter), Vater der Anfänge, der erschuf das Sonnen- und Mond-Ei, in welch letzterer Thätigkeit ihn, bezw. die Mischform Ptah-Tatunen ein Relief in Philae darstellt. Er dreht daselbst nach dem Begleittexte auf einer Töpferscheibe das Ei der Sonne und des Mondes. Weiter heißt er der Schöpfer seines eigenen Bildes, der sich selbst erschuf; der die Wahrheit feststellte, der König beider Welten, der Herrscher des Himmels u. s. f. Im Totenbuche wird berichtet, daß er vollziehe an dem Toten die Ceremonie des Mundöffnens, die er einst an den verstorbenen Göttern vollzogen hatte.

Sehr häufig wird Ptah mit andern Göttern verbunden; so erscheinen: Ptah-äten-en-pet „Ptah, die Sonnenscheibe des Himmels", ein Sonnengott, von dem es heißt, er erleuchte die Erde mit seinen Strahlen; Ptah-Nu „der Vater der Götter", eine Erscheinungsform des Urgewässers; Ptah-Hâpi „Ptah der Nil", der die Überschwemmung sendet und in ihr seine schöpferische Kraft bewährt;

Ptah-Tanen, in dem Ptah in Beziehung tritt zu dem verhältnismäßig selten allein erscheinenden Gotte Tanen oder Tatunen, der ein Erdgott und Doppelgänger des Seb gewesen zu sein scheint. Die Mischform ist häufig und gilt beispielsweise in Abusimbel als Vater des Königs Ramses II. Hier heißt es: „So spricht Ptah-Tatunen, der die hohen Federn trägt, der versehn ist mit zwei Hörnern, der da zeugt die Götter an jedem Tage. Ich bin dein Vater, der dich zeugte als ein Gott, um dich zu machen zum Könige von Ober- und Unterägypten an meiner statt. Ich übergab Dir die Länder, die ich erschuf." Das Bild des Gottes, auf welches der Text anspielt, entspricht dem des Ptah, nur trägt es auf dem Kopfe zwei Hörner und zwei Straußenfedern, die Symbole der Wahrheit und der Wahrhaftigkeit, die der Gott besitzt. In der Hand hält er ein Szepter, seltener eine Geißel, , ist letzteres der Fall, so ist eine weitere Combination einge-

treten und Ptaḥ-Tatunen in Verbindung gebracht zu den sehr häu-
figen Mischformen

Ptaḥ-Osiris, Ptaḥ-Sokaris oder Ptaḥ-Sokaris-Osiris, den Gestalten, als deren Verkörperung der Apis-Stier zu Memphis galt
und über die zahllose Texte vorliegen. Von den Göttern, die hier
sich vereinen, ist Osiris der wohlbekannte Totengott, während
über Sokaris, ägyptisch Seker, nur wenig zu bemerken ist, da
derselbe fast nur in der Mischform auftritt und seine ursprüngliche Natur fast ganz verloren hat. Er war zunächst ein Sonnengott, dessen Incorporation in der heiligen Barke ḥennu aufbewahrt
wurde. Diese letztere ☓ erscheint als ein Schiff, das auf einem
Postamente steht; sein Hinterteil ist geschmückt mit einem Ga-
zellenkopf, auf der Kajüte hockt ein Sperber mit der Sonnenscheibe auf dem Haupte, das Bild des Sokaris selbst. Bei dem
Feste des Gottes zog eine feierliche Prozession, in deren Mitte
diese Barke getragen wurde, um die Mauern des Sokaris-Tempels.
Am prächtigsten war naturgemäß die Feier in Memphis, doch
fand sie auch in andere Heiligtümer Eingang, wobei mehrfache
Veränderungen angebracht wurden und man beispielsweise auch
die Sekti-Barke mit herumtrug. Das Fest fiel in der Ptolemäerzeit auf den Morgen des 26. Choiak (22. December), während es
in älterer Zeit Abends statt gehabt zu haben scheint. Es stand
in Beziehung zur Wintersonnenwende „der kleinen Sonne", wie
die Ägypter sich ausdrücken. „Die Sonne ist groß als Horus, die
Sonne ist klein als Sokaris" sagt ein Text, doch ist dieser Gedanke verhältnismäßig jung und entstand in einer Zeit, in der
man die verschiedenen Sonnengötter in ihren Individualitäten dadurch zu retten suchte, daß man jedem von ihnen eine Erscheinungsform der Sonne, je nach der Tages- oder Jahreszeit zuschrieb,
während ursprünglich Râ, Horus, Sokaris gleiche Bedeutung besaßen und Sonnengötter im allgemeinen waren. Daß es sich um
eine Klügelei handelt, geht auch daraus hervor, daß man von anderer Seite versuchte, Sokaris in anderer Weise von Râ zu trennen; man erklärte ihn für einen Gott der Nachtsonne und diese
Deutung hat zu seiner Verbindung mit Osiris, dem Könige der
Unterwelt, geführt. Das Bild des Sokaris ist gewöhnlich sperberköpfig wie das des Râ, aber ohne die Sonnenscheibe auf dem
Haupte, in der Hand pflegt er außer dem Szepter die Herrscher-
zeichen des Osiris, Geißel und Hirtenstab, zu halten.

Die oben genannten Mischformen des Ptaḥ mit Osiris und
Sokaris vereinigen die Eigenschaften aller drei Gestalten; die so
gebildete Gottheit ist Weltschöpfer, Sonnengott und König der
Toten, sie wird zu einem pantheistisch aufgefaßten Wesen, das
alles beherrscht und umfaßt, und ähnliche Gedankengänge, wie
die oben im Hymnus an Amon-Râ ausgesprochenen, knüpfen sich
an sie. Der einzige Unterschied ist der, daß bei Ptaḥ die Bedeutung für das Fortleben im Jenseits über die Sonnenrolle über-
wiegt, während bei Amon-Râ das umgekehrte der Fall ist. Mit
dem griechischen Hephaestos hat er an und für sich nichts zu
thun, er ist nie, wie man aus der Gleichstellung hat schließen
wollen, Gott des Feuers gewesen; die Zusammenstellung erfolgte
wohl nur, weil er als Bildner galt und weil seine Kleidung an die
eines Schmiedes erinnerte.

Bei der Weltschöpfung war Ptaḥ unterstützt worden durch die
Chnumu „die Bildner“, die im allgemeinen als seine Kinder, spä-
ter aber auch als solche des Râ galten. Es waren dies kleine,
zwergartige Gestalten mit dickem Kopfe, krummen Beinen, über-
mäßig langen Armen und einem langen Schnurrbart, die den
Eindruck von Karikaturen machen und über die nach Herodots
Bericht schon Cambyses, als er sie im Hephaestostempel zu Mem-
phis erblickte, spottete. Ihre Thonbildnisse finden sich unzählige
Male in den Gräbern, denn ebenso wie sie einst die Gottheit beim
Weltbau unterstützten, so sollten sie derselben helfen, den Toten,
in dessen Grab sie lagen, wieder aufzubauen in allen seinen
Gliedern.

Seχet gilt in Memphis als Gattin des Ptaḥ und Mutter des
Nefer-Tum oder Imḥetep; sie wird als Frau mit einem Löwenkopfe
und der Sonnenscheibe, durch die sich die Uräusschlange windet
𓏤, vorgeführt und deckt sich im großen und ganzen in ihrer Bedeutung mit den übrigen mit Köpfen des Katzengeschlechts dargestellten Göttinnen, mit den löwenköpfigen Tefnut, Mut von
Theben, Paχt von Speos Artemidos, der katzenköpfigen Bast von
Bubastis. Sie alle entsprechen der Kraft der Sonne, die von der
milden Wärme bis zur versengenden Glut wechselt; so heißt es
in Philae von der in dem betreffenden Texte alle weiblichen Gottheiten umfassenden Isis-Hathor „freundlich ist sie als Bast, schreck-
lich ist sie als Seχet“. Seχet gilt als Besiegerin der Feinde der

Götter und trägt als solche ein Messer in der Hand; sie, die als
Auge des Râ bezeichnet wird, war es, welche einst die Vernichtung des Menschengeschlechtes auszuführen begann.

Nefer-Tum, je nach den Lokalmythen ein Sohn der Seχet,
Paχt oder Bast ist ein wenig bedeutender Gott, der im Totenbuche
und in der Unsterblichkeitslehre auftritt. Seine Darstellung als
ein Mann mit einer Lotusblume, dem Symbol der Auferstehung
auf dem Haupte, soll auf die durch ihn verbürgte Fortdauer im
Jenseits hinweisen. Wichtiger als er ist der häufig in der Triade
von Memphis an seiner Stelle genannte

Imḥetep „der da kommt in Frieden", wie sein Name über-
setzt lautet, von den Griechen Imuthes umschrieben und Asklepios
gleichgestellt. Dargestellt als junger Mann mit einer eng anschließenden Mütze sorgt er in der Unterwelt mit für die Unsterblichkeit des Menschen, in der Oberwelt heilt er durch Medizin und
Zauber und gilt überhaupt als ein gelehrter Gott, den man gerne
abbildet mit einer Papyrusrolle halb aufgerollt auf den Knien, aus
der er als der erste χer-ḥeb, d. h. als der erste der priesterlichen
Beamten, die beim Totenkulte die Gebete und die magischen
Formeln aussprachen, seine Sprüche abzulesen scheint. Seine
häufig gefundenen Bronze-Statuen sind meist klein, zeichnen sich
aber durch geschmackvolle Ausführung aus; sie stammen fast alle
aus der hellenistischen Zeit, in der der Kult des Imḥetep in Ägypten besonders beliebt war.

Unter den ägyptischen Göttinnen wird von den Griechen häufig
genannt Neith, welche in Sais mit Osiris und Horus zu einer
Triade sich vereint [18]). Ihr Name erscheint bereits in den ältesten Inschriften, doch spielte sie keine Rolle, bis durch die aus
Sais stammende 26te Dynastie die Göttin mehr in den Vorder-
grund trat, ohne daß es ihr freilich gelungen wäre, eine Bedeutung über das Delta hinaus zu gewinnen. Dargestellt wird sie
als weibliche Figur mit grünem Gesicht und grünen Händen, was
auf ihre Stellung als Göttin der Unterwelt hindeutet; in den Händen hält sie als Kriegerin gewöhnlich Bogen und Pfeile und dies
bewog die Griechen, sie Athene gleichzusetzen; ihre Krone ist die
von Unterägypten, ihr Ideogramm das Weberschiffchen ⬚, das die
Libyer, deren Göttin ursprünglich Neith gewesen zu sein scheint,
an ihren Gewändern eingewebt trugen. In der Mythologie ist sie

Mutter der Götter, insbesondere des Râ und heißt daher Sais bereits in der 18ten Dynastie der Sitz der Göttermütter. Später verschmilzt sie mit Isis und tritt in der Osirismythe an deren Stelle. Die Neithfeste in Sais, die Herodot schildert, entsprechen den von den Denkmälern erwähnten allgemein ägyptischen Isisfesten.

Neχeb und Uaϑ werden oft in den Inschriften als die Schutzgottheiten von Ober- und Unterägypten einander gegenüber gestellt. Von ersterer, die die Griechen der Geburtsgöttin Eileithyia vergleichen, die in El Kab ihren Hauptverehrungsort hatte und als Geier über dem Könige zu schweben pflegte, ist wenig bekannt, mehr von der als geflügelte Schlange oder auch als Frau dargestellten, besonders im Delta verehrten Uaϑ, der Buto der Griechen, welche mit Leto zusammengestellt und als Spenderin von Orakeln gepriesen wird. In der Osirismythe gilt Buto als Beschützerin des Horus, den ihr Isis, während sie selbst nach der Leiche des Osiris suchte, zur Aufbewahrung übergeben hatte.

Maû, die Tochter des Râ, ist die Themis der Griechen, die man als eine Frau mit der Straußenfeder, dem Symbole der Wahrheit auf dem Haupte abbildete. Sie ist die Göttin der Wahrheit und Gerechtigkeit und hat daher zuweilen verbundene Augen, denn die Gerechtigkeit urteilt ohne Ansehen der Person. In der Unterwelt erscheint sie bei der Wägung des Herzens, in den ältesten Texten wird sie erwähnt und gilt es als Ehre, ihr Priester sein zu dürfen, zu allen Zeiten erklären Könige und Götter, von ihr und durch sie zu leben [13]), eine mythologische Bedeutung hat sie jedoch nie besessen. — Ebenso wie sie wird häufig genannt, ohne einen Mythus zu entwickeln,

Haṭhor „das Haus des Horus“, wie man den Namen, der ideographisch mit einem Sperber, der in einem Hausplan sitzt geschrieben wird, wiedergeben müßte, die Göttin der Liebe und Freude, der zahlreiche Feste galten und deren prachtvoller Tempel zu Denderah fast unversehrt erhalten geblieben ist. Hier war sie der Inbegriff der Göttlichkeit, alle andern Göttinnen sind Teile von ihr, die unter anderem Namen verehrt wurden, in Wahrheit ist es stets Hathor, der die Gebete gelten. Ursprünglich ohne Zusammenhang mit dieser Hathor ist eine gleichnamige Göttin, die als Herrin der Unterwelt gilt und der Seele des Toten Was-

ser aus dem Baume des Lebens heraus spendet und ebenso selbständig waren die 7 Hathoren, die in den Inschriften die Königin
bei der Entbindung unterstützen und in den Märchen die Rolle
unserer Feen spielen. Sie erscheinen nach der Geburt oder der
Schaffung eines Wesens und verkünden demselben sein Schicksal,
insbesondere seine Todesart. Hathor erscheint gewöhnlich als
Frau, bisweilen trägt sie die Ohren, die Hörner oder auch den
Kopf der Kuh, ihres heiligen Tieres.

Sebák, der Suchos der Griechen, wird mit Krokodilkopf oder
auch in Gestalt seines heiligen Tieres, des Krokodiles vorgeführt.
Zwei ganz verschiedene Gottheiten werden unter seinem Namen
zusammengefaßt. Einmal ist er ein Sonnengott, den man häufig
mit Râ combinierte und besonders in Ombos hoch verehrte, wo
daneben der Sonnengott Horus als Ortsgott galt. Dann ist
Sebák ein Doppelgänger des Osiris, im libyschen Nomos, besonders in der Stadt Apis soll nach Texten aus Denderah Osiris
unter dem Namen Sebák verehrt worden sein; und nach einer
oberägyptischen Mythe gelangte die Leiche des Osiris auf dem
Rücken eines Krokodiles nach Philae. Neben dieser osirianischen
Stellung hat Sebák gelegentlich auch die Bedeutung eines bösen
Gottes besessen; seine heiligen Tiere, die Krokodile, gelten in der
Unterwelt als Genossen des Set, und suchte man sich auch auf
der Oberwelt derselben durch Beschwörungen zu entledigen, wenn
man es auch aus Ehrfurcht vor dem Gotte im größten Teile
Ägyptens nicht wagte, regelrechte Jagden auf sie zu veranstalten.
An andern Stellen, wo Sebák nicht so hoch gehalten wurde, hat
man dagegen das Tier erlegt, besonders im alten Reiche war
seine Verfolgung im Delta ein beliebter Zeitvertreib der Großen.

Hâpi, der Nil, ward viel verehrt, der größte oder doch wenigstens der am allgemeinsten gefeierte Teil der ägyptischen Feste
galt ihm, und nahm man nach Libanius an, der Gott hielte auf
diese Feierlichkeiten so sehr, daß, wenn man die Feste nicht richtig begehe, er auch das richtige Steigen unterließe. Prachtvolle
Tempel erhoben sich für ihn in Nilopolis, Memphis, Heliopolis
und an andern Orten; reich wurden dieselben von den Königen
beschenkt. Den Flußgott selbst dachte man sich als einen fetten
Mann mit lang herabhängenden weiblichen Brüsten, die die Frucht-
barkeit andeuten sollten, und denen zu Liebe auch seine Verehrer
weibliche Sitten anzunehmen trachteten; auf dem Haupte trug er

eine Blumenkrone. Bisweilen teilte man ihn in den Nilgott von Ober-
und den von Unterägypten, dann war dem einen der Papyrus, dem
andern der Lotus geweiht und beide erscheinen gern am Throne
des Königs, um ihm die beiden Pflanzen zu einem schematisierten
Strauß 𓎦 zusammenzubinden und ihm damit die Herrschaft
über Ober- und Unterägypten zu verleihen. Als Genossen des
Gottes treten männliche Gestalten auf, wie „der Vater der Götter"
Ka, der einen Froschkopf und darüber einen Skarabäus trägt, Ḥu,
Ọefa, Resef, welche insgesamt die Nahrung bez. den Überfluß
darstellen, und die Göttinnen Neperä, die Herrin der Getreide-
körner und die schlangenköpfige Rennut, die Göttin der Ernte.

Sehr zahlreich sind die Hymnen, die den Nilgott und all
das Gute preisen, was ihm und insbesondere seinen Überschwem-
mungen Agypten verdankt; auf Papyrus, Stelen und an Felswän-
den finden sich die betreffenden Texte, die man gerne Königen
in den Mund legt. Die folgenden Hauptstellen aus einem solchen
Hymnus, der an den Felsen bei Gebel Silsilis in Oberägypten in
zwei Exemplaren, auf Befehl des Merenptaḥ, des Sohnes Ramses
II., und des Ramses III. eingegraben worden ist, zeigen die Art
und Weise, in welcher diese in ihrer Form meist ansprechenden
Texte abgefaßt zu sein pflegen:

„Der lebende gütige Gott, der den Nu liebende Nil, der
Vater der Götter und des Götterkreises, der da weilt in dem
Wasser, der Überfluß (ḥu), der Reichtum (ka), die Nahrung (resef)
die in den Vögeln und Fischen Ägyptens besteht, der ernährt
jedermann durch seinen Reichtum, der ehrwürdig ist auf seinem
Wege, der Überfluß hat an seinen Fingern. Die Menschen sind
in Freude wegen seines Kommens. Du bist einzig, du schufst
dich selbst, nicht kennt man den Ort, an dem du bist (die Quelle,
an der man den Nilgott sitzend sich dachte). Wenn der Tag
naht, an dem du hervorgehst aus deinem Schoße (der Anfang der
Überschwemmung), dann ist jedermann voll Freude. Du bist
der Herr der vielen Fische und der Gaben; du beschenkst
Ägypten mit Nahrung und zwar mit Vögeln und Fischen; nicht
kennt der Götterkreis den Ort, an dem du bist. Du bist der
Götter Leben, denn, wenn Du kommst, mehren sich ihre Opfergaben, voll Überfluß ist ihr Altar, sie jubeln, wenn Du erscheinst.
Du teilst uns zu und besorgst das Nötige für das Leben der
Menschen, gleichwie Rä es that, seit er beherrscht dieses Land."

Dann folgt ein Lob des Königs und dessen Befehl, dem Nil zwei
Feste einzurichten, ihm dem Vater aller Götter, dem Fürsten auf
dem Gewässer, der Ägypten ernährt, nach dessen Steigen Fülle
und Reichtum entsteht und alle Welt Leben gewinnt.

Sechstes Kapitel.

Ausländische Verehrungswesen.

Die Ägypter haben ihre Götterwelt nicht rein von fremden
Gestalten gehalten; wo sie bei fremden Stämmen einen Gott vor-
fanden, haben sie dessen Gewalt nie in Frage gestellt, sondern
als eine feststehende Thatsache aufgefaßt. War das Volk besonders mächtig, so galt auch sein Gott als hervorragend einfluß-
reich und war man im Nilthale sehr geneigt, ihn in die Reihe
der ägyptischen Gottheiten aufzunehmen, um durch Gebete und
Opfer seinen Schutz für das Vaterland zu gewinnen und ihn auf
diese Weise seiner ursprünglichen Heimat abspenstig zu machen.
Hatte man den Gott eines Landes gewonnen, dann konnte man
überzeugt sein, auch sein Reich in festem Besitz zu haben, denn
der Kampf der Stämme war stets ein Kampf ihrer Götter und
das Volk, das keinen starken Gott besaß, verfiel als sichere Beute
dem glücklichern Nachbarn.   Unter den Völkern, denen die
Ägypter Götter entlehnen konnten, kommen drei in Betracht, die
Libyer, die Semiten Asiens und die Neger des innern Afrikas.

Von den Libyern wurden vermutlich Gottheiten am Anfange
der ägyptischen Geschichte in einer Zeit entlehnt, in die keine
Überlieferung hinaufreicht.   Zu ihnen gehörten allem Anscheine
nach Bast und Neith, zwei Göttinnen, die in den von Libyern
bewohnten westlichen Teilen des Deltas Verehrung genossen,
welche aber nicht einmal unter den aus ihren Cultuszentren
Bubastis und Sais stammenden Dynastien Bedeutung in Oberägypten gewannen.

Sicherer läßt sich die Entlehnung bei den asiatischen Gottheiten nachweisen; unter denen Baal, Astarte, Ánat, Rešpu und
Kedeš zu nennen sind.

Baal, ägyptisch Bâl, trat den Ägyptern als Hauptgott der
Völker entgegen, mit denen sie am Anfange des neuen Reiches
Jahrhunderte dauernde und nicht immer zu ihrem Vorteile aus-

fallende Kämpfe ausfochten. Damals ward er in Ägypten eingeführt und gern nennen sich die Ramessiden tapfer und mächtig
wie Baal am Himmel. Über eine Mythe, die sich an ihn geknüpft
hätte, wird nichts berichtet, da aber hinter seinem Namen meist
das Bild des Gottes Set oder das seines heiligen Tieres gesetzt
wird, so hat man offenbar beide Gestalten für einander nahezu
gleichstehende gehalten und in der That wird in der Sage von
der geflügelten Sonnenscheibe einmal der Name des Baal statt
dem des Set verwendet. Der Gott galt als eine Himmelsmacht,
was mit seiner ursprünglichen Natur sich in etwa deckt, und zugleich für eine mächtige, aber vor allem vernichtende Gottheit.
Seine Verehrung blieb im allgemeinen auf die vielfach von Semiten bewohnten östlichen Teile des Deltas beschränkt, sein
wichtigster Tempel stand in der befestigten Grenzstadt Tanis.

Astarte hat in den ägyptischen Tempeln mehrfach eine
Verehrungsstätte gefunden, eine Inschrift aus der Zeit der 21.
Dyn. erwähnt in Memphis einen Priester, der ihr und dem Mond-
gotte diente. In der Ptolemäerzeit stand hier innerhalb des Be-
zirkes des Serapeums eine kleine Kapelle der Göttin und an die-
ses Heiligtum oder ein ihm vorangegangenes dachte wohl Herodot,
als er von dem Kulte der fremden Aphrodite, die er freilich für
Helena hielt, in Ägypten sprach. In Tanis war der Westen der
Stadt Amon, der Süden dem Suteχ, der Norden Buto, der Osten
Astarte geweiht; unweit von hier am Sirbonissee soll einer ihrer
Tempel gestanden haben; magische Texte erwähnen Astarte neben
Ânat als eine Göttin, die empfange, aber nicht gebäre. In dem
Cheta-Vertrage tritt sie als eine Göttin des syrischen Cheta-Volkes
auf, aber um dieselbe Zeit war sie auch im Nilthale so angesehen,
daß Ramses II. einen seiner Söhne nach ihr benannte und daß
auch sonst ihr Name bei der Bildung von Eigennamen verwendet
ward. In die Mythen fand sie erst sehr spät Einlaß; in der Sage
von der geflügelten Sonnenscheibe wird sie dargestellt als eine
Göttin mit Löwenkopf, auf einem Wagen stehend und ihr Vierge-
spann über die Leichen der Feinde lenkend, und betitelt „Herrin
der Rosse und des Wagens", eine Bezeichnung, die den jungen
Ursprung der betreffenden Episode verrät, denn das Pferd selbst
ward erst unter den Hyksos im Nilthale eingeführt und tritt in
Folge dessen in wirklich alten Sagen nicht auf. Die von Plutarch
überlieferte Form der Osiris-Mythe gedenkt gelegentlich der Göttin,

doch ist sie hier in euhemeristischer Weise umgedeutet worden in eine Königin von Byblos.

Ântâ wird in dem Cheta - Vertrage neben Astarte genannt und war demnach eine Schutzgottheit dieses syrischen Volkes. Auf echt ägyptischen Denkmälern erscheint sie als Herrin des Himmels und Fürstin der Götter, mit Helm, Schild und Lanze, in der linken Hand eine Streitaxt schwingend, zuweilen zu Pferde sitzend. Ramses II. und III., beide kriegerische Fürsten, nennen oft in den Inschriften den Namen der Göttin, der letzterer sogar seiner Lieblingstochter Bent-ântâ „die Tochter der Anat" gab.

Rešpu, der Helm und Lanze zu tragen pflegt, giebt sich durch die Zeichnung seines Profils als semitischen Gott zu erkennen und entspricht dem phoenizischen Resef, der sich auch auf Cypern und in Carthago verehrt findet. Seine Titel „Großer Gott, Herr des Himmels, Fürst des Ewigkeit, Herr der Macht inmitten des Götterkreises" sind die echt ägyptischer Gottheiten, geben aber über die Bedeutung ihres Trägers keinerlei Aufschluß. Mit ihm vereint findet sich

Kedeš, eine Göttin, die in der rechten Hand Blumen, in der linken eine Schlange zu halten, den von Hörnern umgebenen Sonnendiskus zu tragen und auf einem Löwen zu stehen pflegt. Sie bildet mit Rešpu und dem Zeugungsgotte Xem eine Triade, ist thatsächlich aber nichts anderes als die Stadtgöttin von Kadeš, dem Mittelpunkte des Cheta-Reiches, um dessen Besitz besonders Ramses II. zu kämpfen sich gezwungen sah; ihr liegt wohl ursprünglich eine vielleicht durch örtliche Lehren etwas veränderte Form der Astarte zugrunde. Als Titel führt sie auf den ägyptischen Stelen der 18. und 19. Dynastie die „Herrin des Himmels, Herrscherin aller Götter, Auge des Râ, welche nicht ihres Gleichen hat, Tochter des Râ, Uʒa-Auge des Tum, Geliebte des Sonnengottes". Auf den gleichen Denkmälern wird sie angefleht um Leben und Gesundheit, um ein schönes Grab nach erreichtem hohen Greisenalter im Westen von Theben, ein Beweis, daß man auch in der Reichshauptstadt ihrer gedachte.

Die bisher besprochenen Gestalten sind samt ihren Namen aus Asien nach dem Nilthale gelangt und haben hier ihre Individualität zu bewahren gewußt; weit größer ist die Bedeutung gewesen, die gelegentlich semitische Anschauungskreise in Ägypten gewannen, vermittelst deren sie umgestaltend auf die Vorstellun-

6 *

gen über echtägyptische Gottheiten einwirkten. Es zeigte sich ihr
Einfluß vor allem in dem Glauben an heilige, von Gott beseelte
leblose Körper, besonders Steine, welche bekanntlich von den
Semiten als Bethels oder auch Betyls, d. h. Meteore so hoch verehrt wurden, daß sie diesen Kult überall hin verpflanzten, wohin
ihre Kolonisten drangen. Bei der Astarte in Paphos, bei Apollo
in Ambracia, bei Zeus Teleios in Tegea in Arkadien und an
zahlreichen andern Orten erscheinen die heiligen Steine. Auch
in der Oase Jupiter Amon war das Orakelbild ein Stein, der in
seiner Form einem Nabel verglichen wird und den man bei Fest-
lichkeiten mit Edelsteinen reich geschmückt herumtrug. Hier ist
keinenfalls an eine Einführung der Gestalt aus Ägypten zu denken,
von wo nur das Widderbild des Gottes kam und kommen konnte,
das andere Symbol ward von Norden eingeführt, aus einer der
phönizischen Pflanzstädte an der Nordküste Afrikas, welche stets
in regem Verkehr mit der Oase standen. Aber nicht nur in dieser nur halbägyptischen Oase tritt die Kultform auf, sie findet
sich wieder in Ägypten selbst in dem heiligsten der ägyptischen
Tempel, in dem von Heliopolis. Hier war, wie schon hervorgehoben wurde, eine Incorporationsform der Sonne ein Stein. Die
Form desselben hat im Laufe der Zeit gewechselt, anfangs war
er eine Pyramide oder ein Obelisk, später trat an deren Stelle
eine stylisierte Säule ☊ oder ☊, welche zugleich als Ideogramm
für den Namen der Stadt Heliopolis Án diente. Dieser Säule
wird bisweilen auch an andern Orten gedacht, sodaß dieselbe
göttliche Incorporationsform auch in andere Heiligtümer Aufnahme
gefunden haben muß.

Eine zweite Gottheit, die sich gelegentlich in einem Steine
verkörperte, war der Gott Set, wie dies das häufig angewendete
Deutzeichen eines länglichen Steines ▭ hinter seinem Namen an-
deutet, auch hierbei sind jedenfalls semitische Einflüsse maßgebend
gewesen, denen man gerade bei der Gestalt dieses Gottes auch
sonst begegnet.

Ebenso wie den Kult der Steine kennt Ägypten den der
Bäume, während der der Berge nicht nachgewiesen ist; der der
Quellen kam von vornherein nicht in Betracht, da dieselben im
Lande fehlen und sich so die Verehrung der Gewässer auf die
des Niles beschränken mußte. Des Baumkultes wird verhältnis-

mäßig selten gedacht; in der Ptolemäerzeit hat man versucht, ihn
systematisch auf alle Nomosheiligtümer zu verteilen: 24 Nomen
verehrten nach den hierher gehörigen Listen die Nilakazie, 17 die
Cordia myxa (?), 16 den Zizyphus spina Christi; während andere
wie die Sycomore, Juniperus phoenicea, Tamarix nilotica nur in
je zwei oder gar nur einem Nomos genannt werden. Im ganzen
treten 10 Baumarten als heilig auf, von denen oft derselbe Nomos
mehrere, bis zu drei verehrte. Mit dem eigentlichen Tempelkulte
war ihre Verbindung stets eine lockere, nur gelegentlich ist die
Rede von dem heiligen Baum in Heliopolis, auf dem der Phönix
entstand und in dessen Blätter der Gott Tum oder auch die
Göttin der Wissenschaft Sefeχ oder Thot den Namen des Königs
einschrieben, dem sie ewige Dauer verleihen wollten, von dem
das Grab des Osiris beschattenden heiligen Stamm und ähnlichem;
überall gewinnt man aber den Eindruck, als handele es sich hier
nicht um Gedanken, die dem eigenen Empfinden der Ägypter
entsprangen, sondern um solche, die von außen her eindrangen
und die man mühsam mit den volkstümlichen Vorstellungen zu
verschmelzen trachtete. Am auffallendsten ist dabei, daß die
Palme, der Baum, der sonst am innigsten mit dem ganzen Denken und Fühlen der Ägypter verwachsen war, in dieser Glaubens-
form gar keine Rolle spielt. Der von Porphyrius entwickelte Gedanke, die Ägypter hielten es für Unrecht, Pflanzen zu verletzen,
ist ein ganz junger, und entspringt pantheistischen Vorstellungen.

Die libyschen und asiatischen Gottheiten zeigen in ihren
Darstellungen, in Proportionen, Bewegungen und Attributen einen
fast ganz rein ägyptischen Charakter, anders ist dies bei den ursprünglich afrikanischen Gestalten. Diese decken sich in allen
ihren Zügen mit den Eigenschaften der Fetische der jetzigen Ne-
gervölker, sie erscheinen verwachsen, unförmlich fett, häßlich und
abschreckend ganz im Gegensatz zu den ägyptischen Gottheiten,
welche, soweit dies der ägyptischen Kunst überhaupt möglich
war, als Idealgestalten aufzutreten suchen. Der wichtigste unter
den afrikanischen Göttern ist

Bes[14]), der dargestellt wird als ein Zwerg mit Bart, großen
Ohren, dem Gesicht in Vorderansicht, krummen Beinen, auf die
er seine langen Arme stützt, einem Tierfell mit lang herunter-
hängendem Schwanz als Kleidung und einer breiten Federkrone
die an die Krone der in Nubien verehrten Göttin Anuki erinnert,

auf dem Haupte 🜊. Der gewöhnlichste Name der Gottheit, die
daneben zahlreiche andere, wie Hait, Áḥti, Sepd, Xerau, führt
ohne dadurch ihre Bedeutung zu ändern, Bes ist abzuleiten von
dem Worte besa, welches eine große Katzenart, Cynaelurus gutta-
tus bezeichnet. Ihr Fell trägt der Gott und ist er wohl nach dem
Tiere benannt, in dem er sich nach ägyptischer Anschauung gelegentlich verkörperte. Der Kult des Gottes ist ein alter, schon im
alten Reiche scheint er bekannt gewesen zu sein, sicher tritt er
am Anfange des neuen Reiches auf und ward besonders seit der
26. Dynastie so beliebt, daß zahlreiche Eigennamen mit ihm gebildet wurden, eine Sitte, die dann zu den Römern und zu den
Kopten, die dabei den ursprünglichen Sinn des Wortes völlig ver-
gaßen, übergegangen ist. Sogar ein alexandrinischer Märtyrer
heißt noch mit seinem Namen Besas. Den Römern ward er
durch sein Orakel in Abydos bekannt, welches man bis in späte
Zeit hinein gern befragte. In alexandrinischer Zeit diente sein
Bild als ornamentales Element bei Kunstwerken, wie es auch
sonst in der hellenistischen Kunst ebenso wie in der der Phöni-
zier eine ziemlich ausgedehnte Verwendung gefunden hat, die
dazu führte, daß man dasselbe später auch auf arabischen Münzen anbrachte, ohne daß man daraus auf einen engern Zusammenhang der betreffenden Araber mit den Hauptstätten der Besreligion
schließen dürfte.

Eine der ältesten Darstellungen des Gottes Bes findet sich
auf einem Relief des Tempels zu Luqsor, welches die Geburt
Amenophis III. darstellt. Zu oberst sind hier zwei Wehemütter
und die sieben Hathoren, die Schicksalsgöttinnen um die Königin
beschäftigt, die auf einem Stuhle ermattet sitzt, während 2 der
Göttinnen bereits das Kind, oder richtiger dessen Ka, der ihnen
als Gottheiten näher stand, als die rein menschliche Erscheinungsform des Herrschers, in die Höhe halten. Darunter hocken zehn
Gottheiten als Sinnbilder des Lebens, das dem Könige zuteil geworden ist. Darunter wieder erblickt man links sechs anbetende
Gottheiten; drei derselben mit Sperberkopf versehene sind die Seelen von Pe, dem Tempel von Buto, als deren Namen das Totenbuch Horus, Ámset und Ḥapi angiebt, und die als die Geister
des Nordens gelten; die andern drei mit Schakalskopf sind Horus,
Duamutf und Kebsenuf, die Seelen von Nexeb, die Geister des

Südens. Die Huldigung der Gestalten drückt demnach die von
Süd- und von Nord-Ägypten vor dem neugeborenen Pharao in
symbolischer Weise aus. Neben diesen Geistern steht der Gott
Bes und die Nilpferdgöttin Ta-urt. Die gleiche Darstellung wird
wiederholt in einem Tempel zu Denderah, wo etwa in der Zeit
Trajans die Geburt des Sonnengottes ebenso dargestellt wird, wie
die des Königs, und in entsprechender Weise tritt Bes in allen
den Geburtshäusern auf, die mit den ägyptischen Tempeln verbunden zu sein pflegen und die als Geburtsort des Tempelgottes
galten. Diese Bauten nannte man anfangs Typhonien, weil man
das in ihnen auftretende Bild des fratzenhaften Bes für das des
Gottes des Bösen, Typhon, hielt, eine Ansicht, die jeder Berechtigung entbehrt und gleich nach Entzifferung der Hieroglyphen
aufgegeben werden mußte.

In diesen Bildern ist Bes eine der Gottheiten, welche dem
neugeborenen Sonnengotte oder dem Könige, der sich in allen
Stücken der Sonne gleich stellt, zur Seite stehn. Er wird weiter
vorgeführt, wie er den jungen Sonnengott Harpokrates auf dem
linken Arm trägt und ihm mit der rechten Hand Nahrung reicht.
Aber nicht nur für die leibliche Nahrung des Kindes hatte er zu
sorgen, sondern auch für sein Vergnügen. Daher wird er abgebildet, wie er ihm groteske Tänze vortanzt, ihm auf der Harfe
Musikstücke vorträgt oder es anlacht. So wird der Gott allmälig
zum Gotte des Tanzes, der Musik, der Freude, welche er schon
durch seine Lächeln erregende Gestalt hervorzurufen bestimmt
schien. Aus seiner Stellung als Beschützer der jungen Sonne
entwickelt sich aber noch eine weitere. Die Hauptgegner der
Sonne waren die Schlangen, ihr Feind ward Bes; häufig erscheint
er, wie er mit seinen Händen Schlangen gefaßt hält und zerdrückt
oder sie ähnlich wie die Göttin Ta-urt mit den Zähnen zerbeißt.
In später Zeit verschmilzt der Gott mit seinem Schützling, der
Sonne; er erhält die Attribute des Sonnengottes, sitzt wie der
Gott der jungen Sonne auf der Lotusblume, ihm werden die
Sonnenlöwen beigegeben und er gilt als der Gott Sepd, der Herr
des Ostens, der die Bergvölker der Sinaihalbinsel niederwirft, und
nach der späteren Lehre kein anderer ist als der sperberköpfige
Horus. Derselben Zeit allgemeinen Synkretismuses gehört die
Gleichstellung des Amon, ja sogar eines Osiris-Amon mit Bes an.

Als Sonnengott wird Bes zum Gott des Ostens, als solcher

ist er Herr von Punt, den Ländern zu beiden Seiten des roten
Meeres, in späterer Zeit besonders Arabiens, wo auch die Heimat
des Sonnengottes und dessen heiligen Vogels, des Phönix, gesucht
wurde. Dieser erst spät auftretende Zusammenhang von Bes mit
dem Lande Punt berechtigt nicht dazu, die Heimat des Gottes in
Arabien zu suchen, wie man es längere Zeit allgemein gethan
hat. Dieselbe war vielmehr wie seine Gestalt, sein Schmuck u.
s. f. zeigen Afrika und hier wohl ein Negerland unmittelbar
südlich von Ägypten, wo in früheren Zeiten Neger saßen, die
später durch hamitische Stämme weiter nach Süden gedrängt
wurden. Letztere waren damals bereits durchweg von der ägyptischen Kultur abhängig, und haben daher, als sie das Land be-
setzten, nicht auf die afrikanische Urform des Bes zurückgegriffen,
sondern die ägyptisierte beibehalten, ihn nur häufig statt als Zwerg
als erwachsenen Mann dargestellt.

In etwas anderem Sinne als in der Oberwelt erscheint Bes
in der Unterwelt. Hier ist er ein strafender Gott, sein verzerrtes
Gesicht soll Schrecken einflößen, seine Zwerggestalt weicht hier
bereits der eines Mannes oder gar eines Riesen. Mit seinen
Messern bedräut er den Bösen, er droht ihm sein Herz auszu-
reißen und heißt daher der Kämpfer. In später Zeit hat man ihm
in der Oberwelt die gleiche Stellung zuweisen wollen, nur daß er
nunmehr nicht mehr als Feind des Bösen, sondern als Freund
des Guten aufgefaßt wird. Als solcher trägt er den Schild und
schwingt das Schwert, bereit denjenigen niederzuschmettern, der
dem Günstlinge des Bes, dem Besitzer seines Bildes, das als
schützendes Amulett diente, sich zu widersetzen wagen würde.

Ta-urt „die Grosse" tritt meist auf als ein auf den Hinter-
pfoten stehendes Nilpferd mit unförmlich dickem Bauch und hän-
genden Brüsten, das sich mit den Vorderpfoten auf eine das Blut
des Isis darstellende Schleife stützt; auf dem Kopfe trägt es die
Sonnenscheibe und zwei hohe Federn ; weit seltener hat die
Gestalt einen Menschenkopf oder ist ganz als ein Weib dargestellt,
dessen Haupt die Kuhhörner, der Schmuck aller weiblichen Gottheiten zieren. Sie gilt als die Mutter der Götter und als deren
Amme, und hilft daher auch bei ihrer und der Könige Geburt.
Der Ta-urt entspricht die in Theben verehrte Nilpferdgöttin Ápet,
der hier in der Ptolemäerzeit ein kleiner Tempel errichtet ward,

in dem sie Osiris geboren haben sollte, während die Ombiten sie
bei sich im Tempel Mutter werden ließen. In noch späterer Zeit
wird sie einfach als Rer-t „Nilpferd" bezeichnet und als Bewohnerin des Ammenhauses aufgeführt. Schon früher war sie bei
dem allgemeinen Synkretismus der Jsis-Hathor gleichgestellt und
dann weiter mit Bast von Bubastis, Buto von Pelusium, der
löwenköpfigen Menḥt von Heliopolis, der Renpt, d. h. dem personi-
fizirten Jahr, in Memphis und andern weiblichen Gottheiten iden-
tifiziert worden. Ihr Bild in glasirter Terracotta gearbeitet, war
ein sehr beliebtes Amulett, das wohl ähnlich wie das Bild des
Bes bei der Geburt als heilbringend galt. Im Totenkulte fällt
Ta-urt mit der Hathorkuh zusammen und gilt als Wächterin des
Berges des Westens, durch den der Weg in das Reich des Todes
führt. Mit Bes zusammen fand auch sie später ihren Weg nach
Äthiopien zurück, von wo sie einst ihren Ursprung genommen
zu haben scheint. Wie er spielt sie im eigentlichen Ägypten erst
seit dem neuen Reiche eine größere Rolle, wie er ward sie besonders in später Zeit beliebt, in der Periode der ägyptischen
Religionsgeschichte, die mit Vorliebe das Absonderliche aus den
ältern Texten hervorsuchte und auf dieses das Hauptgewicht im
Kultus wie im Glauben legte.

Auffallender Weise hat diese späte Zeit, die alles vermischte
und verwertete, an der griechischen Religion keinen Geschmack
gefunden. Ebenso wie die Sprache, die früher zahlreiche semitische
Worte aufgenommen hatte, sich gegen griechische und lateinische
verschloss und nur höchst selten den einen oder anderen Ausdruck
statt des ägyptischen verwendete, so verfuhr die Religion gegen den
Glauben der macedonischen Herrn des Landes. Nur ganz vereinzelt
findet sich ein griechischer Religionsbegriff, wie der Name Hades für
die Unterwelt in den Texten. In dem Augenblicke, in dem die Hellenen mit größtem Eifer bestrebt waren, die fremden Götter sich
anzueignen, sie geradezu zu übernehmen oder doch als den ihri-
gen gleich auszugeben, hat die ägyptische Religion ihre frühere
Weitherzigkeit abgelegt und es aufgegeben, ausländische Gestalten
zu den ihren zu machen.

Den Fremdenhaß und die Fremdenverachtung, die in der
späteren Zeit der Ägypter besaß und die er seinen fremden
Herrschern gegenüber gern zur Schau trug, hat er auch seinen
Göttern zugeschrieben; wie er, so verachteten diese das von Norden

her kommende junge Barbarenvolk samt seinen Göttern, die wie
Plato sich ausdrücken würde, keine Geschichte, keine auf alte
Erinnerung gegründeten sicheren Beweise ihrer Thatsächlich-
keit besaßen.

Siebentes Kapitel.

Die Tierverehrung.

Die Verehrung der Tiere [15]) hat immer als eine der auffallendsten Erscheinungen der ägyptischen Religion gegolten, die Kir-
chenväter haben darin eine der abschreckendsten Verirrungen des
heidnischen Geistes erkannt, die christlichen Apologeten haben sie
benutzt, um die Lächerlichkeit und Unsinnigkeit des heidnischen
Götterglaubens zu kennzeichnen, die griechischen Philosophen haben umgekehrt in ihr besonders tiefe symbolische Lehren finden
wollen. In ähnlichen Gegensätzen bewegen sich die modernen
Beurteiler Ägyptens, bald wird der Tierkult herangezogen, um
die tiefe Weisheit des Volkes, seinen durchdachten Pantheismus,
sein Verständnis für die Tierseele und ähnliches zu erweisen, bald
wird er mit dem Fetischismus der Negerstämme zusammengestellt
als Beleg für den tiefen Stand, auf dem Glauben und Denken
im Altertume im Nilthale sich bewegten, bald wird er für den
Überrest eines uralten Volksglaubens, bald für das Ergebnis einer
stetig tiefer und tiefer verfallenden religiösen Anschauungsweise
angeführt.

Alle diese Urteile haben ihre Berechtigung, aber sie alle haben Falsches und Richtiges gemischt. Niemanden wird es wohl
mehr in den Sinn kommen, die Berechtigung des Tierkultes erweisen zu wollen und in ihm einen besonders großartigen Zug
des ägyptischen Seelenlebens zu erkennen, andererseits aber wird
wohl die folgende Darstellung zeigen, wie die Ägypter zu dieser Verehrung kamen und wie sich dieselbe als eine logische Schlußfol-
gerung aus ihrem ganzen religiösen Denken entwickelt hat. Bei
der Behandlung der Frage muß aber stets streng geschieden werden zwischen zwei von verschiedenen Gesichtspunkten ausgehen-
den, in der Folgezeit aber neben- und durcheinander verlaufenden
Gedankenkreisen, der Anbetung von Thierindividuen und der
Hochachtung vor Tierarten.

Die erstere, der Glaube an von der Gottheit selbst beseelte Tiere, ist echt ägyptisch. Das Jenseits ward gerade so wie das Diesseits aufgefaßt, das Leben der Seligen spielte sich dort genau so ab, wie das der Lebenden auf Erden: sie aßen und tranken, hungerten und dürsteten, freuten sich und litten, nur das Eine hatten sie gewonnen, daß sie nicht mehr an eine Form gebunden waren, sondern sich in Tiere, Pflanzen und Götter verwandeln konnten. Aber auch die Götter unterschieden sich in nichts vom Menschen, ihr Leben war zwar länger, aber auch ihm machte der Tod ein Ende, ihre Macht war größer, aber doch beschränkt. In allen Vorstellungskreisen ist dem Ägypter der Mensch und der Mensch allein das Maß aller Dinge.

Die Seele des Toten konnte kein unfaßbares, immaterielles Sein besitzen, sie mußte eine Hülle haben, vermittelst derer sie die Lebensfunktionen ausübte, und dasselbe war beim Gotte der Fall. Wollte dieser mit den Menschen verkehren, dann mußte auch er eine irdische Gestalt annehmen, sonst hätte er ja nicht in menschlicher Sprache sich ausdrücken, menschliche Handlungen vornehmen können. Die Texte berichten lange Gespräche zwischen dem Gott und dem Könige, ersterer nickt mit dem Kopfe, streckt seine Arme aus, die Göttin hilft als Wehemutter bei der Geburt eines Prinzen, reicht dem Thronfolger selbst die Brust, um ihn mit ihrer Milch zu nähren, ihn, der berufen ist, an Stelle seines leiblichen Vaters, des Gottes, auf Erden zu herrschen. Nach unserer Auffassungsweise würde man geneigt sein, hier überall allegorische Ausdrücke anzunehmen, in Ägypten war dies nicht der Fall. Dem Ägypter ging das Verständnis für abstraktes Denken durchweg ab, für ihn mußte alles klar faßbar sich darstellen. Schon seine Schrift zeigt dies Bestreben in der Art und Weise, wie er Deutzeichen hinter die Worte setzt, er wollte den Begriff nicht nur lesen, sondern auch sehen und zeichnete daher hinter dem Namen des Krokodils dessen Bild, hinter das Wort trinken einen trinkenden Mann, hinter das Wort schlagen eine schlagende Gestalt. Und auch für Begriffe, die sich an und für sich nicht zeichnen lassen, hat er vermittelst ziemlich verwickelter Gedankenverbindungen Deutzeichen erfunden; hinter hungern setzte man einen Mann, der den Finger an den Mund hält, von derselben Vorstellung ausgehend, die den modernen italienischen Bettler veranlaßt, bei seinem „morio di fame" auf den Mund zu zeigen; hinter schlecht stand ein Sperling, weil dieser Vogel ungemein häufig war und viel Schaden anrichtete; hinter rein stand das Wasser oder saß ein Mann, über dem das Wasser sich ergoß; und die Worte, die sich durchaus nicht abbilden lassen wollten, wie z. B. gut, schön u. dergl., zeichnete man als eine Schriftrolle, denn auf dem Papyrusblatte konnte man sie verzeichnen. Wie die Schrift, so verfuhr die Sprache, auch in dieser werden die Sätze alle so gestellt und verbunden, daß sie sich wie der begleitende Text zu einer Bilderreihe lesen.

Dieser Mangel an Vorstellungsfähigkeit wirkte auf die Religion ein, es genügte dem Menschen nicht, sein Gebet für sich zu sprechen, hoffend, eine unsichtbare Macht werde es erhören, er wollte es den leiblichen Ohren seines Gottes anvertrauen. Zunächst wird man naturgemäß den Gott in menschlicher Gestalt sich gedacht haben. Ein solcher menschlicher Gott war der König, der als gütiger Gott, als großer Gott, als Horus, wie seine Titel lauten, Gebete annahm und dieselben entweder selbst erfüllte oder sie seinen Vätern und Müttern, den himmlischen Göttern, mit denen er in stetigem Verkehre stand, übermittelte. „Du gleichst völlig, o König Merenptaḥ, dem Bilde deines Vaters, der Sonne, die am Himmel aufgeht. Deine Strahlen dringen bis in die Höhlen. Kein Ort entbehrt deiner Güte. Deine Aussprüche sind in jedem Lande Gesetz. Wenn du in deinem Palaste ruhest, so hörst du die Worte aller Länder. Du hast Millionen von Ohren. Hell ist dein Auge über allen Sternen des Himmels, fähig die Sonnenscheibe zu schauen. Was der Mund in der Tiefe auch immer ausspricht, es dringt bis zu deinen Ohren. Dein Auge sieht, was im Verborgenen geschieht, barmherziger Herr, Schöpfer des Athems!" Dieser Gedanke an die Göttlichkeit des Monarchen ist während der ganzen ägyptischen Geschichte festgehalten worden, ein besonderer Kult ward dem Herrscher eingerichtet, eigens dazu bestellte Priester dienten ihm, Opfer wurden ihm dargebracht. Zuweilen hat die Ehrfurcht vor der eigenen Göttlichkeit die Könige so überwältigt, daß sie sich selbst anbeteten, wobei sie die Unsinnigkeit, die hierin lag, dadurch zu mildern suchten, daß sie die Gebete nicht geradezu an sich, sondern an ihren ka, einen Teil ihrer unsterblichen Seele richteten, mit dem sie dann längere Gespräche zu führen für angemessen fanden, Gespräche, in denen der ka sich ihnen sehr gnä-

dig zu erweisen und ihnen Freude, Heil, Gesundheit, Macht, soviel
sie begehrten, zu verleihen pflegt.

War demnach der König ein Gott, so war er doch nicht der einzige, neben und über ihm standen die andern Gestalten des Pantheons, Amon, Râ, Ptaḥ, und außerdem war er nicht allgegen-
wärtig. Weilte er in Theben, so war Memphis ohne sichtbaren
Gott und umgekehrt, ein Zustand, der dem Ägypter, der täglich
und stündlich mit seinen Göttern verkehren wollte, unerträglich
erschien. Am nächsten lag es da, neben dem im Könige verkörperten Gott an andere sich in menschlicher Gestalt auf Erden be-
wegende Gottheiten zu denken. In der That scheint in vorgeschichtlicher Zeit jeder Nomarch als Gott gegolten zu haben, wie
das noch die in historischen Zeiten verwendeten Titel dieser Männer andeuten. Erhalten hat sich die Vorstellung in späterer Zeit nur
an einem Orte, in Anabe, wo man sich einen Menschen auswählte, ihn verehrte und ihm, wie noch die ältesten christlichen
Autoren berichten, Opfer darbrachte. An allen anderen Orten hat
man den Gott-Menschen durch andere Lebewesen ersetzt und zwar
durch Tiere.

Die Veranlassung zu dieser Ersetzung ist zunächst in rein
praktischen Gründen zu suchen. Galten neben dem Könige andere Menschen als Götter, so konnten bei eintretenden Meinungs-
verschiedenheiten leicht die Götter mit einander in einen Zwie-
spalt geraten, der für den Bestand des Staates sehr gefährlich
werden konnte. Ganz anders lag dies bei den Tieren. Diese besaßen genugsam seelisches Empfinden und Handlungsfähigkeit,
um ihrem Willen durch Bewegungen Ausdruck zu geben; sie aßen
und tranken, hatten also die materielle Faßbarkeit, die der Ägypter von seinem Gotte verlangte. Andererseits aber war es leicht
sie abzurichten und sie so dazu zu bringen, daß sie scheinbar aus
eigenem Antriebe diese oder jene Bewegung ausführten, während
dies in der That nur auf einen gegebenen Wink geschah, durch
den die Priesterschaft oder auch der König selbst die Willens-
äußerung des Tieres veranlaßte. Denn der König, der sich selbst
für einen Gott hielt, wird sich nicht gescheut haben, sich selbst
eine Comödie vorzuspielen und sich von dem Gotte die Antwort
zu erpressen, die ihm gerade angenehm war, denselben zu veranlassen, zu allen seinen Wünschen ja zu sagen. Die Ägypter haben überhaupt nicht in dem Sinne Ehrfurcht vor den Göttern

empfunden, daß sie ihre Wünsche dem Götterwillen unterordne-
ten, sie haben oftmals versucht, diesen ihre Ansichten aufzuzwin-
gen. Wollten oder konnten die heiligen Tiere in Nöten nicht
helfen, dann wurden sie geschlagen und hatte auch dieses keinen
Erfolg, so traf sie die Todesstrafe. Bei den verschiedensten Völkern finden wir in den niedern Klassen derartige abergläubische
Handlungsweisen; Götterbilder, Statuen von Heiligen u. s. f. müssen es entgelten, wenn der Himmel nicht den Willen der Masse erfüllt, im Nilthale ist nur das auffallend, daß es nicht nur das Volk
war, welches diese Gedanken hegte, daß vielmehr auch die höheren
Klassen die gleichen niederen Vorstellungen von ihren Göttern hatten.
Es waren die Priester selbst, die die Weihung des zum Tode bestimmten heiligen Tieres vornahmen und es hinrichteten, dann
pflegten sie es freilich einzubalsamieren, um ihm die Unsterblichkeit zu verschaffen und den Zorn der Gottheit zu beschwichtigen,
die sonst leicht die Tötung ihrer Incorporation an den Menschen
hätte rächen können.

Die Wahl der einzelnen Tiere als Verkörperungen bestimmter Gottheiten hing zusammen mit den charakteristischen Eigenschaften, die der Ägypter bei diesem oder jenem Tiere zu erkennen glaubte. Den Gottheiten der sich jedes Jahr verjüngenden
Natur waren Tiere, denen man besonders große Zeugungskraft
zuschrieb, wie der Stier und der Widder zu eigen, den fruchtba-
ren und nährenden Gottheiten Tiere, die die gleichen Eigentümlichkeiten hatten, wie die Kuh; die Schlange verdankte ihren geheimnisvollen Bewegungen, ihrer Gefährlichkeit und andererseits
ihrer Zutraulichkeit, die allen Völkern aufgefallen ist, ihre göttliche Stellung; der Sperber zeigte durch seinen Flug hoch am
Himmel seine Beziehung zu den Sonnengottheiten; das Krokodil,
das träge am Ufer lag, gereizt aber furchtbar wurde und jeden
Feind verschlang, hatte die Zeichen der Würde und selbstbewuß-
ten Macht, die der Orientale immer besonders verehrt hat. Über-
blickt man die Reihe der heiligen Tiere, so finden sich darunter
fast alle wichtigeren Gestalten der ägyptischen Fauna, Säugetiere,
Vögel, Fische, Amphibien, Insekten und außerdem zahlreiche Fabelwesen, wie die Sphinx, das Settier, der Vogel Greif. Letztere
galten dem Ägypter freilich nicht für Erfindungen, es waren für
ihn seltene, aber thatsächlich vorhandene Wüstentiere. Die Ab-
bildung einer Jagd aus der Zeit der 12. Dynastie zeigt neben Ga-

zellen und ähnlichen Wesen Vierfüßler mit Greifenkopf, mit Köpfen auf dem Rücken u. s. f., die ein hoher Würdenträger bei Lebzeiten angetroffen zu haben glaubte. Man hat es hier kaum mit reinen Erfindungen zu thun. Denn einfach denkenden Menschen erscheint alles möglich, was sich seine Phantasie ausmalt oder was ihm ein Traumbild vorgaukelt, und stets haben Völker, die ihr Leben viel auf dem Boden der Wüste zubrachten, an schreckliche Fabelwesen geglaubt und der festen Überzeugung gelebt, sie selbst oder doch ihre Vorfahren wären auf dieselben gestoßen. In dem Dunkel der Nacht, in der Einsamkeit, hilflos allen Gefahren gegenüber und widerstandslos gegen alle äußeren Eindrücke glaubt der Mensch in den einfachsten Erscheinungen das schrecklichste zu sehen und trägt später kein Bedenken, die Vorspiegelungen seiner Furcht für Thatsachen auszugeben.

Das heilige Tier „das erneute Leben" des in ihm verkörperten Gottes, das dessen in dem vorigen heiligen Tiere gestorbene Lebensform erneute, unterschied sich von den übrigen Tieren derselben Art durch gewisse Kennzeichen, die den Priestern bekannt waren. Für den Apis-Stier soll es deren 29 gegeben haben, doch werden sie verschieden angegeben; nach Herodot waren es schwarze Farbe, ein weißes Viereck auf der Stirn, auf dem Rücken das Bild eines Adlers, am Schwanze zweierlei Haar und unter der Zunge ein Käfer, doch sind diese Angaben nicht vollständig sicher, da beispielsweise die erhaltenen Apisbilder ein Dreieck auf der Stirn zeigen. War ein derartiges Tier gefunden worden und hatte es eine bestimmte Erziehung genossen, so ward es in den Tempel feierlich eingeführt. Man hat lange Zeit angenommen und fast bei allen modernen Darstellungen ägyptischer Tempel ist dies geschehen, den Mittelpunkt des Baues habe eine Statue gebildet. Dies ist nicht richtig; die zahlreichen in den Heiligtümern aufgestellten Bildsäulen waren Weihebilder, die von den Königen oder auch von Privaten zur Verschönerung derselben gestiftet worden waren, an ihnen zogen die Prozessionen vorüber, die Gebete und Opfer galten aber im allgemeinen nicht ihnen, sondern einem lebenden Wesen, dem heiligen Tiere.

Celsus berichtete in seiner Streitschrift gegen die Christen an einer von Origenes angeführten Stelle: „Wenn man nach Ägypten kommt, so fallen sofort die prächtigen Haine und Heiligtümer in die Augen, man sieht prachtvolle, große Propyläen,

bewundernswerte Tempel, angenehme Spaziergänge ringsherum,
ansehnliche und geheimnisvolle Ceremonien; wenn man aber hin-
eingetreten ist und bis zum innersten Raume gelangt, dann sieht
man, daß eine Katze oder ein Affe oder ein Krokodil oder ein
Bock oder ein Hund verehrt wird." Ähnlich sprechen sich Clemens
von Alexandrien und Lucian aus.   Ihr Zeugnis ist vielfach als
gehässige Erfindung verworfen worden, ohne daß man bedachte,
daß ein Mann wie Celsus eher geneigt gewesen wäre, das, was
die Ägypter schädigen konnte, zu verschweigen, als etwas dieselben
lächerlich machendes zu erfinden.   Führte er derartiges auf, so
lag eben darin der beste Beweis, daß es sich um eine allgemein
bekannte, von den Ägyptern als selbstverständlich betrachtete, nie
geleugnete Thatsache handelte.

Und in der That, wie konnte der Ägypter, der glaubte, in
dem Tiere seinen Gott selbst bei sich zu haben, sich schämen,
diesen Besitz einzugestehen, so lange er überhaupt an dem Bestand
und der Macht seiner Götter festhielt, und an diesen hat er nie
ernstlich gezweifelt.   Wirklich atheistische Gesinnungen finden
sich im Nilthale nicht, so verschiedenfach auch die Vorstellungen
waren, die man über die Götter hegte und so verschiedenartig
man sich auch das Jenseits vorstellte und das Verhältnis, in das
dort der Mensch zur Gottheit treten würde.   Erst als höhere Re-
ligionsformen in Ägypten bekannter wurden, erst da hat man empfunden, daß die Anbetung der Tiere doch sehr eigentümlich
war; erst damals hat man versucht, ihr eine andere Deutung zu
geben und sie für eine geheimnisvolle Verehrung von Göttersym-
bolen zu erklären.   Es war der Einfluß der griechischen Philoso-
phie und der christlichen Lehren, dem sich auch die heidnischen
Ägypter nicht ganz zu entziehen vermochten, der diesen Umschwung hervorrief.   So lange die ägyptische Religion rein erhalten blieb, so lange war die Göttlichkeit der Tiere eines der
Grunddogmen ihrer Lehren.

Starb das heilige Tier, so verlor es seine Persönlichkeit nicht.
Der Gott als solcher starb nicht mit ihm, er verkörperte sich sogleich
in einem andern, dem ersten in seinem Aussehen gleichen Tiere,
aber auch die Seele der früheren Incorporation lebte fort.
Wie der Mensch einer Lehre zufolge nach seinem Tode ein Osiris
wurde, so ward der Apis ein Osiris-Apis, der Widder ein Osiris-
Widder u. s. f.   An seiner Mumie vollzog man dieselben Ge-

bräuche wie an der menschlichen; man balsamierte sie ein und
gab ihr Amulette mit in das Jenseits, wo ihre Seele dann ein
ewiges Dasein führte. Die Schwierigkeit, daß auf diese Weise
in das Jenseits immer mehr Apis-Stiere, Widder, Krokodile einzo-
gen, die doch alle unumschränkte Göttlichkeit besitzen sollten,
hat den Ägypter nicht gestört. Ließ er doch ganz entsprechend
den Pharao im Jenseits König von Ober- und Unterägypten bleiben, unbekümmert darum, daß dort schon so und so viele seiner
Vorgänger dieselbe Stellung einnahmen und er mit diesen in
Wettbewerb um die höchste Macht treten mußte. Die Ägypter,
die nie versuchten, ihren Himmel in ein System zu bringen, sahen in solchen logischen Widersprüchen und Unmöglichkeiten
nichts, was sie in ihren Gedanken hätte stören können.

Auffallen muß es bei der großen Rolle, die das heilige Tier
im Kultus spielt, daß es verhältnismäßig so selten dargestellt wird;
auf tausend Gottesdarstellungen wird man kaum eine des Tieres
finden. Statt dessen erscheint der Gott als Mensch oder als
Mischbild, als Mensch mit dem Kopfe seines Tieres. Ist ersteres
der Fall, so pflegt die Gottheit die Züge des augenblicklichen
Herrschers oder seiner Gemahlin zu tragen. Hier dachte der
Ägypter wohl an die Verwandlungsfähigkeit des Gottes und nahm
an, das höhere Wesen werde, um mit dem Könige Gespräche zu
führen, bisweilen menschliche Gestalt annehmen, um auf gleicher
Stufe wie der Herrscher zu stehen, und dabei war die gegebene
Form eben die des Herrschers, der als Gottessohn dem Gotte am
nächsten stand. In den Mischbildern dagegen liegen nicht wirkliche Gestalten der Gottheit vor, hier hat man es mit Ideogram-
men, mit Schriftzeichen zu thun, die man statt des Gottesbildes
aus künstlerischen Gründen verwendete. Es ist ein streng durch-
geführter Grundsatz der ägyptischen Kunst, daß alle handelnde
Personen gleich hoch zu sein haben, nur der Gott vor dem gewöhnlichen Menschen, der Pharao vor seinen Unterthanen, der
Herr vor seinen Dienern erscheint größer als diese, um durch
seine körperliche Größe seinen höheren Rang zum Ausdruck zu
bringen. König und Gott hatten gleich groß zu sein, da beide
als auf gleicher Stufe stehend angesehen wurden. Die Durchführung dieses Grundsatzes bot den heiligen Tieren gegenüber große
Schwierigkeiten dar, die Größenverhältnisse der Tiere wären durch
dieselbe unkünstlerisch und sinnlos geworden; man denke sich

nur ein Krokodil ebenso hoch wie den König dargestellt und
seinen Körper in entsprechenden Verhältnissen ausgeführt. Zuweilen half man sich damit, daß man das heilige Tier auf ein
Postament stellte und ihm so die richtige Höhe gab; lieber ver-
zichtete man ganz auf seine Darstellung und ersetzte es durch
das Mischbild, dessen Bedeutung durch den aufgesetzten Kopf
jedem Beschauer klar wurde. Man hatte dabei den weiteren Vorteil, daß das Mischbild mit seinen Händen und Füßen Bewegungen ausführen, den König umarmen, ihm das Zeichen des Lebens
geben, ihm die Brust reichen konnte, Bewegungen, die durch ein
Tier ausgeführt, auf den Beschauer des Bildes unnatürlich wirken
mußten.

Dies waren die Gedanken, welche an die göttlich verehrten
heiligen Tiere anknüpften, an Tiere, die als Götter galten und
deren Tötung durch den gewöhnlichen Menschen als Gottesmord
mit dem Tode bestraft wurde; von ihnen ward stets nur ein besonders gekennzeichnetes Individuum so hoher Ehre teilhaftig. Ganz
anders steht es mit der Hochachtung vor ganzen Tierarten in
den verschiedenen Nomen Ägyptens. Diese Arten galten nicht
als Götter, sondern nur als Lieblinge derselben, man nahm an,
dieser oder jener Gott nehme gerne, wenn er auf Erden wandle,
ihre Gestalt an und wollte durch ihren Schutz die Gefahr vermeiden, sie gerade in dem Augenblick zu töten, in dem sie von
Gott beseelt waren; an andern Stellen glaubte man die Zeichen
nicht sicher zu kennen, die die göttliche Verkörperung von ihren
Artsgenossen unterschied und schonte daher lieber die ganze Art
als daß man das Gottestier verletzte. Die Hochachtung dieser
Tiere steht mit der Religion in sehr lockerem Zusammenhang,
sie steht auf gleicher Linie wie die Achtung vor Tieren bei verschiedenen Völkern bis in die neueste Zeit, in der es beispielsweise der Bauer in manchen Gegenden Deutschlands für ein
schweres Vergehen ansieht, einen Storch zu schädigen. Angebetet wurden diese Tierarten in Ägypten nicht, dagegen wurden
sie gefüttert, nicht getötet und bisweilen einbalsamiert. Letzteres
geschah, um ihnen die Unsterblichkeit zu sichern, die ohne Mu-
mificierung nicht gewonnen werden konnte. Man nahm an, der
Gott, der die betreffende Tierart liebte, werde sich dem dankbar
bezeigen, der einem seiner Lieblinge das ewige Leben verschaffte.
Auch dieses Tier ward dann ein Osiris - Tier, aber nicht wie der

Osiris-Apis ein Gotttier im Jenseits; es lebte dort in derselben Stellung fort, die es im Diesseits gehabt hatte, gerade so wie der Osiris des Sklaven ein Sklave blieb und der des Bauern ein Bauer.

Die geschonten Tierarten wechseln je nach dem Nomos, in dem sie auftreten, und diese Verschiedenheit hat bis in die römische Kaiserzeit hinein zu förmlichen Kriegen zwischen den Nomen geführt, wenn es sich die Bevölkerung des einen nicht gefallen lassen wollte, daß der Nachbarnomos ihr verehrtes Tier schlachtete und aß. Die Anschauung hat sich in ihren letzten Ausläufern bis in unsere Zeit erhalten. So lange es Krokodile im Nilthale gab, hat sie der Ägypter mit Ehrfurcht angesehen und noch jetzt blickt er mit Liebe und Verehrung auf die Katze, die sein heidnischer Vorfahr für den Liebling seiner Göttin hielt. Wenn dies später damit begründet wurde, man folge hier Muhammeds Beispiel, der die Katzen geliebt habe, so ist das nur ein Versuch, die heidnische Sitte als muhammedanische umzudeuten und erweist sich um so mehr als Erfindung, als die Achtung vor der Katze bei den christlichen Kopten fast noch größer ist als bei ihren muhammedanischen Mitbürgern.

Unter den heiligen Tieren der ersten Klasse sind vier von besonderer Bedeutung gewesen und werden von den griechischen Schriftstellern ebenso wie von den Inschriften sehr häufig erwähnt, es sind der Apis-Stier, das Suchos-Krokodil, der Phönix und die Sphinx, erstere beiden wirklich vorhandene, an ihren Kultorten lebende Tiere, letztere dagegen Fabelwesen, die nur in der Phantasie ihrer Anhänger ein Dasein führten.

Apis, ägyptisch ḥapi, war der Name des heiligen Stieres in Memphis, dessen Verehrung so alt ist wie die ägyptische Geschichte. Schon unter den Königen der vierten Dynastie treten seine Priester auf und von da an wird seiner bis in die späteste Zeit gedacht; unter dem Kaiser Hadrian wird von Unruhen berichtet, die bei Gelegenheit der Auffindung eines neuen Apis eintraten und noch unter Julian ward ein Apis feierlich in seine Stellung eingeführt. Der Apis war erzeugt worden durch einen Mondstrahl, der eine Kuh getroffen hatte, er war damit ein Sohn der Gottheit, die in diesem Mondstrahle zur Erde niederstieg; der Mensch erkannte das auserwählte Tier an seinen Zeichen und galt es, wenn der alte Apis gestorben war, den neuen aus den ägyptischen Herden herauszufinden. Dann durcheilten Priester

7 *

das ganze Land und suchten oft jahrelang, ehe sie das Tier entdecken konnten. Reiche Belohnung wurde seinem Besitzer zuteil,
hohe Achtung der Mutter des Stieres, der ein eigener Tempel errichtet war, und auch der Entdecker des Stieres erhielt große
Geldsummen, bisweilen bis zu 100 Talenten Gold. Das Tier ward
nach Nilopolis in Unterägypten geführt und hier so weit abgerich-
tet, als erforderlich schien, um es nach Memphis selbst bringen
zu können, was beim Mondaufgange in der vergoldeten Kabine
einer heiligen Barke geschah. Seine Behausung war im Ptaḥ-
Tempel, hier erbaute ihm der König Psammetich einen prächtigen Hof, in dem man zu Strabos Zeit das Tier herumspringen
sehen konnte, wenn man sich nicht damit begnügte, durch ein
Fenster einen Blick in seinen Stall zu werfen.

Groß waren die Ehren, die dem Tiere zu teil wurden, die
Pharaonen verwendeten bedeutende Summen auf seinen Kult,
Alexander der Große und noch Titus hielten es für nötig, ihm
ihre Opfer darzubringen. Besonders berühmt war es durch seine
Orakel, die es in verschiedenster Weise erteilte. Als es dem bekannten Astronomen Eudoxus von Cnidus das Gewand beleckte,
bedeutete dies dessen Tod; ein gleiches Schicksal ward Germani-
cus vorhergesagt, als das Tier nicht aus seiner Hand fressen
wollte. Das Brüllen des Stieres bereitete auf die Eroberung Ägyptens durch Augustus vor. Auf andere Fragen erwiederte er, indem er bald in dieses, bald in jenes zweier ihm zur Verfügung
gestellten Gemächer eintrat; wieder andere Fragen wurden durch
Träume beantwortet, die er den im Tempel Schlafenden schickte
und die sich diese durch heilige Erklärer deuten ließen. Wieder
andere stellte man dem Stiere selbst und lauschte dann auf die
Stimme der Kinder, die vor dem Tempel spielten; aus ihren Worten vernahm der gläubige Frager die Antwort in rhythmischer
Form. Prophezeiungen im allgemeinen konnte man vernehmen,
wenn der Stier bei Umzügen ausgeführt wurde, „dann sangen die
hn begleitenden Jünglinge bis sie der Geist ergriff und sie pro-
phezeiten, während der Apis Anbetung fordernd verständnisvoll
umherblickte."

So lebte der Apis im Tempel, bis er eines natürlichen Todes
verschied. Trat dieser ein, so war die Trauer in Ägypten groß,
eierlich ward das Tier einbalsamiert und dann zu seiner letzten
Ruh estätte geleitet. Durch eine Entdeckung Mariettes ist dieselbe

bekannt geworden, wenigstens soweit sie die Tiere seit der Mitte
der 18ten Dynastie, d. h. seit etwa dem Jahre 1500 v. Chr. aufgenommen hat. Hier stehen in einzelnen Kammern, die sich zum
Teil an ein ausgedehntes System von Gängen anschließen, zum
Teil aber auch isoliert unter kleinen Kapellen angelegt sind,
die riesigen, meist aus einem Stein gefertigten, durchschnittlich
65000 Kilogramm schweren Särge der Tiere. In einzelnen Särgen
lagen noch die Stiere, eine Kammer war seit dem Altertume ganz
unberührt geblieben, so daß man noch die Fußspuren des letzten
Ägypters, der sie vor etwa 3000 Jahre verließ, erkennen konnte.
Vor und in den Kammern waren zahlreiche Stelen und Statuetten
aufgestellt, welche Widmungen an den toten Apis enthielten und
von Leuten herrührten, die kurz nach dem Tode des Tieres hier
her gewallfahrtet waren, um ihm noch einmal ihre Ehrfurcht zu
bezeigen in der Hoffnung, dadurch den Gott zu Gegenleistungen
aller Art zu veranlassen. Die Seele des Tieres, der Osiris-Apis
ward in den Himmel aufgenommen und später fast ganz als
Doppelgänger des Osiris aufgefaßt; in dieser Gestalt haben ihn
die Griechen kennen gelernt, Züge des Pluto und des Asklepios
mit ihm verschmolzen und den so entstandenen halbägyptischen,
halbgriechischen Gott als Serapis bezeichnet. Dieser Gott hat
mit seiner Verehrung im römischen Kaiserreiche eine ungemein
große Rolle gespielt, in allen Provinzen erscheinen seine Anhänger, so gut wie überall, wohin die römischen Legionen vordrangen,
finden sich Inschriften mit seinem Namen. Er trat als Genosse
der Isis auf, deren eigentlichen Gemahl Osiris er fast ganz ver-
drängte. Seine Anhänger waren es, die es zur Ausübung der
richtigen Verehrung für nötig hielten, ägyptische Gegenstände in
den Tempeln und in ihren Häusern aufzustellen, ihnen ist es zuzuschreiben, daß sich so häufig in dem ehemals römischen Gebiete
echtägyptische Altertümer aller Art, von den Obelisken an abwärts bis zu den kleinsten Amuletten gefunden haben.

Suchos, ein Krokodil, in dem Sebâk sich verkörperte, lebte
in einem See bei Krokodilopolis im Fayum und war gegen die
Priester zahm. Einen Besuch bei ihm schildert der Reisende
Strabo, der unter dem Kaiser Augustus in Ägypten sich aufhielt,
mit den Worten: „Mein Gastfreund, ein sehr angesehener Mann,
der uns in Krokodilopolis die heiligen Dinge zeigte, ging mit uns
an den See; er hatte von der Mahlzeit einen kleinen Kuchen, ge-

bratenes Fleisch und ein Fläschchen Honigwein mitgenommen.
Wir fanden das Tier am Ufer liegend; die Priester gingen zu ihm,
einer öffnete seinen Rachen, einer steckte den Kuchen hinein,
dann das Fleisch und goß hierauf den Wein. Nun sprang das
Tier in den See und schwamm an das jenseitige Ufer. Unterdessen kam ein anderer Fremder, der eine gleiche Gabe bei sich
hatte; da nahmen die Priester dieselbe in Empfang, gingen um
den See herum und als sie das Tier gefunden hatten, da gaben
sie ihm das Mitgebrachte in derselben Weise." Wie der Apiskult,
so hat sich auch die Verehrung des Suchos oder wie er später
hieß, Petesuchos „die Gabe des Suchos" lange Zeit erhalten, noch
200 n. Chr. wird ein Priester des Tieres erwähnt. Mit dem Apis
teilte es auch die prophetische Begabung; als es sich eines Tages
weigerte, auf den König Ptolemäus zu hören und bei der Gelegenheit selbst die Priester nicht beachtete, da war das ein Zeichen
des baldigen Todes des Herrschers. Seine letzte Ruhestätte fand
das sorgsam einbalsamirte Amphibium in den unterirdischen Ge-
mächern des Labyrinths und galt der Raum als so heilig, daß
sein Besuch Herodot, als er in diese Gegenden kam, verwehrt
wurde.

Der Phönix, den die römischen und christlichen Künstler
gern als Adler darstellen, hatte nach ägyptischer Anschauung
vielmehr die Gestalt eines Reihers und war besonders gekennzeichnet durch zwei lange Federn am Hinterkopfe , zu denen bisweilen noch ein Federbüschel vorn an der Brust trat; sein Name
war bennu, was den sich Umwendenden, den Zurückkehrenden
bezeichnet. Das Tier entstand nach der Sage auf der Spitze eines Baumes in Heliopolis während eine Flamme emporloderte und
zeichnete sich durch seinen schönen Gesang aus, dem sogar die
Sonne gerne lauschte. Es war Râ geweiht, denn es ist eine Form
der Morgensonne, die im Feuer der Morgenröte entsteht; wenn
diese erlischt, dann fliegt die Sonne neugeboren am Himmel empor. Aber wenn die Sonne stirbt, dann wird sie zum Osiris und
ihre einbalsamierte Leiche wird nach Heliopolis gebracht, wo aus
ihr die neue Sonne entsteht, so wird der Phönix zugleich eine
Form des Osiris, in dessen Gestalt er zur Heimat zurückkehrt.
Wie aber die Sonne stirbt und aus der Osiris-Sonne die Phönix-
Sonne entsteht, so geht es auch dem Menschen, auch bei ihm

entwickelt sich aus dem Osiris das neue Leben und darum wird
der Tote dem Phönix gleichgestellt, dieser wird zu einem Zeichen
der Auferstehung. Als solches ist er zu den klassischen Völkern
und weiter zu den Christen gelangt, als solches wird er bei den
Kirchenvätern erwähnt und in den ältesten christlichen Darstellungen abgebildet.

Die Sphinx der Ägypter hat mit der griechischen nur den
Namen gemein. Als die ersten Griechen in das Nilthal gelangten,
als sie hier Gestalten von Tieren mit Menschenköpfen erblickten,
da war es nur natürlich, daß sie sich erinnerten, daß auch in ihrer Heimat einst ein derartiges Wesen gehaust haben sollte; sie gaben den ägyptischen Gestalten dessen Namen unbekümmert darum,
daß von einer thatsächlichen Ähnlichkeit nicht die Rede sein
konnte. Die Sphinx der Ägypter gilt als Wächter eines Heilig-
tumes oder Gottes und nimmt daher der Wächter der Unterwelt,
der Schützer des Gottes Râ, der Gott Aker mit Vorliebe die Gestalt einer Löwensphinx an, wenn er auszieht die Feinde des
Sonnengottes zu vernichten. Wie die geflügelte Sonnenscheibe
über dem Tempelthore schon durch ihr Dasein jeden Bösen verhinderte, in die geweihten Räume einzutreten, so wehrte das vor
dem Bau liegende Bild der Sphinx jeden Gegner des Gottes von
der Pforte seiner Behausung ab. Und im Grabe spielten die besonders in später Zeit hier aufgestellten Sphinxe die gleiche Rolle:
„Ich beschütze deine Grabkapelle", ruft eine solche [16]) dem Toten zu, „ich bewache deine Grabkammer, ich wehre ab den fremden Eindringling, ich werfe zu Boden die Feinde samt ihren
Waffen, ich vertreibe den Bösen aus deiner Grabkapelle, ich vernichte deine Widersacher in ihrem Schlupfwinkel, dann verschließe
ich denselben, so daß sie nicht mehr hervorkommen."

Die Sphinx im eigentlichen Sinne des Wortes war ein vier-
füßiges Tier mit Menschenkopf, das in der Wüste sein Dasein
führte, in ihm verkörperte sich gerne der Sonnengott Râ, wenn
er seine Freunde und Anhänger beschützen wollte. Diese Bedeutung hat das Riesenbild der Sphinx, das sich 20 m hoch aus
natürlichem Fels gearbeitet neben den Pyramiden von Gizeh aus
dem Wüstensande erhebt. In unbekannter Vorzeit gefertigt, lag
es schon unter dem Erbauer der zweiten Pyramide Chephren an
dieser Stelle und bewachte das Gräberfeld vor feindlichen Dämonen; sein Auge war nach Osten gerichtet, wo die Sonne aufging,

deren Gott auch in ihm sich offenbart hatte, denn die Morgensonne, welche die Nebel der Nacht verscheucht, ist es vor allem, der
die Sphinx geweiht ist, die daher neben dem Namen Râ-Harmachis
gern den des Xeperá führt. Zwischen ihren Vorderpfoten lag ein
kleiner Tempel, zu dem Treppen hinaufführten und in dem Stelen und Inschriften von ihrer Verehrung Zeugnis ablegten. Zugänglich war der Bau freilich nur selten. Wie noch jetzt, so
lag bereits im Altertume die Sphinx im Bereiche der Wüste und
des Flugsandes, mehrfach ward sie von letzterem bedeckt. Eine
Stele ist erhalten geblieben, die berichtet, wie der Gott Harmachis
selbst eines Tages, als der König Thutmes IV. auf der Jagd seinen Mittagsschlaf bei der Sphinx hielt, diesem im Traume erschien
und ihn aufforderte, sein Bild ausgraben zu lassen. Die Arbeit
des Königs brachte keinen dauernden Gewinn. Bald hatte der
Sand das Bildwerk und mit ihm die Stele, auf der der König
sein Thun hatte aufzeichnen lassen, von neuem bedeckt. Ramses II.
scheint die Sphinx wieder ausgegraben zu haben, denn sein Name
erscheint in dem Sphinxtempel, dann verschwand sie wieder,
Herodot gedenkt ihrer nicht, während spätere griechische Texte
sie erwähnen. In unserem Jahrhundert hat man mehrfach den
Sand weggeschafft, aber stets ist er wiedergekehrt und nur das
majestätische, leider durch die Araber stark verstümmelte Gesicht
des Bildnisses schaut über das Sandmeer als „Vater des Schreckens",
wie es die Umwohner gleichsam in Erinnerung an seine uralte
Bedeutung nennen. Dieser wird es so gut gerecht, daß es die
Reisenden schon lange vor der Entzifferung der Hieroglyphen,
lange ehe man den eigentlichen Sinn der Sphinx kennen lernte,
oftmals als das Bild des Wächters des Grabfeldes bei den Pyramiden bezeichneten.

Die Zahl der erhaltenen Sphinxe aus dem alten Reiche ist
sehr gering, häufig werden sie in der zwölften Dynastie und bleiben dann bis zu den Ptolemäern herab beliebt. Ihr Gesicht ist
das des augenblicklichen Herrschers, aus demselben Grunde, der,
wie bereits bemerkt, die Ägypter veranlaßte, den menschlichen
Köpfen ihrer Götter die Züge des Pharao zu geben. Da es sich
meist um Könige handelt, so sind die Sphinxe gewöhnlich männlich,
wie auch schon Herodot von den männlichen Sphinxen des Amasis
zu Sais berichtet; daneben kommen aber auch, wenn Köni-
ginnen als Stifterinnen auftreten, weibliche Sphinxe vor und dies um

so mehr, wenn die Sphinx gleichzeitig eine Göttin darstellen sollte. Ihr Bild blieb nämlich nicht ausschließlich eine Incorporationsform des Râ, es wurde, wie erwähnt, auch vom Gotte Aker gewählt, wenn er als Wächter auftreten wollte, und ebenso handelten andere schützende Gottheiten, wie beispielsweise gelegentlich Isis als Schützerin ihres Gatten Osiris.

Hieraus erklärt es sich, daß die Sphinxe bisweilen andere als menschliche Köpfe tragen, wie den eines Sperbers, es sind dies dann die üblichen Köpfe des Gottes, als dessen Verkörperung sie gelten, bezw. die Köpfe seines heiligen Tieres. Nicht zu verwechseln mit diesen Gestalten sind dagegen die Widder, Löwen und andere Geschöpfe, die sich an andern Stellen in Ägypten vor Tempeln und als Amulette vorfinden, sie sind nichts anderes als die Bilder der heiligen Tiere selbst, in denen die Incorporation der Götter erfolgte, sie haben genau die gleiche Bedeutung wie Bildnisse der betreffenden Götter. Die Übertragung des Namens Sphinx auf sie ist sachlich nicht berechtigt. Daß man überhaupt auf diesen Gedanken kam, hat seinen Grund nur darin, daß diese Gestalten und die Sphinxe in der ägyptischen Architektur eine gleiche Verwendung fanden.

Der ägyptische Tempel hatte als solcher einen doppelten Zweck zu erfüllen. Einmal war er die Behausung des Gottes oder richtiger seines heiligen Tieres, die zugleich Räume für seine Verehrer darbieten mußte, wenn sich dieselben zum Gebet oder Opfer vereinigten, dann aber war er eine Festung, in der sich der Gott und seine Anhänger gegen Feinde verteidigen konnten. Diese letzte Bedeutung stammt jedenfalls aus der vorgeschichtlichen Zeit Ägyptens, in der Nomos mit Nomos um die Macht kämpfte und noch kein Pharao die Streitigkeiten der kleinen Bezirke schlichtete und blutige Ausbrüche der Einzelinteressen und Parteileidenschaften verhinderte. Damals wird die Eroberung eines Ortes, wie noch jetzt bei wilden Stämmen, zur Vernichtung seines Gottes, zur Abschlachtung des heiligen Tieres geführt haben. Der Ägypter verfuhr damals ebenso, wie später Cambyses, als er den Apis zu töten versuchte, oder Ochus, als er den heiligen Stier und den mendesischen Widder umbringen ließ. Um solches zu vermeiden, mußte der Aufenthaltsort des Gottes zugleich der festeste Punkt seines Bezirkes sein, die Citadelle, in der sich seine Anhänger zum letzten Kampfe zusammen scharten. Dieser Festungscharakter des Tempels ist von den Bewohnern des Nilthales auch dann noch festgehalten worden, als bei wachsender Einheit des Reiches und bei zunehmender Anerkennung der Berechtigung aller, auch der nicht unmittelbar dem Einzelnomos angehörigen Götter, die Gefahr der Vernichtung der Tempel und ihrer Götter geschwunden oder doch sehr vermindert war. Der Grundplan des Tempels ist im großen und ganzen von den ältesten bis zu den jüngsten Zeiten unverändert geblieben.

Der wichtigste Raum des Baues war das Sanctuar, das den Naos enthielt, einen viereckigen, nach vorn offenen, durch ein Gitter verschließbaren Kasten, der als Käfig des heiligen Tieres oder als Aufenthaltsort der göttlichen Incorporation in Stein- oder sonstiger Gestalt diente; in Tempeln, in denen ausnahmsweise mehrere Götter als gleichberechtigt verehrt wurden, konnten statt des einen Sanctuars mehrere vorhanden sein, die dann nebeneinander lagen. Um diese Räume herum lagen Kammern, die dunkel zu sein pflegten und in denen man das Tempelgerät, die heiligen Gewänder, Prozessionsbarken, Standarten u. dgl. aufbewahrte. Vor dieser Anlage befand sich ein Hof, dessen Dach von Säulen getragen wurde und der von oben sein Licht empfing, also halbdunkel war, eine schmale und nicht hohe Thür verband ihn mit dem Sanctuar. Kaum größer war die Thür, die auf der entgegengesetzten Seite herausführte in einen zweiten ungedeckten Hof, über dem der Himmel sich wölbte. Nur an seiner rechten und linken Seite pflegen Säulengänge zu laufen, selten geht auch in der Mitte ein solcher. Den Abschluß dieses Hofes bildet ein monumentales Thor. Auch hier ist der Eingang klein, aber — und dies pflegt auch bei dem Thor zwischen dem ersten und zweiten Hof der Fall zu sein — an seinen Seiten erheben sich gewaltige, nach den Seiten leicht abgeschrägte, breite Turmanlagen, von deren Brustwehren sich der Eingang leicht verteidigen ließ; diese Anlagen sind die sogenannten Pylonen. In die eigentliche Thür pflegten Holzthore eingelassen zu sein, die, mit edlen Metallen beschlagen, in der Sonne glitzerten. Außer diesem Eingang führten in den Tempel nur kleine Seitenthüren, die man leicht verrammeln oder gegebenen Falls zu Ausfällen benutzen konnte.

Vor dem Pylon standen meist Obelisken, je einer auf jeder Thürseite, dahinter je eine sitzende Statue des den Tempel gründenden Königs, neben der je vier hohe Stangen, an denen oben

bunte Fähnchen wehten, sich befanden. Ihr Zweck war, auf my-
stischem Wege das Böse vom Tempel abzuhalten, ein Zweck,
dem auch das über der Thür angebrachte Bild der geflügelten
Sonnenscheibe diente. Die Wände aller dieser Tempelteile, vom
Obelisken an bis zum Sanctuar, sind mit Darstellungen geschmückt,
die nach einem bestimmten Schema angeordnet zu sein pflegen.
In der Hauptsache bilden sie eine Art Vademecum für den den
Tempel betretenden König und stellen die verschiedenen Ceremonien dar, die er selbst vorzunehmen hatte. Sie beginnen an der
Thür und gehn dann voran bis zum innersten Raume; stets entsprechen sich die rechte und linke Wand in den Darstellungen, fast
immer blickt der anzubetende Gott nach außen, während der König
nach innen zu schreitet. Verhältnismäßig selten wird die regelrechte Folge durch historische Texte, durch Schlachtendarstellun-
gen und ähnliches unterbrochen, diese brachte man lieber an
den Außenwänden des Tempels an. Zu dem Tempel aber gehörten dieselben, denn jeder Krieg galt dem Ägypter als ein heiliger.
Der Gott selbst ordnete an, gegen welches Volk man ziehen solle,
er gab bis in das Einzelne gehende Ratschläge, befahl beispielsweise, der König dürfe nicht persönlich mit in die Schlacht ziehen, eine Anordnung, die sich der betreffende Herrscher Meren-
ptah, der sich nicht durch persönlichen Mut auszeichnete, gern
gefallen ließ. In andern Fällen kämpfte der König mit und
dann schwebte der Gott als Vogel über ihm, ihn schützend und
ihm Sieg verleihend; im Augenblicke der Gefahr nahm er sogar
Menschengestalt an und focht neben dem Pharao. Da der Gott den
Krieg geleitet hatte, ward ihm auch von dem siegreichen Herrscher das Beste der Beute dargebracht, Geld, Sklaven, die Ein-
künfte ganzer Städte wurden ihm verliehen, die Kriegsthaten aber
und besonders den Sieg zeichnete man in der Behausung des Gottes auf, waren es doch dessen Thaten, die hier berichtet wurden
und war doch der König sein Sohn, der als sein Werkzeug für
ihn gefochten hatte. Fast regelmäßig erscheint eine Siegesscene
an der Vorderwand der Pylone, hier erblickt man den König, wie
er vor dem Gotte eine Reihe von Gefangenen, die flehentlich um
Gnade bitten, niederschlägt. Dies stellt einmal einen wirklichen
Vorgang aus der Geschichte des Pharao dar, dann aber war es
zugleich ein abschreckendes Beispiel für jeden Feind des Gottes,

der hier sah, wie es ihm ergehen würde, wenn er sich der göttlichen Macht widersetzte.

Die bisher besprochenen Tempelanlagen befanden sich innerhalb einer meist aus Erde aufgeschütteten Umwallung, die bisweilen mehrere Tempel, Haine, in denen Vögel nisteten, Seen,
auf denen die Tempelbarken umherfuhren und das Osirisfest gefeiert ward, Wohnungen für die Priester und, wie es scheint, gelegentlich auch Palastanlagen umschlossen. Thore gewährten
den Pylonenthüren gegenüber Einlaß in den heiligen Umkreis.
Zu diesen Thoren führten heilige Straßen, auf denen die Umzüge
mit den Bildern der Götter stattfanden, die Begräbnisse sich bewegten und der König zum opfern hinzog. Zu dem Nil herab
waren mit den Straßen verbundene Treppen angelegt, an deren
Fuß die nur dem Tempel und dem Totenkulte dienenden Barken
ankerten. Diese Wege pflegen eingefaßt zu sein von Sphinxen
und noch häufiger von den Bildern des heiligen Tempeltieres, in
Theben also gewöhnlich des Widders, die in regelmäßigen Ab-
ständen von einander aufgerichtet standen. Tausende solcher
Tierbilder waren vorhanden, ihre Inschriften preisen den König,
der sie weihte, und zwischen den Beinen hielten sie bisweilen
das Bildnis eben dieses Herrschers. Sie bewachten die heilige
Straße und umgränzten das heilige Gebiet des Gottes, der bei
Umzügen nirgends sein Eigentum zu verlassen brauchte, denn die
Straßen führten mitten hindurch durch die Städte und durch das
Fruchtland von Tempel zu Tempel, und sogar bis zu den Einbal-
samierungsstätten und den Gräbern, denn auch der Tote, den
man dorthin geleitete, war ein Gott geworden, der nicht mehr
ungeweihten Boden betreten sollte.

Die Schranken, welche die Sphinxreihen bildeten und die
Tempelumwallungen darboten, waren die einzigen, die im Nilthale
den Gott von den Menschen schieden. Wer reines Herzens, wer
ein Freund der Götter war, durfte bei Festen die Straßen benutzen und mit den Umzügen eintreten in die Tempel, er durfte
den Gesängen der Priester lauschen und ehrfurchtsvolle Blicke
hineinwerfen in das Allerheiligste, in dem in geheimnisvollem, nur
durch Lampen erhellten Dunkel der Gott in seiner Tiergestalt
sich bewegte. Jeder Ägypter konnte hier eintreten, eine Trennung
des Volkes in Esoteriker, die die tiefere Kenntnis der Religion
besessen hätten, und in Exoteriker, die nur von außen den hei-

ligen Handlungen beiwohnen, den Tempel oder gar die Innen-
räume aber nicht betreten durften, kennen die Inschriften nicht,
so oft neuere Gelehrte auch davon zu erzählen gewußt haben.
Selbstverständlich wird man ebenso wenig wie bei uns jeden beliebigen Menschen ohne weiteres in den Tempel gelassen und ihm
gestattet haben zu dem Allerheiligsten zu treten; es gehörte dazu
eine gewisse Vorbereitung, die besonders in Gebeten, in Fasten
und Waschungen bestand, ausgeschlossen war aber von den Geheimnissen der ägyptischen Religion niemand, sie waren den
höheren Ständen so gut zugänglich wie dem Volke, wenn sich
letzteres auch wenig um dieselben bekümmert und den Priestern
die Abhaltung der Opfer überlassen haben wird. Das Volk wird
mehr an Amulette und Zauberei geglaubt haben als der Gebildete, grundsätzlich war der Glaube aller Klassen der gleiche, My-
sterien bot die ägyptische Religion nur dem, der sie nicht kannte oder
der nicht den Wunsch empfand, sich über seinen Glauben näher zu
unterrichten, was bei der Verwickeltheit und dem Widerspruchs-
vollen der Lehren freilich schwierig und zeitraubend sein mußte.

Achtes Kapitel.
Osiris und sein Kreis.

Die Sage von Osiris und Isis wird am vollständigsten von
Plutarch in einer etwa 100 n. Chr. abgefaßten Schrift [17]) berichtet, dessen Fassung unter Fortlassung unwesentlicher Züge und
der eigenen Betrachtungen Plutarchs selbst folgendermaßen lautet:
Rhea (Nut), die Gemahlin des Helios (Râ) hatte ein heimliches
Verhältnis mit Kronos (Seb) gehabt; als dies Helios bemerkte,
sprach er eine Verwünschung über sie aus, daß sie in keinem
Monate noch Jahre gebären solle. Auch Hermes (Thoth) liebte
die Göttin und pflog mit ihr Umgang; als er nun eines Tages
mit Selene Brett spielte und ihr den 70. Teil jedes Tages abge-
wann, da bildete er aus allen diesen Teilen 5 ganze Tage und
schaltete dieselben hinter den 360 Tagen des ägyptischen Jahres
ein. Am ersten dieser neu geschaffenen und von Helios' Fluch
nicht berührten Tage, entstand Osiris und zugleich ertönte eine
Stimme, der Herr aller Dinge trete an das Licht; einem gewissen
Pamyles in Theben wurde eröffnet, er sol'e die Geburt des großen
Königs, des wohlthätigen Osiris, laut verkünden und zugleich

übergab ihm Kronos den Osiris zur Erziehung. Am zweiten Tage
ward Aroëris (Hor-ur), der ältere Horus geboren; am dritten Typhon
(Set), der die Weiche der Mutter durchbrechend seitwärts heraus-
sprang, am vierten Isis, am fünften Nephthys. Osiris und Aroëris
sollen Kinder des Helios, Isis des Hermes, Typhon und Nephthys
des Kronos gewesen sein, nach einigen Angaben hätten sich Osiris
und Isis so sehr geliebt, daß sie bereits im Mutterleibe Umgang
pflogen, diesem sei Aroëris entsprossen. Jedenfalls waren später
Osiris und Isis vermählt, ebenso wie Typhon und Nephthys.

Als Osiris zur Regierung kam, änderte er sogleich die ärm-
liche und tierähnliche Lebensweise der Ägypter, zeigte den Bau
der Feldfrüchte, gab Gesetze und lehrte die Götter ehren. Später
durchzog er die ganze Welt um die Sitten zu mildern, wobei er
kaum der Waffen bedurfte, sondern die meisten durch Überredung
und Lehre, durch Gesang und Musik gewann, weshalb ihn auch
die Griechen für denselben wie Dionysos halten. So lange er
abwesend war, unternahm Typhon keine Neuerung, da Isis sehr
auf der Hut war und ihm kräftig entgegentrat, bei seiner Rückkehr
aber stellte er Osiris mit List nach, wobei er als Mitverschworene
72 Männer und eine Königin aus Äthiopien Aso hatte. Er nahm
heimlich das Maß des Körpers des Osiris und fertigte nach diesem
einen schönen, reichgeschmückten Kasten, den er zu dem Gast-
mahle mitbrachte. Als ihn nun alle bewunderten, versprach
Typhon, wie im Scherze, den Kasten dem zu schenken, der darin
liegend ihn genau ausfüllen würde. Alle nach einander versuchten
es, endlich stieg auch Osiris hinein und legte sich hin. Da spran-
gen die Verschworenen hinzu, warfen den Deckel zu, verschlossen
ihn von außen mit Nägeln, gossen heißes Blei darüber, trugen
ihn an den Fluß und sandten ihn durch die Tanitische Mündung
in das Meer. Es war am 17. des Monats Athyr als dies geschah,
im 28. Jahre des Lebens, oder wie andere angeben, der Regierung
des Osiris.

Isis trauerte tief, als sie die Nachricht von dem Geschehe-
nen erhielt und irrte überall umher, nach dem Körper des Gatten
suchend, bis sie von einigen Kindern erfuhr, durch welche Nil-
mündung der Kasten in das Meer gelangt sei. Darauf erfuhr sie
weiter, daß Osiris einmal seiner Schwester Nephthys beigewohnt
habe als wenn dieselbe Isis wäre, sie suchte das dieser Verbindung entsprossene Kind auf, nährte es und gewann in ihm, das

den Namen Anubis erhielt, einen Wächter und Gefährten. Der
Kasten mit Osiris war unterdessen in Byblos an das Land getrieben worden, eine prachtvolle Erika, die in der Nähe stand, um-
schloß ihn schnell aufwachsend mit ihrem Stamme. Als diesen
der König des Landes sah, ließ er ihn samt dem Sarge, dessen
Vorhandensein er nicht ahnte, abschneiden und als Säule in seinem
Hause aufstellen. Isis kam nun selbst nach Byblos, durch den
Wohlgeruch, den sie von sich gab und den Mägden des Königs
einflößte, erlangte sie Zutritt in den Palast und ward zur Amme
des Kindes des Königs ernannt.

Die Göttin nährte das Kind, indem sie ihm statt der Brust
den Finger in den Mund steckte, und verbrannte nachts die sterblichen Teile seines Körpers, während sie selbst, in eine Schwalbe
verwandelt, klagend die Säule umflog, bis einst die Königin Astarte,
die sie beobachtete, laut aufschrie als sie ihr Kind in den Flammen sah und dasselbe so der Unsterblichkeit beraubte. Die Göttin
offenbarte sich jetzt und verlangte jene Säule, leicht zog sie dieselbe unter dem Dache fort und schnitt die Erika rings um den
Sarg ab. Die Säule wickelte sie in ein Leintuch, goß Myrrhen darüber, gab das Ganze dem Könige und schuf so das von den Bybliern
bis in späte Zeit verehrte Holz der Isis; dann warf sie sich über
den Sarg, schluchzte laut und nahm ihn endlich mit sich auf ein
Schiff. Erst als sie in die Einsamkeit gelangt war, öffnete sie den
Kasten, legte ihr Gesicht an das des Toten, küßte ihn und weinte.

Hierauf verbarg sie den Sarg und reiste zu ihrem Sohne
Horos, der in Buto in Unterägypten erzogen wurde. Typhon,
der in der Nacht bei Mondlicht jagte, fand den Sarg, erkannte
den Körper, zerriß ihn in 14 Teile und streute dieselben umher.
Sobald dies Isis erfuhr, begab sie sich auf einen Kahn, durchfuhr
das Delta und suchte nach den einzelnen Teilen; mit Ausnahme
des Gliedes entdeckte sie alle, an jeder Fundstätte ward ein
Osirisgrab errichtet. Unterdessen war Horus erwachsen und rü-
stete sich zum Kampfe gegen Typhon; derselbe dauerte viele
Tage und endete mit dem Siege des Horus. Isis aber, der man
den gefesselten Typhon übergab, tötete denselben nicht, sondern
entließ ihn. Voll Entrüstung riß Horus der Isis die Krone vom
Haupte oder richtiger hieb ihr das Haupt ab, Hermes setzte ihr
statt dessen einen Kuhkopf auf. Isis gebar später noch von
Osiris, der nach seinem Tode mit ihr Umgang pflog, den vorzei-

tigen, an den untern Gliedern nicht entwickelten Harpocrates (Hor pe χrut „Horus das Kind").

Dies ist der Bericht Plutarchs, der als fortlaufende Erzählung auf den Monumenten sich nicht nachweisen läßt. Trotzdem ist er durchweg altägyptisch, fast jeder seiner Einzelzüge wird gelegentlich erwähnt, fortdauernd wird auf denselben angespielt; offenbar war der Mythus so allgemein bekannt, daß man eine ausführliche Wiedergabe für unnötig hielt. Jedenfalls ist er kein Mysterium gewesen, wie man auf Grund herodoteischer Andeutungen oft hat behaupten wollen, das beweist am besten das der Zeit der 19. Dynastie entstammende Märchen von den beiden Brüdern, welches bei seiner Erzählung eine Reihe von Zügen des Mythus verwendet, die teilweise dem Hörer des Märchens unverständlich gewesen wären, hätte er nicht den Osirismythus fest im Gedächtnis gehabt. Nur auf wenige besonders wichtige inschriftlich beglaubigte Züge sei im einzelnen hingewiesen.

Die Geburt der fünf Götter des Osiriskreises an den sog. Epagomenentagen, d. h. den fünf Tagen, die der Ägypter an den Schluß der 12 je dreißigtägigen Monate seines Jahres setzte, um ein annähernd richtiges Jahr zu erhalten, wurde schon früh in den Tempeln als hohes Fest gefeiert; der dritte Tag, an dem Typhon geboren ward, galt dabei als einer der gefährlichsten Unglückstage. Auf die Güte des Osiris deutet vor allem hin seine Bezeichnung als Un-nefer „das gute Wesen", welche seinen gewöhnlichsten Titel und einen seiner Königsnamen bildet. Seine Ermordung am 17. Athyr wird bestätigt durch eine Notiz des der 19. Dynastie entstammenden Papyrus Sallier IV, welcher auf diesen Tag die Osirisklage in Sais setzt, ein Zusammentreffen, welches um so beachtenswerter ist, als der größte Teil der ägyptischen Texte den Tod des Gottes und die Klage um ihn auf die letzten Tage des Monats Choiak verlegt. Diese auf den ersten Blick sehr auffallende Verschiedenheit in der Datierung erklärt sich daraus, daß in Osiris zwei Gottesgestalten in einander geflossen sind, der sterbende und tote Rä und der menschenähnliche Götterkönig. Ersterer starb Ende Choiak an dem kürzesten Tage des Jahres, auf welchen auch andere Völker den Tod und dann die Wiedergeburt der Sonne, die auch bei Rä gleich nach dem Tode eintritt, setzen, während für den König Osiris das Todesdatum auf Grund anderweitiger Erwägungen gewählt werden

konnte. Besonders in späterer Zeit, als man in allen Gottheiten
die Sonne wiederzufinden suchte, ward der Gedanke an den Athyr
sehr zurückgedrängt, doch blieb diese Datierung, wie ihr regel-
mäßiges Auftreten bei den klassischen Autoren beweist, dauernd
bekannt, die älteste Anspielung auf den Tod des Osiris im Monate Choiak findet sich in einer Inschrift der 18. Dynastie. [18])

Die Verschmelzung von Râ und Osiris hat auch nach andern
Richtungen hin auf die Auffassung des Gottes eingewirkt und
seine ursprüngliche Bedeutung verwischt. Letztere war die eines
Idealmenschen, bez. Königs, dessen Leben das Vorbild anderer
sein sollte, dessen Tod zeigte wie jeder sterben müsse, auch der
beste, dessen Weiterleben in der Unterwelt aber andererseits be-
wies, daß jeder Mensch durch Tugend ein ähnliches Fortbestehen
seines Ichs werde gewinnen können. Eine eigentlich göttliche
Stellung hat dieser ursprüngliche Osiris während seines Lebens
nicht besessen, wenn er auch von Göttern abstammte. Später
hat man gesucht ihm eine solche zuzuschreiben, so behauptet
eine Inschrift [19]) der 18. Dynastie „er sei der Schöpfer der Welt,
die er bildete mit seiner Hand, mit ihrem Wasser, ihrer Luft,
ihren Kräutern, all ihren Viehherden, allen Vögeln, ihrem Gewürm,
ihren Vierfüßlern“, läßt ihn also das Werk verrichten, welches
nach der gewöhnlichen Annahme Râ ausgeführt hatte und giebt
ihm eine Stellung, die zu seiner Legende logischer Weise nicht
paßt. Und doch spielt ebenderselbe Text auf diese Legende in
längerer Ausführung an und bemerkt: „Isis die glänzende, die
Rächerin ihres Bruders (Osiris) suchte ihn und ruhte nicht während sie dies Land durchstreifte voller Trauer, nicht blieb sie
stehn, ehe sie ihn gefunden hatte; Licht machte sie mit ihren
Federn, Wind machte sie mit ihren Flügeln, die beim Begräbnisse
üblichen Lobpreisungen brachte sie ihm dar, sie entnahm dem
Gotte sein Wasser und bildete ihm einen Erben, sie nährte
das Kind mit einem ihrer Arme u. s. f.“ Das betreffende Kind
ist dasselbe, welches die Griechen Harpocrates nennen und nach
Osiris Tode empfangen werden lassen.

Die Irrfahrten der Isis waren besonders in späterer Zeit ein
beliebter Stoff für ägyptische Sagen. Es wird beispielsweise [20])
erzählt, Set habe nach dem Tode des Osiris die Isis mit Horus
in einem Hause eingesperrt, auf Rat des Thoth entfloh dieselbe
samt ihrem Kinde. Die Episoden der Flucht werden genau be-

richtet, interessant ist dabei, daß sich einmal Isis in eine Kuh verwandelt und Horus in einen Apis-Stier, um vereint nach dem Orte Apis im libyschen Nomos sich zu begeben, „um zu schauen den Gott Osiris." Weder die Verwandlung in das Tier noch der Besuch der betreffenden außerhalb des Weges der Göttin liegenden Stadt hat innerhalb der Osirismythe einen Sinn, sie sind entlehnt der Sage vom Gotte Râ, der sich bei seiner Abdankung auf einer Kuh nach eben diesem Orte „der Behausung der Kuh" zurückgezogen hatte.

In diese Berichte hineinverflochten werden dann Züge aus der Erziehung und dem Jugendleben des Horus, den Isis, während sie die Leiche des Gatten suchte, der in der Stadt Buto mitten in den Sümpfen des Deltas lebenden Göttin Ua𝔥 (Leto) übergeben hatte. Vor Set war das Kind hier geschützt, aber andere Gefahren bedrohten dasselbe. Eines Tages fiel es plötzlich von einem Skorpion gestochen leblos zur Erde, da rief Isis den Gott Râ um Hilfe an und die Sonnenbarke blieb stehn, ihr entstieg der Gott Thoth mit all seiner Zaubermacht und belebte das Kind von neuem, das berufen war, als Erwachsener den Thron seines Vaters Osiris zu besteigen und dessen Tod an Set zu rächen. Auf die Episoden dieses Kampfes, der lange dauerte und durch ganz Ägypten sich hinzog, weisen die Texte gleichfalls gern hin, er wird gewöhnlich in Verbindung gesetzt mit dem Kampfe des Hor-behudet gegen die Feinde des Râ, unter denen auch Set erscheint. Der Ausgang all der Schlachten erfolgt zu gunsten des Horus, einen endgültigen Sieg vermag er aber nicht zu erringen, stets erhebt Set von neuem das Haupt und der Gedanke, zum Schluß habe Seb den Kampf geschlichtet, indem er Horus zum König von Ober-; Set zu dem von Unter-Ägypten machte und die Grenze etwas südlich von Memphis laufen ließ, scheint verhältnißmäßig jung zu sein. Logisch mußte der Kampf ewig währen, denn Horus, bez. der ihm gleiche Osiris ist das gute, Set das böse Prinzip, welche beide stets in der Welt bleiben werden, wenn auch das Gute im Einzelfalle den Sieg erringen soll. Set ist infolge dessen auch der Tod, der den guten Gott Osiris zeitweise niederwirft, aber das Gute überwindet den Tod, in der Unterwelt lebt es wieder auf, und auf dieser Erde läßt es in Horus ein ihm gleiches gutes Wesen zurück.

Lange Texte beschäftigen sich mit der Bestattung des Osiris.

Die Lieder, welche Isis und ihre Schwester Nephthys an seinem Sarge gesungen haben sollen und in denen sie ihn häufig als reinen Sonnengott darstellen, sind in mehreren von einander im einzelnen abweichenden, in den Grundgedanken aber sich entsprechenden Exemplaren erhalten geblieben ²¹). Die Feste, welche alljährlich bei der Wiederkehr des Todestages des Gottes im Monate Choiak gefeiert werden sollten und durch die seine Bestattung und seine Auferstehung dargestellt wurden, werden in einem langen Texte des Tempels zu Denderah ²²) bis in das Einzelste hinein geschildert. Bei dieser Gelegenheit werden auch die verschiedenen Orte aufgezählt, an denen sich Gräber des Osiris befanden, andere Texte ergänzen die betreffende Liste und geben zugleich an, welcher Teil des Gottes in jedem der Heiligtümer als heiliges Überbleibsel aufbewahrt und verehrt wurde. So befand sich in Memphis der Kopf, in Letopolis der Hals, in Athribis das Herz. Das Verzeichnis ist dabei nicht nach einheitlichen Grundsätzen gemacht und ist daher manches Überbleibsel doppelt vertreten, der Kopf war auch in Abydos zu finden und die Zahl der vorhandenen Beine hätte für mehrere Menschen genügt. In später Zeit gab es 42 derartiger Tempel, Serapeen, wie die Griechen sie nennen, mit einer Bezeichnung, die sie dem Serapeum zu Memphis entlehnten ohne zu beachten, welch ein großer Unterschied zwischen dem Grabe eines Osiris gewordenen toten Stieres und der Ruhestätte des menschenähnlichen Gottes Osiris selbst bestand; dem Ägypter galten sie als Heiligtümer des Osiris, „der da weilt in der Unterwelt."

Nach seinem Tode ward Osiris König des Jenseits. In dieser Stellung lag für den Ägypter seine Hauptbedeutung, er herrschte über die Verstorbenen und vor ihm fand das Gericht statt, welches über die Zulassung in sein Reich entschied. Seiner Gunst sich zu versichern, mußte demnach das Bestreben eines jeden sein. Aus diesem Grunde gelten ihm bei weitem die meisten Totengebete und Opferformeln. „Ein königliches Opfer sei dargebracht Osiris, damit er gebe allerhand Gutes, Speise und Trank der Person des Verstorbenen so und so" liest man in tausenden und abertausenden von Grabinschriften. Alle andern Götter treten in diesen Texten zurück und, wenn sie erscheinen, so wird fast immer Osiris neben oder richtiger vor ihnen genannt und angerufen. Die Gestalt 𓁹, in der man sich den Gott dachte,

war die eines Menschen; meist ist er in Mumienbinden einge-
wickelt um seine Stellung als begrabener Gott anzudeuten, nur
das grüne, mit einem langen, steifen Barte, dem Zeichen der
Göttlichkeit geschmückte Gesicht und die Hände, welche ein Zepter halten, sind frei. Auf dem Haupte trägt er eine Krone, die
sich zusammensetzt aus der Krone von Oberägypten und zwei
Federn der Wahrheit. Diese Krone besitzt ursprünglich er allein,
ein anderer Gott erhält sie nur, wenn er mit ihm verschmolzen
worden ist, wie z. B. der Osiris gewordene Râ, der als Sperber
mit dieser Krone auftritt. ²³)

Isis, die Gattin und Schwester des Osiris, erscheint als Frau,
in der Hand das Zeichen des Lebens oder eine Lotusblume an
langem Stiele, welche das gewöhnliche Zepter der Göttinnen bildet, auf dem Haupte einen Sitz ⌂. Dieser Sitz hat mit der Bedeutung der Göttin nichts zu thun, er ist das Ideogramm, mit dem ihr
ägyptischer Name Ḥes-t oder Ás-t geschrieben zu werden pflegte.
Was der Name bedeutet, ist unbekannt, die Griechen haben
an einen Zusammenhang mit dem Worte ás „alt" gedacht, die
Ägypter an einen solchen mit dem Wörtchen ás „siehe da", bei-
des wenig glückliche Erklärungen. Isis gilt als das Muster einer
Gattin und Mutter und außerdem als besonders erfahrene Zauberin, in welcher Stellung sie auch in der Râ-Sage auftrat. Als
heiliges Tier ist ihr, wie allen mütterlichen Gottheiten, die Kuh
geweiht und erscheint sie daher bisweilen mit dem Kuhkopf und
häufiger mit den Kuhhörnern auf dem Haupte ⌂. Als Göttin
wird Isis geradeso wie Osiris an unzähligen Orten, besonders in
Abydos und Mendes bez. Busiris verehrt, oft bildet sie mit ihm
und Horus eine Triade. Später war der Mittelpunkt ihres Kultes
Philae, hier erhoben sich prächtige ihr geweihte Tempel, und
noch im Jahre 453 n. Chr., also noch über 70 Jahre nach dem
berühmten Edikt des Theodosius, welches die Anbetung der
ägyptischen Götter untersagte, galt sie hier, wie eine Inschrift
beweist, als eine Gottheit. Besonders die Blemmyer brachten
ihr Opfer dar, jene wilden Nomadenstämme, welche dauernd
Ägypten bedrohten und von den römischen und byzantinischen
Statthaltern nur mit größter Mühe zurückgehalten und am Vor-
dringen bis nach Unterägypten hin verhindert werden konnten.

Nephthys, die ägyptische Neb-ḥat „die Herrin des Hauses",

tritt als Persönlichkeit in den Texten sehr zurück, sie wird gelegentlich als Mutter des Anubis, als Gattin des Set und ähnlich genannt, in mehreren Städten war ihr ein Kult geweiht, aber im Grunde ist sie nichts als eine Genossin der Isis, die mit dieser vereint die Totenklage um Osiris zu sprechen hat. Geradeso wie sie diesen einst beschützte, so sollte sie auch dem Verstorbenen freundlich zur Seite stehn. Gern wird sie in dieser Rolle geflügelt abgebildet, wie dies auch bei Isis geschieht, ihre Flügel breitet sie hinter Osiris oder dem Toten aus und schützt ihn so vor heimtückischen Angriffen. Sonst hat sie menschliche Gestalt 🜨 auf dem Haupte trägt sie ihr Ideogramm, was unbedingt nötig war, da sie sich nur durch dieses von andern Göttinnen, besonders Isis unterscheidet. Zuweilen erhält sie die Kuhhörner und die Sonnenscheibe, ohne daß man aus letzterem Umstande auf eine solare Bedeutung der Göttin Rückschlüsse ziehen dürfte.

Set, der Bruder und Mörder des Osiris [24]) ist in allem und jedem dessen Gegenteil, er ist das Böse im Gegensatz zum Guten, die Wüste in dem zum Fruchtlande, die Dürre in dem zum Nil, die Finsternis in dem zum Licht, das Ausland in dem zu Ägypten, die Krankheit in dem zur Gesundheit. Diese böse Natur des Gottes hat seine Verehrung nicht verhindert, sondern eher begünstigt; brachte man Osiris die Opfer aus Liebe dar, so galten ihm die Gebete aus Furcht, denn er war ein kräftiges und mächtiges Wesen, das den andern Göttern und dem Menschen in hohem Grade gefährlich werden konnte. Daher suchen die Könige vor allem ihn sich gewogen zu machen, im alten Reiche bereits bezeichnen sie sich als Horus und Set, als die Verkörperung der guten und der bösen Mächte, im neuen Reiche nennen sich einige sogar nach ihm und erst in den späten Zeiten überwog der Abscheu vor seiner Schlechtigkeit über die Furcht, so daß man ihm nicht mehr opferte, sondern ihn verwünschte und ihn in seinen Anhängern, den ihm geweihten rothaarigen Menschen, und in seinen heiligen Tieren, dem Krokodil, Esel, Nilpferd zu schädigen trachtete. Dabei vergaß man seine Bedeutung als Gott des Auslandes nicht und gab den fremden Göttern, wie beispielsweise dem Baal gern seine Gestalt 🜨, die eine menschliche ein Zepter haltende Bildung zeigt. Ihr Haupt erinnert an einen Ka-

meelskopf, und ist der gleiche, den auch das langschwänzige
Fabeltier , die angebliche Incorporation des Gottes trug.

Eine eigentümliche Stellung nimmt Set in Tanis und an einigen
von hier aus beeinflußten Orten ein, hier wird er zum Sonnengotte;
mit einer Lanze durchbohrt er die Ápepschlange und heißt der
Liebling des Râ, der Sohn der Nut — dies ist fast regelmäßig
seine Mutter — der mächtig ist in der Sonnenbarke und ähnliches mehr. Diese Auffassung ist nicht die ursprünglich ägyptische, nach der er nicht der Feind der Ápepschlange, sondern
diese selbst ist, sie ist zweifelsohne veranlaßt worden durch eine
Gleichstellung mit dem Sonnengotte Baal, der den ihm gleichen
Set mit in seinen Kreis hineinzog.

Im neuen Reiche heißt Set sehr häufig Suteχ. Die Sage
von dem Ausbruch des Befreiungskampfes gegen die Hyksos behauptet, der Hyksoskönig Ápepi habe diese Gestalt zu seiner einzigen Gottheit erheben wollen und in der That scheint dieselbe
von den Hyksos hoch verehrt worden zu sein; auf den ihrer
Zeit entstammenden Denkmälern wird sie öfters erwähnt. Später
ist Suteχ der Gott der Cheta und tritt in dieser Bedeutung in
Gegensatz zu Râ, dem Gotte der Ägypter. Der Name selbst ist
der gleiche wie Set, er ist von diesem durch Anhängung eines χ
abgeleitet, eine Bildungsform, die sich auch sonst findet und mit
dem Bestreben der Ägypter' zusammenhängt, aus ihren ursprünglich nur aus zwei Radikalen bestehenden Wortstämmen drei-ra-
dikale zu entwickeln, ein Vorgang, der sich in ganz ähnlicher
Weise bei den semitischen Sprachen beobachten läßt. Der wichtigste Kultort des Set war seit alter Zeit Ombos in Oberägypten,
wo er als der Herr des Südlandes gilt und bisweilen mit dem
Krokodilgott Sebák verschmilzt, in Theben erhob sich einer seiner
Tempel und im westlichen Delta, besonders in Tanis, waren solche
mehrfach zu finden.

Horus, der Sohn der Isis, ist in der Sage in dreifacher
Weise dargestellt, einmal als Kind Ḥor-pe-χred Harpokrates, als
welches er den Finger im Munde zu halten pflegt, dann als Rächer
seines Vaters und endlich als dessen Nachfolger und König. Seine
ursprüngliche Bedeutung läßt sich nicht mehr feststellen, er verschmolz bereits in vorgeschichtlicher Zeit mit dem Sonnengotte
Horus und ist von diesem in unsern Texten nicht mehr zu

trennen; so ist Harpokrates nebenbei die junge, neu entstehende
Sonne und sein Doppelgänger Aroeris ein fast reiner Sonnengott·
Nur an einzelnen Zügen erkennt man, abgesehen von der Legende,
daß er nicht ganz seinen ursprünglichen Sinn eingebüßt hatte,
so wenn die Könige erklären, sie hätten den Thron des Horus
bestiegen, denn der Sonnengott Horus ist nie König Ägyptens
gewesen, diese Stellung blieb Râ, bez. Šu vorbehalten, als deren
Nachfolger der Pharao gleichfalls auftritt. Der Gleichstellung mit
dem Sonnengotte ist es zuzuschreiben, daß Horus statt in
menschlicher Gestalt, wie man erwarten sollte, mit Sperberkopf
und mit der Sonnenscheibe auf dem Haupte dargestellt wird.

Thoth [25]), der Dḥuti, d. h. wohl der Doppel-Ibis der Ägypter,
spielt in der Osirissage eine verhältnismäßig geringe Rolle. Wo
er auftritt, erscheint er als Berater und als derjenige, der ein
begangenes Unrecht wieder gut zu machen weiß. So war er es,
der der Isis einen Kuhkopf aufsetzte, als Horus ihr den menschlichen abgeschlagen hatte. Seine Grundbedeutung war eine lunare
und wird er in diesem Sinne gern mit Χunsu und mit dem Mondgotte Âḥ in Verbindung gebracht. Der Cynocephalus, von dem
man annahm, daß sein Geschlechtsleben nach dem Mondumlauf
sich regele, war sein heiliges Tier, doch erscheint noch häufiger
als solches der Ibis. Als Eltern des Thoth werden Ptaḥ und Mut
genannt, doch waren daneben auch andere Angaben verbreitet;
in Theben, wo er gelegentlich statt Set Gemahl der Nephthys war,
erscheint er als Mitglied der Triade Χunsu, Mut und Thoth. Seine
Darstellung erfolgt meist in der Form eines Menschen mit Ibiskopf
𓁟, der gewöhnlich die Sonnenscheibe und die Mondsichel auf dem
Haupte trägt, letzteres weist auf seine lunare Bedeutung hin, ersteres kennzeichnet ihn als eine Zeitgottheit. Ausgehend von der
Wichtigkeit des Mondes für die Einteilung der Zeit ward nämlich
Thoth allmählich zu einer Gottheit dieser selbst, ohne daß man im
einzelnen Falle an den Mond dachte. So ist ihm der erste Monat
und die sechste Stunde des Tages geweiht; er zeichnet allein oder
mit der Göttin Safeχ den Namen des Königs auf dem heiligen Sy-
komorenbaume ein, um dem Namen ewige Dauer zu verleihen,
er verspricht den Herrschern die Jahre des Tum, die Herrschaft
des Horus und Millionen von Jahren.

Andererseits ist der Mond der Teiler der Zeit und so wird
der Gott der Herr über das richtige Maß; die ihm geweihte Elle

ist es, die bei den Tempelplänen zu Grunde gelegt werden mußte.
Auch die Welt hatte er einst abgemessen und ihr dabei Gesetze
gegeben, er ist daher der Schützer alles Rechtes, das er teils aus
sich selbst, teils auf Befehl des Râ ausübt. Ferner wird er Herr
der Schrift, der Schreiber der Götter und Verwalter der Litteratur,
besonders der religiösen. Die Schreiber sahen in ihm ihren
Schutzgott und riefen ihn an, ihnen bei ihren Arbeiten hülfreich
zur Seite zu stehen. Die heiligsten Bücher und Gebete sollte er
selbst verfaßt und darin seine Kenntnisse von der Magie, welche
er mit Isis teilte, niedergelegt haben. Unmittelbar damit hängt
es zusammen, wenn er auch Gott der Ärzte ist, bei deren Berufe
im Nilthale die Magie mindestens ebenso wichtig war, wie die
Kenntnis der Heilmittel.

Starb der Mensch, so wuchs für ihn noch die Bedeutung
des Thoth. Dieser hatte es einst nach Osiris Tode übernommen,
den Gott gegen seine Feinde. die Mächte der Finsternis zu rechtfertigen und ihm die königliche Würde im Jenseits zu verschaffen.
Gleiches erwartete jeder Ägypter von ihm. Thoth gab ihm die
Sprache und lehrte ihn die richtigen Sprüche hersagen, er geleitete ihn bis zur Halle des Gerichts, wo er das Ergebnis der letzten Aburteilung über den Toten aufzeichnete und sich gelegentlich
auch als Anwalt hören ließ.

Die Griechen geben seinen Namen mit Hermes wieder und
in der That ist er diesem nahe verwandt, freilich nicht in der
ursprünglichsten Bedeutung des griechischen Gottes, aber in der
Auffassung, die die Alexandriner und Neuplatoniker von ihm sich
gebildet hatten. Sogar die griechische Art, den Gott zur besondern Auszeichnung als den Hermes Trismegistos, den dreimal
großen Hermes, zu benennen, findet in Ägypten ihr Gegenstück.
Hier heißt er, besonders in späterer Zeit, häufig der doppelgroße
Thoth und seine Bezeichnung als Doppel-Ibis ist gleichfalls als eine
auszeichnende Benennung aufzufassen und nicht etwa in dem
Sinne, als habe der Gott aus zwei Ibis-Vögeln bestanden.

Außer im Osiris-Kreise spielt Thoth auch in den Râ-Sagen
eine große Rolle, immer als der Berater der Götter, als der Auf-
zeichner ihrer Befehle und Worte. Am höchsten verehrt, wenn
auch nur selten durch Errichtung eigener Tempel ausgezeichnet,
ward er am Anfange des neuen Reiches, damals nannten sich

Pharaonen nach ihm Dhutmes (Thutmosis) „Sohn des Thoth",
oder nach seinem Gestirne Áhmes (Amasis), „Sohn des Mondes."

Anubis, ägyptisch Ánepu, wird dargestellt 𓁢 mit einem
Schakalkopfe, dem Haupte seines heiligen Tieres. Die Griechen
haben dieses irrtümlicherweise für einen Hund gehalten und als
solcher hat der Gott dann in den römischen Isiskult Eingang gefunden. Zeitweise freilich begingen bereits die Ägypter den Irrtum und erscheinen in den Begräbnisstätten der Schakale zu
Lycopolis auch vereinzelt einbalsamierte Hunde. Im großen und
ganzen war letzteres Tier aber nicht heilig, wurde dagegen gern
für die Jagd und auch im Hause gehalten. Anubis galt gewöhnlich als Sohn des Osiris und der Nephthys, doch wird in einem
magischen Texte daneben als Vater Rå genannt, wohl nur, weil
man Rå und Osiris einander gleichstellte. In der Sage ist er ein
Helfer der Isis, im ägyptischen Glauben ein besonderer Gönner
des Toten. Er bewacht denselben und leitet seine Einbalsamierung,
er geleitet ihn abwechselnd mit Thoth in das Jenseits und führt
ihn mit eigener Hand in den Gerichtssaal. An zahlreichen Orten
erhoben sich seine Tempel, am höchsten war die Verehrung in
Lycopolis in Oberägypten, dem heutigen Siut, wo er unter dem
Namen oder richtiger Titel Áp-uat „der Eröffner der Pfade", d.
h. der Unterwelt, angebetet ward. Auch Lycopolis im Delta war
ihm geweiht und an diese beiden Orte denkt wohl der Ägypter,
wenn er von dem Anubis des Nordens und dem Anubis des
Südens spricht und auf seinen Todtenstelen zwei Schakale darstellt, die den Schutz des Verstorbenen zu übernehmen bestimmt
sind. Er hat hier noch die deutliche Empfindung, daß selbst
gleichnamige Gottheiten, falls ihre Verehrungsstätten verschiedene
waren, als verschiedene Gestalten zu betrachten sind, ohne daß
er sich darum zu der Angabe entschlossen hätte, es gäbe mehrere
Anubis. Erst die griechischen Mythographen haben in ähnlichen
Fällen diesen notwendigen Schluß gezogen, sie haben mehrere
Herakles, Hermes u. s. f. angenommen, weil es unmöglich erschien,
alle Mythen, die von denselben vorlagen, in einer Biographie zu
vereinen.

Seb oder, wie er in späten Texten wohl irrtümlich geschrieben wird Keb, ist der Gott der Erde, als deren Bezeichnung sein
Name in Redensarten wie „auf den Rücken des Seb" Verwendung

findet. Die Griechen bezeichnen ihn als Kronos, wohl nur, weil
er als Vater des Osiris älter ist als andere Gottheiten; als sein
Vater gilt Šu, als seine Gattin Nut. Nach den Götterlisten in
Memphis und Theben wäre er der vierte König Ägyptens gewesen, also eine verhältnismäßig junge Gestalt. Die Texte deuten
eher auf ein sehr hohes Alter hin, sie bezeichnen ihn als den
Nomarchen (erpà) der Götter, während sonst immer von dem
König derselben die Rede ist, als ob zu der Zeit, wo er seine
erste Verehrung fand, noch keine Könige in Ägypten vorhanden
gewesen wären. Einen Mythus hat Seb, der in menschlicher
Gestalt aufzutreten pflegt, nicht entwickelt, wenn er auch oft genannt wird. Sein heiliges Tier war die Gans und bisweilen heißt
er die Gans, welche das Ei legte, aus dem die Welt entstand,
während die Sage von der Vernichtung des Menschengeschlechtes
ihn erst von Râ in seiner Würde eingesetzt werden läßt. Im
Totenkulte ist seine Bedeutung eine sehr geringe

Nut, meist als Frau dargestellt, ist die weibliche Personification des Himmels, sie bildet sein Gewölbe, indem sie sich mit
Händen und Füßen auf die Erde stützt und den Leib hoch in die
Höhe hebt. Zuweilen steht unter ihr Šu und stützt sie in ihrer
unbequemen Lage. An und auf ihrem Leibe fahren die Gestirne
dahin, die sie mit beaufsichtigt. Sie gilt als Herrin des Himmels,
als Herrin und Gebärerin der Götter, als Herrin der Erde. Sorgsam muß diese Göttin unterschieden werden von dem ähnlich
benannten Gotte Nu oder Nun, der den himmlischen Ocean, das
Wasser darstellt, auf dem die Sonnenbarke dahinführt; er ist der
Vater der Götter, der Veranlasser der Schöpfung, aus dem alles
entstanden ist. In späterer Zeit wird er zuweilen genannt als der
erste der acht fälschlich sogenannten Elementargottheiten, unter
denen er und seine weibliche Erscheinungsform Nu-t, oder Nun-t
das Nilwasser darstellt; in diesem Falle pflegt er den Kopf eines
Frosches, seine Genossin den einer Schlange zu haben. Diese
Nu-t ist es, welche bisweilen dargestellt wird als eine in einer
Sykomore sitzende Frau, welche Libationswasser auf die Hände
der am Fuße des Baumes kauernden menschliche Seele gießt,
um diese zu erfrischen. Die übrigen in diesen Kreis gehörigen
Gestalten scheinen zu sein: die männliche und weibliche Ewigkeit,
die männliche und weibliche Finsternis, das männliche und weibliche Überschwemmungswasser, doch sind diese Deutungen un-

sicher, wenn auch besser beglaubigt als die ältern [26]) auf männliche und weibliche Personificationen der vier Elemente, Wasser, Feuer, Erde, Luft.

Neuntes Kapitel.
Die Osirianische Unsterblichkeitslehre.

Bereits früher war hinzuweisen auf eine Reihe von Vorstellungen, welche sich die alten Ägypter von dem Dasein nach dem Tode gebildet hatten und welche sich an den Mythus von dem Sonnengotte Râ und an seine Fahrt durch die Unterwelt anschlossen. Diese Gedanken galten nur in verhältnismäßig engem Kreise als richtig, bei weitem die meisten Ägypter von den ältesten Zeiten bis in die der römischen Kaiser herab schöpften die Überzeugung von einer Fortdauer nach dem Tode aus dem Glauben an Osiris. In ausführlichster Weise malte man sich bis in das Einzelnste hinein das Schicksal der Seele und des Leibes aus und hat eine Lehre entwickelt, welche an Genauigkeit und Umfang fast alle anderen Ansichten über das Jenseits übertrifft. Ihre Bedeutung liegt für die Wissenschaft einmal in ihrem hohen Alter, denn bereits zur Pyramidenzeit war sie in allem wesentlichen abgeschlossen, dann aber auch in manchen Anklängen an jüdische und christliche Glaubenssätze, welche sie darbietet.

War der Mensch gestorben, hatte sein Herz zu schlagen aufgehört und war der Leib erkaltet, so blieb nach Ansicht der Anhänger der Osiris-Religion nur eine leblose Hülle auf der Erde zurück. Es war dies der Leichnam, χa genannt und ideographisch mit dem Bilde eines toten Fisches, dem Zeichen für unangenehme, faulende Dinge geschrieben. Seine Erhaltung war die erste Pflicht der Hinterbliebenen. Kurz nach dem Eintritt des Todes ward er den Einbalsamirern übergeben, welche ihn so zuzubereiten hatten, daß er gegen Verwesung geschützt war. Freilich war dies nur teilweise möglich, auf die Aufbewahrung der innern Organe in ihrer ursprünglichen Gestalt hat man bald verzichtet, in einem heißen Klima, wie Ägypten es besaß, mußten dieselben auf jeden Fall zu Grunde gehen. Die Eingeweide, Herz, Lunge und Leber, auch das Gehirn wurden aus dem Körper entfernt, entweder verscharrt oder in besonderen Gefäßen beigesetzt, nur in Ausnahmefällen legte man sie dick mit Asphalt bestrichen und dadurch so gut wie ganz zerstört in den Körper zurück. Das Übrige, Knochen, Fleisch und Haut, ließ man in dem ursprünglichen Zustande, behandelte es aber so lange mit Natron, bis es völlig ausgedörrt war und bestrich es dann mit Asphalt. Auf diese Weise erhielt man die sogenannten Mumien, schwarze Körper, welche in dem trockenen Klima des Nilthals während Jahrtausenden unverändert geblieben sind, unter unserem feuchten Himmel gebracht aber doch allmählich der Verwesung anheimfallen. In die Körperhöhle wurden allerhand Amulette gelegt, andere brachte man an verschiedenen Stellen des Leibes, besonders am Halse an, dann umkleidete man das Ganze mit Leinewandbinden. Jede einzelne dabei vorzunehmende Handlung, jedes zu sprechende Gebet war genau vorgeschrieben und enthalten mehrere Papyri [27]) Anweisungen für diese Ceremonien, die freilich nicht für alle Ägypter die gleichen blieben, sondern je nach den Summen, die die Hinterbliebenen für den Toten aufwenden wollten oder konnten, mehr oder weniger umständliche waren. Die eingewickelte Mumie wurde in einen Sarg von Pappe, Holz oder Stein gelegt, der Inschriften, Gebete für den Verstorbenen, Anrufungen verschiedener Gottheiten, die für sein künftiges Wohl zu sorgen hatten, neben deren Bildern zeigte. Auch hier herrscht eine große Verschiedenheit, je nachdem es sich um reiche oder arme Leute handelt. Während sich letztere mit wenigen Texten und oft ganz ohne Sarg behelfen mußten, haben erstere bisweilen in drei und vier in einander gestellten, mit Tausenden von Bildern und zahllosen Inschriften geschmückten Sarkophagen ihre letzte Ruhestätte gefunden.

Der Sarg mit der Leiche ward der Familie zurückgegeben, bezw. wenn der Tote in der Fremde gestorben war, gewöhnlich in seine Heimatstadt gebracht, damit er dort in dem Grabe, das sich der Ägypter bereits bei Lebzeiten zuzubereiten pflegte, beigesetzt werde. In feierlichem Zuge, begleitet von der Familie, Klageweibern und Priestern, ging es über den Nil, an dessen Ostufer die meisten Städte lagen, zu den westlichen Gebirgen, wo die Necropolen sich befanden. Lag der Nil nicht zwischen Wohnstätte und Grab, so ward die Überfahrt wenigstens symbolisch vollzogen und fuhr man mit dem Sarge über einen in keiner Totenstadt fehlenden heiligen See. Am Grabe, dem „ewigen Wohnorte" angelangt, ward der Sarg aufrecht hingestellt auf einer klei-

nen Sanderhebung, die den Berg des Westens, das Totenreich
darstellen sollte, das Gesicht nach Süden hin gerichtet. Dann traten zu ihm zahlreiche Persönlichkeiten, die vor ihm zu beten
und allerhand heilige Handlungen auszuführen hatten. Die wichtigste Person war der χer-ḥeb, der Ceremonienmeister, wie man
ihn bei seiner Thätigkeit hier am besten bezeichnet, der eine Papyrusrolle in der Hand, alles leitete, jedem seinen Platz an-
wies und ihm die jeweilig zu sprechenden Worte vorflüsterte oder
dieselben auch in seinem Namen hersagte. Ihm zur Seite standen
ein Diener, ein Freund, der Sohn des Toten, zwei Klageweiber,
deren größere Isis und deren kleine Nephthys darstellte, ein
Schlächter und eine Reihe anderer Wesen, die mehr als Figuran-
ten als als wirklich mithandelnde Personen dargestellt werden. Das
Ganze war eine Wiederholung der Vorgänge, welche sich am
Sarge des Osiris abgespielt haben sollten.

Im einzelnen auf die sehr verwickelten Vorgänge hier bei
der Mumie einzugehen, hat keinen Zweck, lange, genaue Schil-
derungen derselben sind erhalten geblieben [26]), die zeigen, daß es
sich vor allem darum handelte, der Mumie den Gebrauch ihrer
Organe wiederzugeben, deren sie zur Durchwanderung des Jenseits bedurfte. Der Mund ward ihr symbolisch geöffnet, ebenso
wie die Augen, damit sie sehen und sprechen könne, ein Stier
ward ihr geschlachtet, damit sie Speise bereit stehen habe, sie
ward zubereitet, um Kleider, Salben, Abzeichen aller Art in Empfang zu nehmen, kurz um wieder ein Wesen zu werden, wie sie
es auf dieser Erde gewesen war. Dabei ward die Mumie selbst
nicht berührt, alle Handlungen vollzog man am Sarge; meist genügte es um einen Erfolg zu erreichen, das betreffende Gebet zu
sprechen und den Sarg mit einem Stabe der Form ⌒ zu berühren. Bisweilen hat man auch statt des Sarges die Statue des
Toten als Gegenstand der symbolischen Behandlung gewählt.
War alles vollendet, so ward der Tote in die Gruft herabgesenkt,
der Schacht, der zu dieser führte, geschlossen und vermauert —
erst in später Zeit hat man besonders in dem vielfach von Griechen bewohnten nördlichen Teile des Landes die Leichen nicht
mehr begraben, sondern in oberirdischen, stets zugänglichen Kammern beigesetzt. Ein Leichenmahl vereinigte nach der Bestattung
in der Vorkammer des Grabes noch einmal die Hinterbliebenen,
dem Toten konnten fortan seine Verwandten und Freunde nur

in sofern noch von Nutzen sein, als sie ihm selbst oder den Göttern für ihn Opfer darbrachten oder diese durch magische Formeln zu einer freundlichen Behandlung des Toten zwangen.

Neben dem Leibe, der so zu einer vollkommenen Mumie, zu einem Osiris, wie der Ägypter sich ausdrückt, gemacht worden war, besaß der Mensch eine unsterbliche Seele. Diese war aber nicht, wie bei den meisten Völkern, ein einheitliches Wesen, sondern verschiedenfach zusammen gesetzt. Im Leben hatten sich alle Bestandteile in dem Körper vereinigt, nach dem Tode verließen sie denselben und suchten jeder für sich den Weg zu den Göttern zu finden [29]).

Der erste und wichtigste dieser Bestandteile ist der sogenannte ka. Es war dies eine Gestalt, welche dem Menschen durchaus ähnlich, aber nicht gleich war, die zu ihm etwa in dem gleichen Verhältnisse stand, wie das Wort zu dem sinnlich faßbaren Begriffe, den es ausdrückt, wie der Name zur Gestalt des Menschen. Der Gedanke an einen ka ist wohl dadurch zu erklären, daß man sich, auch wenn der Mensch gestorben war, oder wenn er in der Ferne weilte, seine Gestalt in Gedanken aufbauen oder dieselbe im Traume erblicken konnte. Man schloß hieraus, daß der Mensch als solcher nicht einfach ein materielles Wesen sei, das nur an einem Orte weilen könne, sondern daneben in sich ein zweites umschließe, welches nicht an Raum und Zeit gebunden nach Jahrtausenden noch fortzubestehn und durch Wände und Mauern hindurchzudringen vermöge. In manchen Punkten berührt sich der ka mit dem ren, dem Namen des Menschen, dessen Klang, oder auch mit seiner Statue, deren Anblick eben den Gedanken an das betreffende Wesen wach rief. Ähnlichen Vorstellungen von dem Bestehen einer Persönlichkeit neben der thatsächlich vorhandenen Person begegnet man bei den verschiedensten Völkern, die Ägypter haben aber nach einer Seite hin den Gedanken eigentümlich entwickelt, sie haben die abstrakte Persönlichkeit wieder zu einem concreten Wesen umgebildet, haben ihr eine materielle Gestaltung gegeben, welche vor allem der Nahrung bedurfte, um fortbestehen zu können.

Mit dem Tode hört das Dasein des Menschen als solcher auf, seine irdische Erscheinungsform, die Mumie liegt im Sarge, den sie, wie die Erfahrung lehrt, nicht verlassen kann. In diesem Augenblicke tritt der ka, der während des Lebens der Begleiter

des irdischen Körpers war, in selbständige Thätigkeit, er ist es
an den man die Totengebete richtet und dem man Opfer dar-
bringt, denn die Mumie selbst konnte ohne weiteres keinen Nutzen
von diesen haben. Er aber kann die Mumie beleben, indem er
in sie zurückkehrt, indem er zu einem in seinem Sarge lebenden
ka wird, dann können beide vereint ein dem irdischen ähnliches
Dasein führen, essen und trinken und auf Erden umgehn um
die Hinterbliebenen zu besuchen und sie an ihre Pflicht, Toten-
opfer darzubringen, zu erinnern. Der Reiche hatte dies weniger
nötig als der Arme, er sicherte sich die nötige Nahrung für das
Jenseits dadurch, daß er mit den Totenpriestern seiner Heimatstadt Verträge abschloß, durch die er diesen Grundbesitz und
ähnliches vermachte gegen das Versprechen, ihm an gewissen
Festtagen fest bestimmte Opfer darzubringen. Der Arme konnte
die dazu nötigen Mittel nicht aufbringen, er war auf die Güte seiner Familie angewiesen.

Wie fest die Vorstellung von diesem ka bei den Ägyptern
Wurzeln gefaßt hatte, zeigt am besten der Umstand, daß man ihn
für einen unumgänglich nötigen Bestandteil jedes lebenden Wesens hielt und auch den Göttern bereits zur Pyramidenzeit einen
ka zuschrieb oder für den Fall, daß in dem Gotte, wie in Râ,
mehrere verschiedene göttliche Formen im Laufe der Zeit verschmolzen waren, in diesem mehrere ka, so in Râ deren 14 ver-
mutete, die je einer dieser Formen entsprachen.

Auf den zweiten unsterblichen Teil der Seele, das Herz,
wird bei Besprechung der Amulette zurückzukommen sein, der
dritte war der ba, der am ehesten unsern Vorstellungen von der
Seele entspricht. Er hat die Gestalt eines Vogels, gewöhnlich mit
menschlichen Händen und Kopfe. Im Augenblicke des Todes
fliegt er zu den Göttern, ist aber darum doch nicht immateriell,
sondern braucht wiederum Speise und Trank. Gerne stellen die
Ägypter den Abschied des ba von der Mumie dar, wie er an deren Sarge sitzend denselben streichelt. An vierter Stelle ist zu
erwähnen der saḥu, der die Gestalt eines in Mumienbinden ein-
gewickelten Menschen hatte und die Gestalt des Toten darstellt,
eine Hülle, die demselben von Gott geworden war, die daher auch
zu der Gottheit zurückkehren konnte. Dann folgt der χaib, der
Schatten, der meist die Form eines Fächers zeigt. Der Schatten,
den der Mensch warf, galt als ein selbständiges Wesen, das sich

gelegentlich vom Menschen trennen konnte und dies nach dem Tode regelmäßig that. Ferner wäre zu nennen der ẓu „der Glänzende", der aus einer verklärten, leuchtenden Hülle in Gestalt der Mumie bestanden zu haben scheint; einiger seltener vorkommenden Formen zu geschweigen. Weit wichtiger als sie alle, ja eigentlich der wichtigste unsterbliche Bestandteil des Menschen überhaupt, ist sein Osiris.

Dieser Osiris hat das Äußere des Menschen, er entspricht vollkommen der Mumie, nur ist letztere sterblich, er dagegen nicht. Allein alles, was man der Mumie anthut, thut man dem Osiris, die Amulette, die man ersterer mitgiebt, besitzt letzterer, die Geräte, die man ihr in das Grab stellt, gelten als sein Besitz. Wie alle übrigen unsterblichen Teile verläßt auch der Osiris den Menschen nach der Einbalsamierung bezw. nach dem Tode, um zu den Göttern zu wandern.

Wie man sieht, ist das Handeln aller dieser Gestalten etwa das Gleiche, einzelne derselben, wie der ka, Osiris, sâḫu, decken sich fast vollständig, so daß hier offenbar verschiedene Vorstellungen über die unsterbliche Seele, die in vorgeschichtlicher Zeit an gesonderten Orten bestanden, verschmolzen worden sind. Man wagte dabei keine Gestaltung zu übergehn, konnte es doch gerade die einzig richtige Form sein, die man damit bei Seite ließ, man behielt sie daher alle bei, unbekümmert um die logischen Schwierigkeiten, die daraus sich entwickeln mußten. Diese Verschmelzung ist eine uralte, ihren Verlauf vermag man nicht zu verfolgen, da er bereits in den ältesten Zeiten, in denen der Pyramidenerbauer zum Abschluß gekommen war; Vermutungen über seine Einzelheiten aufzustellen, kann daher auch keinen Wert besitzen. Nur das eine läßt sich klar erkennen, daß diejenige Form, welche am meisten Anhänger hatte, der Osiris war, denn diese hat alle andern in den Hintergrund gedrängt. Während von den Einzelheiten der Schicksale der übrigen Teile fast nichts berichtet wird, und eigentlich nur davon die Rede ist, daß sie beim Tode die Leiche verlassen und sich zerstreuen, nach dem Totengerichte aber sich in dem Osiris wieder zusammenfinden, berichten die Texte mit größter Weitschweifigkeit die Schicksale eben dieses Osiris. Das dem so ist, liegt jedenfalls daran, daß man seine Hoffnungen auf ein ewiges Leben anknüpfte an die Gestalt des Gottes Osiris, und darum der Seelenform den Vorzug gab, deren

Geschicke derart an den Gott erinnerten, daß man ihr sogar dessen Namen geben konnte.

Das Werk, welches sich besonders mit dem menschlichen Osiris beschäftigt, die wichtigste und verbreitetste Schrift über ägyptische Religion überhaupt, ist das sogenannte Totenbuch, eine Sammlung von Gebeten und Formeln, die der Osiris zu sprechen hatte, wenn er die verschiedenen Teile der Unterwelt betreten, böse Dämonen besiegen, gute sich zu Beschützern machen wollte. Die ältesten Exemplare des Werkes entstammen der 11ten Dynastie, doch ist es damals selten, häufiger wird es im neuen Reiche, und in späterer Zeit findet sich nur selten eine bessere Mumie, der nicht wenigstens ein Teil desselben mitgegeben worden wäre [30]). Der Umfang der verschiedenen Abschriften ist ein wechselnder; das Ganze bestand aus einzelnen Kapiteln oder Büchern, die jedes für eine bestimmte Gelegenheit dienen sollten. Der Reiche und Fromme ließ sich möglichst viele derselben in den Papyrus aufzeichnen, den er mit in das Grab nahm, der Ärmere begnügte sich mit nur wenigen, die er für besonders wichtig hielt. Zählt man alle Kapitel zusammen, so sind es deren über 200, doch enthält keine einzige Handschrift ihre Gesamtheit, stets ist eine Auswahl getroffen worden, welche teils von dem Geschmack des jeweiligen Inhabers abhängig ist, teils aber auch von Zeitrichtungen; bald waren die einen, bald die andern Abschnitte beliebter. Im Laufe der Jahrhunderte ist das vorliegende Material gewachsen, die ältesten Texte sind verhältnismäßig kurz, dann werden sie immer länger und länger. Wann die Anfänge des Werkes entstanden, ist unbekannt, die Pyramiden enthalten andere Texte, welche zwar auch magische Formeln für das Jenseits ergeben, aber einen abweichenden Wortlaut zeigen. Da dieselben jedoch die Osiris-Sage in allen ihren Einzelheiten voraussetzen, so ist es wohl möglich, daß auch die sich an diese anknüpfende Unsterblichkeitslehre bereits bestand, daß die Texte aber insbesondere memphitische Glaubensformen vorführen, während man in Heliopolis und Abydos bereits damals die osirianischen Lehren entwickelt haben mag.

Wie alle ägyptischen religiösen Texte, so ermangelt auch das Totenbuch jeder systematischen Anordnung. Nur selten findet man zwei Exemplare, in denen sich die Kapitel in gleicher Weise folgen, die einzelnen Kapitel oder Gruppen von Kapiteln werden vielmehr

ganz nach Laune bald so bald so zusammengestellt. Dabei nimmt
man auch auf die zeitliche und logische Folge keine Rücksicht; die
Gebete, durch die der seliggesprochene Tote in Stand gesetzt wurde,
verschiedene Gestalten anzunehmen, stehn beispielsweise gewöhnlich
vor dem Kapitel, durch das er die Seligsprechung erlangte. Weniger
störend, wenn auch oft unbequem, ist es, daß er von Anfang an die
Titel erhält, die er erst im Laufe seiner Prüfungen erlangte, so
heißt er stets maâ-χer, der Gerechtfertigte, bez. der sich Rechtfer-
tigende, obwohl diese Rechtfertigung erst das Ergebnis der Gerichtsscene sein konnte; es liegen hier ähnliche Gedanken zugrunde
wie bei uns, wenn wir den Toten den Seeligen nennen, hoffend,
daß er die ewige Seligkeit gefunden haben möge.

Die Angaben des Totenbuches werden ergänzt durch zahlreiche meist jüngere Texte. Besonders in der Ptolemäerzeit ließ
man sich gerne aus einzelnen Sätzen des Totenbuches und anderer Compositionen neue Werke zusammenstellen, die nur die
Quintessenz der Formeln enthielten und für den Privatgebrauch
einzelner Kreise oder Personen, nicht für die große Menge bestimmt waren, die stets am Totenbuch selbst festhielt. Einige
dieser Zusammenstellungen waren verhältnismäßig verbreitet, wie
das „Buch vom Hauche", das „zweite Buch vom Hauche",
das „Buch vom Durchwandeln der Ewigkeit" u. s. f., während
wieder andere nur in einem Exemplare vorliegen und wohl wenigstens teilweise, nie in mehreren aufgezeichnet worden sind [31]).

Während die Texte von der Sonnenfahrt in der Unterwelt
ein klares Bild des Jenseits entwerfen, ist dies bei dem Totenbuch
nicht der Fall; es wäre ein Ding der Unmöglichkeit, die Gegenden, die dasselbe schildert, in Gestalt einer Karte aufzuzeichnen.
Es wird von einem Flusse gesprochen, von verschiedenen Land-
bezirken, von Thoren, die man durchschreiten mußte, von Kapellen, in denen Götter weilen, von Dämonen, die an verschiedenen Stellen der Seele auflauern, von Feuerscen und von Inseln,
aber wie sich dies alles gruppierte, war offenbar den ägyptischen
Priestern selbst nicht klar, sonst würde auch bei der Schilderung
der Wanderung der Seele ein einheitlicher Faden festgehalten
worden sein. Bei dieser Verworrenheit und bei der Unwichtig-
keit der einzelnen Punkte kann die Wanderung der Seele hier
übergangen werden, es genügt hervorzuheben, daß es ihr mit
Hülfe der Formeln des Totenbuches gelang, alle bösen Geister zu

besiegen, alle guten sich willfährig zu machen, alle Thore sich zu
eröffnen und zuletzt in die Gerichtshalle, in die Halle der doppelten Wahrheit, d. h. der Wahrheit und der Gerechtigkeit zu gelangen.

Hier saß unter einem Baldachin auf einem einfachen Sessel
der Gott „Osiris, das gute Wesen, der Herr des Lebens, der große
Gott, der Herr von Abydos, der König der Ewigkeit." In der
Hand hält er Herrscherstab und Geißel, auf dem Haupte trägt er
seine Krone. Vor ihm erblickt man auf manchen Darstellungen
das Symbol des Anubis, während dieser auf andern an der entgegengesetzten Seite der Halle beschäftigt ist und den Toten, der
sonst allein eintreten muß, einführt in den Saal. Vor Osiris saßen die 42 Totenrichter, die aus den verschiedenen Städten
Ägyptens berufen worden waren, um über je eine Sünde des Toten abzuurteilen. Ferner standen vor dem Gotte die vier Totengenien, der menschenköpfige Amset, der affenköpfige Hapi, der
schakalköpfige Duamutef und der sperberköpfige Kebsenuf, denen
die Sorge für die Eingeweide des Toten anvertraut war und die
hier zu erscheinen hatten, da nach einer ägyptischen Ansicht
nicht das göttliche Ich des Menschen sündigte, sondern nur seine
Eingeweide dies thaten. Der Tote selbst wird empfangen von der
Göttin der Wahrheit. Er sprach seine Rechtfertigung und dann
ward sein Herz gegen die Wahrheit abgewogen, ob er wahr
sprach, als er behauptete, keine Todsünde begangen zu haben.
Bei der Wägung ist die Hauptperson Horus, bisweilen hilft demselben Anubis oder Thoth, während letzterer gewöhnlich nur als
Schriftführer der Götter das Ergebnis des Vorganges aufzeichnet.

Ward der Tote gerecht befunden, dann erhielt er sein Herz
zurück, die übrigen unsterblichen Teile seiner Seele vereinten sich
von neuem mit ihm und es baute sich in ihm der Mensch wieder auf, der einst auf unserer Erde wandelte und der nunmehr
ein neues ewiges Leben begann. Was geschah, wenn das Urteil
ungünstig ausfiel, ist nicht so klar, vermutlich durften nach gewöhnlicher Ansicht dann die unsterblichen Teile nicht zum Osiris
zurückkehren und dieser starb infolge dessen eines zweiten Todes,
der seine völlige Vernichtung zur Folge hatte. Manche Darstellungen zeigen in dem Gerichtssaal das Bild eines weiblichen Nilpferdes, das als Fresserin der Unterwelt bezeichnet wird und in
dem man oft das Tier gesehen hat, dem die Bösen preisgegeben

werden. In wie weit dies richtig ist, läßt sich nicht bestimmen, meist scheint das Tier nur als Wächter des Thores zum Gefilde der Seligen zu dienen, bisweilen wird es aber auch Set verglichen. Wieder an anderen Stellen ist davon die Rede, daß die Totenrichter die Bösen verzehren und ihr Blut trinken, kurz, auch hier widersprechen sich vielfach die Angaben, über das Schicksal der Bösen scheint keine Übereinstimmung bei den Nilthalbewohnern geherrscht zu haben.

Es ist das Kapitel 125 des Totenbuches, welches von der eben erwähnten Gerichtsscene handelt und die Worte aufführt, die der Tote in dem Saale zu sprechen hatte; dieselben lauten im ersten Teile des Kapitels nach dem Turiner Texte folgendermaßen: „Preis sei Euch, ihr Herrn der doppelten Wahrheit, Preis sei Dir, großer Gott, Herr der doppelten Wahrheit (Osiris). Ich komme zu Dir, Du mein Herr, ich nahe mich um zu sehn Deine Schönheiten. Ich habe kennen gelernt und kenne Deinen Namen, ich kenne den Namen Deiner 42 Götter, die bei Dir sind in der Halle der doppelten Wahrheit, die da leben in Beaufsichtigung der Bösen, die da essen von deren Blute an jenem Tage des Prüfens der Worte vor dem guten, gerechtfertigten Wesen (Osiris). Wohlan! Doppelgeist, Herr der doppelten Wahrheit ist Dein Name. Wohlan! Ich kenne Euch, ihr Herrn der doppelten Wahrheit, ich bringe Euch Wahrheit, ich vernichte für Euch das Übel!

Nicht vollbrachte ich Hinterlist und Schlechtes gegen die Menschen.

Nicht bedrückte ich die Mitmenschen, anders gesagt: die Genossen.

Nicht verübte ich Schlechtigkeiten im Gerichtssaal.

Nicht kenne ich etwas von den Schlechtigkeiten.

Nicht that ich etwas Böses.

Nicht habe ich als Aufseher eines Menschen denselben an irgend einem Tage mehr arbeiten lassen, als er zu thun hatte (?).

Nicht war ich ängstlich.

Nicht ließ ich es an mir fehlen.

Nicht war ich schwach.

Nicht war ich elend.

Nicht that ich das, was die Götter verabscheuen.

Nicht ließ ich schädigen einen Sklaven durch seinen Herrn.

Nicht brachte ich jemanden zum hungern.

Nicht machte ich jemanden weinen.

Nicht habe ich gemordet.

Nicht befahl ich einen hinterlistigen Mord.

Nicht handelte ich hinterlistig gegen irgend jemand.

Nicht verdarb ich die Opferbrote in den Tempeln.

Nicht verminderte ich die Opferkuchen der Götter.

Nicht raubte ich die Bekleidungen und Binden der Toten.

Nicht trieb ich Unzucht.

Nicht habe ich mich befleckt im Heiligtume des Gottes meiner Stadt.

Nicht legte ich zu und

Nicht verringerte ich die Opfergaben.

Nicht legte ich zu beim Gewicht der Wage.

Nicht fälschte ich an dem Zeiger der Wage.

Nicht raubte ich die Milch dem Munde der Kinder.

Nicht jagte ich das Vieh auf seiner Weide.

Nicht fing ich im Netze die Vögel der Götter.

Nicht fing ich die Fische in ihren (der Götter) Weihern.

Nicht wehrte ich ab das Wasser (von den Feldern der Nachbarn) zu seiner Überschwemmungszeit.

Nicht schnitt ich ab einen Arm des Flusses in seinem Laufe.

Nicht löschte ich aus die Flamme zu ihrer Zeit (in der sie brennen sollte. Es bezieht sich dies auf die ewig brennenden Lampen, die sich in einigen Tempeln befanden).

Nicht schädigte ich die Götterneunheit in Bezug auf das, was sie billigten.

Nicht trieb ich zurück (von meinen Feldern?) die Herden des Tempelbesitzes.

Nicht trieb ich zurück einen Gott, wenn er auszog aus dem Tempel".

Hierauf folgen einige Worte, durch die der Tote sich als ein seliger Auferstandener zu erkennen giebt und dann ein zweites, negatives Sündenbekenntnis, welches sich von dem ersten dadurch unterscheidet, daß es in 42 Zeilen abgeteilt ist. Jedesmal wird ein Dämon angerufen und dessen Heimat genannt und dann folgt die Sünde, die der Tote nicht begangen haben will. So heißt es: „O du Schreiter, der du hervorgehst aus Heliopolis, nicht that ich Böses! O du Mundöffner, der du hervorgehst aus Baby-

lon (das jetzige Alt-Kairo), nicht fügte ich Schaden zu" u. s. f.
Die Sünden sind im großen und ganzen die des ersten Bekennt-
nisses, doch sind manche mehr in das Einzelne gehend angegeben, um die Zahl von 42 zu erhalten. Hervorzuheben ist nur,
daß der Tote hier auch versichert, er habe nicht gestohlen, sei
nicht neidisch gewesen, habe kein Tempelvieh getötet, habe nicht
gelauscht, habe nicht geflucht, nicht den Tauben wahren Worten
gegenüber gespielt, habe keine Beschwörungen ausgesprochen,
besonders nicht über den König, den eigenen Vater, oder einen Gott.
        Die Bedeutung dieses negativen Sündenbekenntnisses liegt
darin, daß es uns zeigt, auf einer wie hohen Stufe die morali-
schen Anschauungen in Ägypten standen und von welcher langen
Reihe verwerflicher Thaten der Mensch sich fern halten mußte,
wollte er sich Hoffnung darauf machen, in das Reich des Osiris
einzugehn. Diese Betonung der Moral wird von den verschiedensten Seiten bestätigt. Mehrfach sind Papyri erhalten geblieben,
welche Ermahnungen zu guten Thaten enthalten und genau angeben, was man in jedem Falle zu thun hatte. Der älteste derselben entstammt der 12ten Dynastie, es ist der vielgenannte Papyrus Prisse, der den Namen seines Entdeckers trägt, der jüngste
wurde in demotischer Schrift niedergeschrieben und aus der Zwi-
schenzeit liegen gleichfalls ähnliche Texte vor. In vielen ihrer
Sätze, ja bisweilen sogar im Wortlaute, erinnern diese Papyri an
die biblischen Spruchsammlungen, an die Weisheit Salomons und
die Sprüche des Jesus Sirach, oder auch an in verschiedenen
der biblischen Schriften gegebene Ermahnungen. Findet sich
doch beispielsweise das vierte Gebot in fast genau der gleichen
Fassung im Papyrus Prisse wieder „der Sohn, der aufnimmt das
Wort seines Vaters, der wird alt werden deswegen." Andere
Sätze ermahnen zum Studium der Weisheit, zur Achtung und
Verehrung der Eltern und Vorgesetzten, zur Barmherzigkeit, Frei-
gebigkeit, Bescheidenheit, Ehrlichkeit, Nüchternheit, Keuschheit
und ähnlichem. In den Toteninschriften rühmen sich die Verstorbenen gern ihrer guten Thaten. „Ich that das Rechte", spricht
ein Ägypter, „und haßte das Böse, dem Hungrigen gab ich Brot
dem Durstenden Wasser, dem Nackten Kleidung, dem in Not befindlichen Zuflucht". „Nicht schädigte ich ein Kind, nicht verletzte ich eine Witwe, zu meiner Zeit gab es keine Bettler noch
Darbende; niemand hungerte, die Witwen wurden versorgt, als

ob ihre Gatten noch lebten." „Ich that was meinen Eltern wohlgefällig war, ich war die Freude meiner Brüder, der Freund meiner Gefährten, edel gesinnt gegen alle meine Mitbürger. Dem Hungernden gab ich Brot, den Wanderer beherbergte ich, mein Thor stand dem von außen kommenden offen, ich erquickte ihn [33]).

Während der Tote sein Bekenntnis ablegte, schwiegen Osiris und seine Beisitzer, sie gaben weder Beifall noch Mißfallen zu erkennen, die Wahrheit der Behauptungen des Toten ergab sich ja ohne weiteres bei der Wägung des Herzens. Nach dem Abschluß und günstigem Verlaufe derselben ward der neu aufgebaute Tote eingeführt in die Gefilde von Áaru oder Áalu, in das Reich der seligen Anhänger des Osiris. Dieses Gebiet war gestaltet wie unsere Erde, und ähnelte vor allem dem Delta, ein Nil floß darin, der sich in zahlreiche Arme teilte und viele Inseln bildete. Die Toten aßen und tranken, gingen auf die Jagd, kämpften mit ihren Feinden, erfreuten sich mit ihren Freunden am Brettspiel, opferten den Göttern, fuhren auf den Kanälen spazieren und trieben als Hauptbeschäftigung Ackerbau, der sich von dem irdischen nur dadurch unterschied, daß keine Mißernten eintraten und daß das Getreide weit üppiger emporsproßte, die einzelnen Halme überstiegen die Höhe eines erwachsenen Mannes.

Die Feldbestellung hatte den Zweck, dem Toten die nötige Nahrung zu verschaffen, insoweit für diese nicht durch Opfergaben und magische Formeln, die auf Erden zu seinen Gunsten dargebracht und ausgesprochen wurden, gesorgt ward. Selbstverständlich konnte es für den vornehmern Ägypter, der in diesem Leben nie schwere Arbeit verrichtet hatte, keine erfreuliche Aussicht sein, gegebenen Falls im Jenseits ackern zu müssen, er sah sich daher nach einem Auskunftsmittel um, um diesem Zwange zu entgehen. In alter Zeit scheint man dieses darin gefunden zu haben, daß man seiner Dienerschaft die Unsterblichkeit verschaffte, sie einbalsamieren, ihre Bildsäulen in den Gräbern aufstellen, Gebete für sie aufzeichnen ließ; zum Danke dafür hatte dieselbe dann im Jenseits ewig ihrem Herrn behülflich zu sein. Später kamen menschlichere Empfindungen zum Durchbruche, man erkannte, daß vor dem Tode alle Menschen gleich seien und daß daher auch der Arme und Niedere im Jenseits darauf Anspruch erheben könne, ein sorgenfreies Leben, unabhängig von den Launen seines Gebieters, zu führen. Seine ehemaligen Diener waren

damit dem Reichen genommen und er hätte nunmehr selbst zum
Pfluge greifen müssen, hätte nicht ein neuer Gedanke dem Übel-
stande abgeholfen. Man fertigte seit etwa der 12. Dynastie kleine
Statuetten in Mumiengestalt, sogenannte Ušebti, beschrieb sie mit
einer magischen Formel und hoffte, dieselben würden im Jenseits
Leben gewinnen und dem Verstorbenen, der sie in das Dasein
gerufen hatte, durch fleißige Arbeit ihren Dank dafür abstatten.
Ihre Thätigkeit begann gleich nach dem Tode, nach welchem sie
Klagelieder hersagen sollten, dies jedoch erst dann thaten, wenn es ihnen die Gottheit selbst befohlen hatte. Um der Gottheit die Erlassung
dieses Befehles zu erleichtern, wurde bisweilen sein gewünschter
Wortlaut aufgezeichnet und die Urkunde dem Toten mit in das Grab
gegeben [38]). Später pflügten und ernteten die Gestalten, die man
daher mit Hacken und einem Korbe auszustatten pflegte.

Derselben Vorstellung, der diese Statuen ihr Dasein verdanken, verdanken dasselbe alle die zahllosen in den Gräbern aufgestellten Geräte, Spielzeuge, Waffen und ähnliches. Mit ihnen
konnte der Tote sein Haus ausstatten und hatte es nicht nötig,
sich diese Gegenstände im Jenseits erst mühsam zu beschaffen.
Dabei hat man nicht nur für den täglichen Gebrauch gesorgt,
sondern auch für geistige Interessen, hat Papyri in das Grab gelegt, mit deren Lecture sich der Osiris die Zeit vertreiben konnte,
Mährchen, Liebeslieder, sogar Anweisungen zum Brettspiel haben
sich in derartigen Handschriften gefunden.

So behaglich sich derartig aber auch, besonders für den
Vermögenden, der Aufenthalt in den Gefilden Aalu gestaltete,
immer und ewig hoffte der Tote doch nicht hier in seiner Gestalt
als Osiris bleiben zu müssen. Mit Hülfe magischer Formeln
konnte er, wann er wollte, jeden beliebigen Ort besuchen. Er
konnte als Krokodil, Sperber, Phönix, Reiher, Taube, als Lotusblume, ja als Gott Ptaḥ selbst auftreten oder auch in die Mumie
zurückkehren, diese beleben und in ihr die Stätten besuchen,
welche ihm im Leben lieb geworden waren. So blieb er in Verbindung mit dem Diesseits, von dem los sich zu lösen stets
dem Menschen schwer geworden ist, vor allem aber dem Ägypter, der in dem Leben, welches er am Ufer des Niles führte, das
idealste Dasein erkannte, welches man sich überhaupt ausdenken
konnte, so daß er sich sogar nach dessen Vorbild das Leben der
Seligen im Jenseits ausmalte.

Im allgemeinen erscheint jedes Kapitel des Totenbuches als ein in sich geschlossenes Ganzes. Dieselben haben zwar im Laufe der Zeit hier und da Umänderungen erfahren, die sich freilich fast ausschließlich auf die Fassung, nicht auf den sachlichen Inhalt bezogen, die jeweiligen Texte weisen hierauf jedoch nur sehr selten hin, höchstens daß es einmal bei einem Worte heißt „anders gesagt" und dann die abweichende Lesart einer ändern Handschrift folgt als derjenigen, der sonst der Text entlehnt ist. Nur ein Kapitel macht hiervon eine Ausnahme, das 17te des Turiner Exemplars, welches außer seinem eigentlichen Texte zahlreiche Varianten und außerdem einen durch „was bedeutet das?" eingeleiteten Commentar zu einer Reihe von Stellen enthält. Man hat dieses Kapitel, das sich im wesentlichen in derselben Form wie in spätern Texten bereits in denen der 11ten Dynastie findet — nur sind letztere in der Fassung etwas kürzer — für sehr alt gehalten. Ein genaueres Studium zeigt, daß es das nicht ist, vielmehr eine verhältnismäßig späte Stufe der ägyptischen Religionsentwicklung darstellt und mit der bestimmten Absicht angefertigt worden ist, dem Syncretismus der ägyptischen Götter und religiösen Gedankenkreise Vorschub zu leisten. Die Wiedergabe des ersten Abschnittes des Textes wird dies am klarsten darzulegen vermögen. Die älteste Fassung, die auf dem Sarge des Mentuḥetep zu Berlin aufgezeichnet ist, wird dabei zugrunde gelegt, die wichtigern Zusätze des von Lepsius herausgegebenen, vermutlich im vierten Jahrhundert v. Chr. niedergeschriebenen Turiner Exemplars unter Voraussetzung von T. in Klammer hinzugefügt werden. Der Tote spricht:

„Ich bin Tum, das einzige Wesen bin ich (T. im Urgewässer Nu), ich bin Râ bei seiner ersten Erscheinung (T. bei seiner Erscheinung am Anfange der Herrschaft, die er führte. Was ist das? Râ in seiner Erscheinung am Anfange der Herrschaft, die er führte, ist der Anfang des Râ, der herrschte in Heracleopolis magna, als erhoben ward der Gott Nu, er war auf der Treppe in Hermopolis magna, er vernichtete die Kinder der Rebellen auf der Treppe zu Hermopolis magna). Ich bin der große Gott, der sich selbst erschuf (T. das Wasser nämlich, der Gott Nu nämlich, der Vater der Götter), der Schöpfer seines Namens, der Herr der Götterneunheit (T. Was bedeutet das? Râ nämlich den Schöpfer seiner Glieder, erschaffend diese Götter, die im Ge-

folge des Râ sind), keiner wehrt ihn ab unter den Göttern (T.
Was bedeutet das? Tum ist es in seiner Sonnenscheibe. Ànders
gesagt: Râ ist es in seiner Sonnenscheibe, der da strahlt am
östlichen Horizonte des Himmels). Ich bin der gestrige Tag, ich
kenne den morgigen Tag, nämlich Osiris. (T. nach morgigen
Tag: Was ist das? Das Gestrige ist Osiris, das Morgige Râ.
Jener Tag, an dem vernichtet werden die Feinde des Herrn des
Alls (Osiris), an dem er bestätigt seinen Sohn Horus (als Herrscher).
Anders gesagt: Jener Tag, an dem man festsetzt das Fest seiner
Aufstellung, d. h. als Herr der Unterwelt, der Bestattung nämlich
des Osiris durch seinen Vater Râ). Es entstand ein Kampf der
Götter als ich sprach (T. er [Ra?] ließ entstehen einen Kampf
der Götter als er befahl, daß Osiris sein solle der Herr des Berges des Westens). Ein Kampfgegenstand nämlich war der Westen
(T. Was bedeutet das? Der Westen war zubestimmt den Geistern der Götter als er befahl, daß Osiris sei der Herr des Berges
des Westens. Anders gesagt: Der Westen bezeichnet das Endziel,
zu dem Râ jeden Gott gelangen ließ. Siehe da! er, d. h. jeder
Gott, kämpfte um denselben; d. h. die verschiedenen toten Götter
wollten nicht zulassen, daß Osiris König des Westens wurde, als
dessen Herrn sie selbst sich fühlten und kämpften daher gegen
ihn). Ich kenne den Namen dieses großen Gottes, welcher in ihr
(der Unterwelt) ist. (T. Was bedeutet das? Osiris. Variante:)
Preis des Râ ist sein Name (T. Seele des Râ, ist sein Name, er
zeugte in sich selbst). Ich bin jener große Phönix, welcher in
Heliopolis ist, der da ist (T. ich bin) die Bestätigung (?) alles dessen,
was ist und was besteht. Was bedeutet das? (T. der Phönix
ist) Osiris (T. welcher ist in Heliopolis), es ist (T. die Bestätigung [?]
dessen) was ist und besteht (T. sein Leib. Variante:) die Ewigkeit
und das immer Dauernde (T. es ist die Ewigkeit der Tag, es ist
das immer Dauernde die Nacht). Ich bin Xem bei seiner Erscheinung, mir sind gegeben seine beiden Federn an mein Haupt.
Was bedeutet das? Seine beiden Federn sind die des Horus, des
Rächers seines Vaters (T. hat nach was bedeutet das?: Es ist
Xem der Horus, der Rächer seines Vaters Osiris; es sind seine
Erscheinungen seine Geburt); es sind seine beiden Federn (T. an
seinem Kopfe das Kommen der Isis und Nephthys, welche hinter
ihn gestellt sind, damit sie seien die beiden Klageschwestern.
Siehe da! sie stehn an seinem Kopfe. Variante:) die beiden

Uräusschlangen (T. die sehr großen), die sich befinden an der
Stirn seines Vaters Tum (T. Variante: seine beiden Augen, d. h.
Sonne und Mond, sind seine beiden Federn an seinem Haupte).
Ich bin in meinem Lande, ich bin angekommen in meiner Stadt.
Was bedeutet das? In dem Sonnenberge meines Vaters Tum.«
In ähnlicher Weise fährt der Text fort. Der Tote stellt sich
allen Göttern gleich, diese werden unter einander gleichgestellt,
das Resultat ist eine allgemeine Verschmelzung der Gestalten, die
logischer Weise zu einem Pantheismus hätte führen müssen.
Dies ist nicht geschehn, da der Ägypter die Individualität der
einzelnen Gestalten trotz ihrer Identität nicht opfern wollte. Das
Kapitel aber ist inmitten des Totenbuches stehen geblieben trotz
aller Abweichungen, welche seine Gedanken von der individuell
menschenähnlichen Auffassung darboten, die sonst die Götter in
diesem Werke zeigen, und trotz des Widerspruches, in dem sein
Grundgedanke, der den Verstorbenen in den Göttern und im All
aufgehen läßt, sich stellt zu der leitenden Totenbuchidee, nach
der er ein genau seiner Lebensform im Diesseits entsprechendes
selbständiges Dasein im Jenseits führen sollte.

Zehntes Kapitel.

Die Geheimwissenschaften.

Alles unterstand in Ägypten der Gottheit; jedoch nicht in
dem Sinne als hätte ein Gott alles beherrscht, vielmehr hatten
die Gestalten des Pantheons eine Teilung ihrer Wirkungskreise
eintreten lassen. Bestimmte Nomen, Städte, Tempel, waren bestimmten Gottheiten geweiht, wenn man dabei auch nicht so consequent war, darum andere Gestalten hier auszuschließen. Ebenso
war zeitlich die Thätigkeit der Götter zuweilen eine umgrenzte.
Jedem Monate stand eine Gestalt vor, so dem Thoth der Gott
Thoth, dem Athyr die Hathor, dem Pachons Xunsu und nach
ihnen haben wenigstens einige der Monate ihre Namen erhalten.
In späteren Texten ist dann jeder Monatstag einer bestimmten
Gottheit geweiht, der erste dem Thoth, der zweite Horus, dem
Rächer seines Vaters, der dritte Osiris, der vierte bis siebente
den vier Totengenien u. s. f. Die fünf Epagomenentage gehörten
den fünf an ihnen geborenen Hauptgestalten des Osiriskreises.

In der Ptolemäerzeit ward zuweilen der Name der Schutzgottheit
eines Tages durch den des regierenden Königs ersetzt, so erhielten damals der 30. Mesori als der Geburtstag und der 17. Mechir
als der Thronbesteigungstag des Ptolemäus Epiphanes den Beinamen dieses Herrschers. Das System der Zuteilung der Zeit an
höhere Wesen ging noch weiter, jede Stunde des Tages und der
Nacht ward einer Göttin verliehen, doch waren dies hier keine
der großen Götter, sondern eigens zu dem Zwecke geschaffene
Gestalten.

Ebenso wie den Zeitabschnitten standen den die Zeit regeln-
den Gestirnen Gottheiten vor, der Sonne, dem Monde, den Planeten und auch den einzelnen Fixsternen, bez. den Sternbildern.
Ihnen und den Zeitgottheiten lag vor allem die Herrschaft über
das ob, was zu der ihnen unterstehenden Zeit geschah oder
entstand, sie bestimmten sein Schicksal. Allein sie konnten dies
im allgemeinen nicht nach freiem Ermessen thun, sie waren vielmehr abhängig von Gesetzen. Kannte man diese meist aus dem
Wesen der in Rede stehenden Gottheiten abgeleiteten Gesetze, so
ließ sich das Schicksal vorausbestimmen. Hierauf beruht der
Gedanke Horoscope aufzustellen. Öfters wird derartiger Berechnungen in Ägypten gedacht und späte Papyri enthalten Sphären,
d. h. Tabellen, mittelst derer man die Schicksale des Menschen
aus gegebenen Größen, dem Geburtstag und ähnlichem berechnen
konnte. Von den Ägyptern und den ähnlich denkenden Chaldäern
ist die Sitte zu den Griechen und von diesen zu den mittelalter-
lichen Gelehrten gekommen, sie spielt in den modernen Prophe-
zeiungsbüchern in ihren letzten, freilich ihres ursprünglich religiösen Charakters längst entkleideten Ausläufern noch immer eine
große Rolle.

Nicht immer war es nötig, Sphären und Berechnungen zu
benutzen um einen Blick in die Zukunft zu thun, man gewann
denselben einfacher durch Nachschlagen in Kalendern, in denen
den verschiedenen Monatstagen die Notiz beigefügt war, ob sie
günstige, ungünstige oder verschiedenartige Aussichten darboten,
was man an ihnen zu thun und zu lassen hatte, was den an
ihnen Geborenen begegnen würde, und ähnliches mehr. Diese
Angaben waren darauf begründet, daß an dem betreffenden Tage
sich ein mythologisches Ereignis zugetragen hatte, das dem Tage
für alle Zeiten eine bestimmte Bedeutung gab. Ein derartiger

Kalender ist in dem der neunzehnten Dynastie entstammenden
Papyrus Sallier IV erhalten geblieben, der, wenn auch nicht für
das ganze Jahr, so doch für mehrere Monate Angaben enthält
und beispielsweise bemerkt:

4. Paophi: Ungünstig, günstig, günstig (also von verschie-
denem Werte). Gehe auf keinerlei Weise aus deinem Hause an
diesem Tage. Wer an diesem Tage geboren wird, stirbt an diesem Tage durch Ansteckung.

5. Paophi: Ungünstig, ungünstig, ungünstig. Gehe auf keinerlei Weise aus deinem Hause an diesem Tage, nähere dich
keiner Frau. An diesem Tage hat man Opfergaben vor dem
Gotte darzubringen. Die Majestät des Gottes Menth war zufrie-
den an diesem Tage. Wer an diesem Tage geboren ward, wird
durch Liebe sterben.

6. Paophi: Günstig, günstig, günstig. Freudentag des Râ
im Himmel. Die Götter sind in Frieden vor dem Gotte Râ, die
Neunheit der Götter vollzieht die Ceremonien vor [Râ]. Wer an
diesem Tage geboren ward, stirbt am Rausche.

9. Paophi: Günstig, günstig, günstig. Die Götter sind in
Freude, die Menschen in Jubel, der Feind des Râ ist gefallen.
Wer an diesem Tage geboren ward, stirbt an Altersschwäche.

22. Paophi: Ungünstig, ungünstig, ungünstig. Bade in keinem Wasser an diesem Tage. Wer im Schiffe fährt auf dem
Flusse an diesem Tage, wird in Stücke gerissen durch die Zunge
des Krokodils.

29. Paophi: Günstig, günstig, günstig. Wer an diesem Tage
geboren wird, der stirbt geehrt von seinen Mitbürgern.

17. Athyr: Ungünstig, ungünstig, ungünstig. Ankunft der
obern und untern Großen in Abydos, der viele Thränen ver-
gießenden. Große Wehklage der Isis und Nephthys um ihren
Bruder Unnefer (Osiris, der nach Plutarch am 17. Athyr ermor-
det ward) in Sais, eine Klage, die man bis nach Abydos hört.

10. Choiak: Günstig, günstig, günstig. Wer an diesem Tage
geboren ward, stirbt das Brot in der Hand, Bier im Munde, das
Auge auf das Essen gerichtet.

13. Mechir: Ungünstig, ungünstig, ungünstig. Gehe auf
keine Weise an diesem Tage heraus. Es ist der Tag, an dem
das Auge der Sexet entsetzlich ward und die Felder mit Verwü-
stung (?) erfüllte (also der der Vernichtung des Menschengeschlech-

tes durch Seχet). Gehe an diesem Tage beim Sonnenaufgang
nicht heraus.

Ähnliche Angaben, wie in diesem Texte, werden bis in
späte Zeit hinein häufig gemacht und beweisen die weite Verbreitung
derartiger Anschauungen. So behauptet Cicero, wer beim Aufgang des Hundssternes geboren werde, der sei vor dem Ertrinken
in der See sicher, und Plinius, wer sich am 28 Thoth mit dem
Safte des Mäuseöhrchen-Krautes einreibe, der werde das ganze
Jahr nicht triefäugig sein.

Bei den meisten Völkern hat sich entsprechend diesen Gedankengängen der Glaube gebildet, daß wenn einmal auf Erden
einem wunderbaren Ereignis eine Thatsache gefolgt sei, daß dann
regelmäßig bei Wiederauftritt des ersten Ereignisses auch die
Thatsache sich wiederholen würde. Um für die hierdurch er-
möglichten Prophezeiungen das nötige Material zu gewinnen, hat
man Listen von Wundererscheinungen angelegt. Derartige Texte
haben sich im Nilthale bisher nicht gefunden, doch zeigt die
mehrfache Erwähnung von Wundern bei dem auf ägyptischen
Anschauungen fußenden Manetho, wie die Angabe, der Nil habe
von Honig geflossen, ein achtbeiniges Lamm sei erschienen und
ähnliches mehr, daß auch die Ägypter glaubten, solche den Natur-
gesetzen widersprechende Ereignisse besäßen eine besonders große
Bedeutung.

War aber dergestalt ein Gesetz vorhanden, nach welchem
sich das Menschenleben abspielen sollte, so war dasselbe doch
nicht allgemein gültig. Einmal hatte die Gottheit bisweilen die
Macht es zu durchbrechen, ihren Günstlingen und Verehren ein
bevorstehendes trauriges Geschick zu ersparen, ihren Feinden
dagegen den Untergang zu bereiten. Andererseits aber konnte
auch der Mensch willkürlich das Verhängte anders gestalten
mit Hülfe der Magie, durch welche er Macht erlangen konnte
nicht nur über die Mitlebenden, sondern auch über die Toten
und die Götter selbst, so hoch auch sonst deren Stellung war.
Zunächst ward dieselbe in Anwendung gebracht behufs Erlangung
von Träumen.

Der Traum hat bei allen Völkern eine große Rolle gespielt.
In ihm, in seinen bunten Bildern glaubte der Mensch thatsächliche
Vorgänge vor sich zu sehn, die in ihm vernommenen Worte hielt
er für wirklich gehörte. Bei einem so frommen Volke, wie dem

ägyptischen, bei dem während des ganzen Lebens der Dienst der
Gottheiten ein Hauptinteresse bildete, war es nur natürlich, wenn
diese Beziehung zu höhern Mächten, die man den Tag über festhielt, auch während des Traumes fortdauerte, und man hier in
persönlichen Verkehr mit der Gottheit zu treten glaubte, mit ihr
sprach und von ihr Rat und Antwort in schweren Fragen erhielt.

Prophetische von der Gottheit gesandte Träume konnte man
überall haben, so erschien Rā-Harmachis dem König Thutmes IV,
als er bei der großen Sphinx auf der Jagd ausruhte und
befahl ihm das Steinbild aus dem Sande ausgraben zu lassen.
Ein Traum befahl etwa tausend Jahre später gelegentlich dem
Könige Nut-Ámen von Äthiopien nach Ägypten zu ziehen. Sicherer war es, sich in einen der Tempel zu begeben, welche als Sitze
orakelgebender Götter bekannt waren, und hier zu schlafen, dann
konnte man mit Bestimmtheit einen Traum erhoffen. Ein solcher
Tempel war der des Serapis zu Memphis, dessen in der Ptolemäerzeit öfters gedacht wird, sogar Aufzeichnungen der hier hau-
senden Einsiedler über die Träume, die sie im Laufe der Zeit
hatten, sind erhalten geblieben. Meist wird man selbst die Bedeutung des Traumes sich erschlossen haben aus dem Zusammenhange, in dem er eintrat. Bisweilen aber bot dies doch
Schwierigkeiten dar und dann wandte man sich an besondere
Traumdeuter, von denen in Ägypten bereits I. Mos. 41. 8 berichtet. Bis in späte Zeit blieben solche Männer in Thätigkeit und
noch eine griechische Stele nennt einen am Serapeum zu Memphis
angestellten derartigen Beamten. Der Glaube an solche prophetische Träume, in denen man besonders Heilmittel für Krankhei-
ten zu erfahren pflegte, findet sich auch in andern Ländern, wie
im Asklepios-Tempel zu Epidauros, Ägypten aber war sein Mittelpunkt, so daß noch der beim Beginne der Völkerwanderung
thätige Dichter Claudian prophetische Träume ägyptische nennen
konnte.

Die Götter sandten diese Träume, wenn sie es für gut fanden, und im allgemeinen begnügten sich die Menschen damit, um
dieselben zu bitten. Wenn sie aber ausblieben, dann konnte man
seine Zuflucht zur Magie nehmen und die Götter zur Sendung
eines Traumes und zwar eines bestimmten zwingen. Aus der
langen Reihe von Vorschriften hierzu, die erhalten geblieben sind,
stammt die folgende aus einem gnostischen griechischen Papyrus

des Leydener Museums; trotz ihres verhältnismäßig jungen Ur-
sprunges fußt sie durchweg auf altägyptischen Anschauungen. [34])
„Traumsendemittel des Agathokles:
    Nimm eine ganz schwarze, getötete Katze, fertige eine
Schreibtafel und schreibe mit Myrrhenlösung das folgende und
den Traum, den du senden willst, und thue es in den Mund der
Katze. [Der zu schreibende Text lautet]: Keimi, keimi, ich bin
der große, der in dem Munde ruht Mommom, Thoth, Nanumbre,
Karicha, Kenyro, Paarmiathon, das heilige Iau ieê ieu aêoi, welcher da ist über dem Himmel, Amecheumeu, Nennana, Sennana,
Ablanathanalba, Akramm chamaria brasiua lampsor eieeieiei
aôeêô theuris ô. . . . . . . Setze dich in Verbindung mit N. N.
hierüber (über den genannten Trauminhalt). Ist es (?) aber nötig,
so befestige (bringe?) mir den N. N. hierher durch deine Macht,
Herrscher der ganzen Welt, feuriger Gott, setze dich in Verbindung mit N. N. Tharthar thamara thatha mommom thanabotha
apranu bamalea chr[a]thna basuleth rombru tharael albana
brochrex abranazuchel! Erhöre mich, denn ich werde den großen
Namen aussprechen, Thoth, den jeder Gott verehrt und jeder
Dämon fürchtet, auf den hin jeder Bote seinen Auftrag verrichtet.
Dein Name entspricht den sieben (Vokalen) a, e, ê, i, o, y, ô
iauôêeaô oueê ôia. Ich nannte deinen herrlichen Namen, den
Namen für alle Bedürfnisse. Setze dich in Verbindung mit N. N.,
Verborgener, Gott, in Bezug auf diesen Namen, den auch Apollobex benutzte".
    Ebenso wie mittelst dieser Formel der Magier den Gott
zwingen konnte, einer bestimmten Person einen bestimmten Traum
zu senden, so konnte er veranlassen, daß derselben ein prophe-
tischer Traum zukam und konnte auch für sich einen solchen,
der Antwort auf eine vorher gestellte Frage gab, gewinnen. Er
brauchte dazu nur etwas anders lautende Formeln anzuwenden,
deren Zusammenstellung aber nach ähnlichen Grundsätzen erfolgt
ist. Kurz wird am Anfange eine vorzunehmende Handlung angegeben, besonders das Material genannt, auf das die Worte zu
schreiben seien, ob man sie an einen bestimmten Ort zu legen
oder zu vernichten habe, oder ob ein einfaches Hersagen derselben genüge. Dann folgen die Worte, die neben der Nennung
der vom Gotte zu verrichtenden Handlung fast nur Anrufungen
enthalten und deren Schluß meist der Hinweis darauf bildet, daß

bereits ein Gott sie mit Erfolg verwendet habe, wie dies in dem angeführten Beispiele Apollobex that. Dieser Name setzt sich zusammen aus dem griechischen Apollo, dem der ägyptische Horus entspricht und dem Worte bex, welches auf das ägyptische bak, der Sperber, zurückgeht, es ist demnach Horus der Sperber, der sperbergestaltige Sohn der Isis gemeint, der auch in andern Texten als in der Magie wohl erfahren auftritt. In der eigentlichen Anrufung erscheinen nur wenige wirkliche Götternamen wie hier der Name des Thoth; meist folgen auf einander scheinbar ganz sinnlose Sylbenzusammenstellungen, wie solche bei den Gnostikern und bei den Zauberern aller Zeiten beliebt gewesen sind; Zusammenstellungen, die geheimnisvoll und unverständlich klangen und denen man gerade darum eine um so größere Bedeutung zuschrieb. Sie gelten hier wie auch sonst als die tiefverborgenen Namen der Gottheit, die nach ihrer Aussprache dem Zauberer zu willen sein mußte. Noch in später Zeit glaubte man, den Ägyptern vor allem seien die hierzu notwendigen Worte bekannt und der um 400 n. Chr. lebende Bischof Synesius von Cyrene bemerkt in einer seiner noch während seiner heidnischen Zeit verfaßten Schriften, er habe sagen hören, die Ägypter hätten ein Mittel gegen die Götter und gewisse Zauberräder, so daß sie, so oft sie wollten, einige unverständliche Worte murmelten und so alles Göttliche, welches diesem Rufe zu folgen geeignet sei, an sich zu ziehn vermöchten. Daher kennten die Ägypter auch das Aussehn der einzelnen Götter, da sie ja täglich mit ihnen verkehrten.

So sinnlos wie die Worte klingen, waren sie ursprünglich jedoch nicht. Nur wenige von ihnen sind rein willkürliche Erfindungen, die meisten sind Gottesnamen und Titel, die fremden Sprachen entlehnt sind. Mehrfach heben die Besprecher der antiken Magie, wie beispielsweise noch Origenes, hervor, daß man annahm, es komme bei Beschwörungen besonders darauf an, die richtige Bezeichnung für die Gottheit zu wählen; so besäße das den jüdischen heiligen Schriften entlehnte Sabaoth eine geheimnisvolle Kraft, setze man aber dafür etwa Herr der Mächte, oder Herr der Heerscharen ein, dann habe es seine Macht verloren. Es kam also nicht auf den Sinn des Wortes an, sondern nur auf seinen Laut, der Versuch einer Übersetzung desselben machte nicht nur die Anrufung unwirksam, sondern stürzte auch ihren

Aussprecher in große Gefahr, denn wie bei allen Völkern, so
folgte auch nach ägyptischer Lehre der Dämon nur widerwillig
den Befehlen des Zauberers und lauerte ständig auf eine Gelegenheit, bei der sich derselbe eine Blöße gab, um ihn zu vernichten.
So sind denn die meisten der sinnlos erscheinenden Worte ursprünglich bedeutungsvolle gewesen, wenn dies auch im Einzelnen
schwer nachweisbar ist. So sehr man sich auch bemüht haben
mag, fremdsprachige Laute genau wiederzugeben, ganz gelang es
nicht und im Laufe der Zeit mußte die Kenntnis der richtigen
Laute immer mehr und mehr dem Gedächtnisse entschwinden,
um so mehr als die mündliche Überlieferung bei derartigen un-
verstandenen Worten immer unzuverlässig sein muß und die
schriftliche Wiedergabe magischer Texte eine sehr unsorgsame
zu sein pflegt. Greift man aus den in obigem Texte enthaltenen
Anrufungen eine heraus, so scheint Paarmiathon ägyptisch zu
sein und für pa Ḥor m átḫu „der Horus in dem Sumpfe" zu
stehn, für eine gewöhnliche Bezeichnung des Gottes Horus, der
sich während seiner Jugend in den Sümpfen des Deltas aufge-
halten hatte.

Eine sehr große Rolle spielte die Magie in der Medizin. Die
Ägypter waren keine hervorragenden Ärzte, ihre Mittel sind rein
empirische und wenig ansprechend; bedenklicher noch war es,
daß sie nicht imstande waren, ordentliche Diagnosen aufzustellen,
da ihnen anatomische Kenntnisse abgingen. Die Ägypter waren
von großer Ehrfurcht gegenüber dem menschlichen Leichname
beseelt, wie sich dies noch in der Sitte ausspricht, den Paraschi-
sten, der den Körper für die Einbalsamierung geöffnet hatte, mit
Steinwürfen zu verfolgen, als den Begeher einer zwar notwendigen, aber nichts desto weniger sündhaften That. Die schemati-
schen Vornahmen bei der Einbalsamierung selbst, die in stets
gleicher Weise vor sich gingen, lehrten die Zusammensetzung des
Körpers nicht kennen und so hatte man von dem menschlichen
Organismus bis in die griechische Zeit hinein die allerunvollkom-
menste und irrtümlichste Vorstellung. In Folge hiervon hatte
man von den meisten innern und besonders den Geisteskrankhei-
ten keine Kenntnis, man ahnte nicht, daß dieselben auf inneren
Veränderungen des Organismus beruhten und nahm daher an,
sie seien durch einen Dämon entstanden, der in den Kranken
gefahren sei. Unter diesen Umständen konnten Medizinen das

eine oder andere Symptom zum Verschwinden bringen, die Heilung erfolgte erst, wenn der Dämon ausgetrieben worden war; der ägyptische Arzt mußte daher auch Magier sein.

Nach späten Angaben war seine Thätigkeit eine verhältnismäßig einfache. Nach ihnen zerfiel der menschliche Körper in 36 Teile, jedem stand ein bestimmter Dämon vor und genügte es, den Dämon des kranken Teiles anzurufen, um die Genesung zu veranlassen. Diese Anschauung ist im Grunde eine altägyptische; das Totenbuch berichtet, daß bei dem Toten die Sorge für das Heil seines Körpers unter verschiedene Gottheiten verteilt wurde, Nu sorgte für das Haar, Râ für das Gesicht, Hathor für die Augen, Áp-uat für die Ohren, Anubis für die Lippen, ein Wächter über alle Glieder aber war Thoth. Später ward diese Lehre auf den lebenden Leib übertragen, doch haben dabei die Gottheiten gewechselt und statt der großen ägyptischen Götter, die das Totenbuch nennt, erscheinen als heilende Götter, wie die von Celsus bei Origenes aufbewahrten Namen zeigen, die Vorsteher der 36 Dekane, der 36 Teile, in die der Ägypter den Tierkreis zerfallen ließ. In alter Zeit war die Auswahl der anzurufenden Gottheit schwieriger, sie richtete sich nicht nur nach dem Körperteil, sondern auch nach der Krankheit, ihren Symptomen, den gerade vorhandenen Heilmitteln und ähnlichem.

Die in mehreren Exemplaren erhaltenen altägyptischen Rezeptsammlungen enthalten neben den Arzeneimitteln auch die jeweils zu sprechenden Formeln gegen die Dämonen. Verhältnismäßig selten sind dieselben in älterer Zeit, je weiter die Medizin aber vor- oder richtiger zurückschreitet, um so länger und zahlreicher werden sie. Als Beispiel sei aus dem um das Jahr 1700 v. Chr. aus älteren Schriften zusammengestellten Leipziger medizinischen Papyrus die folgende Formel, die man beim Bereiten von Arzeneien zu sprechen hatte entlehnt: „es erlöse, es erlöse Isis; es ward erlöst Horus durch Isis von allem Leid, das ihm zugefügt ward von seinem Bruder Set, als er tötete seinen Vater Osiris. O Isis, Herrin der Zaubereien, erlöse mich, befreie mich von allen schlechten, bösen, roten (da rot die Farbe des Set war, war rot gleichbedeutend mit schlecht) Dingen, aus der Macht der Krankheit, die von einem Gotte und der, die von einer Göttin kommt, von einer männlichen und einer weiblichen Todesart, von einem männlichen und einem weiblichen Übel, das mich er-

greift, geradeso wie du befreitest, geradeso wie du erlöstest deinen
Sohn Horus. (Thue dies), da ich hineinging in das Feuer und
herausging aus dem Wasser und nicht fiel in die Schlinge an jenem Tage (d. h. da ich magische Kraft besitze) u. s. f. O! rette
mich aus der Macht aller schlechten, bösen, roten Dinge, aus der
Macht der von einem Gotte und der von einer Göttin ausgehen-
den Krankheit, von einer männlichen wie von einer weiblichen
Todesart."

Diese Formel konnte bei der Bereitung jeder Arzenei verwendet werden, andere besaßen nur bei bestimmten Erkrankungen
Wert. So hatte man bei Entzündungen über dem Heilmittel, welches in der Milch einer Frau, die ein männliches Kind geboren
hatte, bestand, zu sprechen: „O mein Sohn Horus, es brennt auf
dem Berge, nicht ist Wasser dort, kein Retter ist da, bringe Wasser über die Flut (also das Wasser der Nilüberschwemmung), um
das Feuer zu löschen." Die Worte spielen an auf die Mythe von
einem großen Weltbrande, deren die Texte öfters, jedoch nur nebenbei gedenken, und von der die Kunde noch zu Plato kam.
Wie damals Horus die Glut löschte, so sollte er auch die Glut
der Entzündung zur Ruhe bringen.

Zuweilen hielt man es für angemessen, der Gottheit zu drohen,
falls sie nicht zu Hülfe kommen wollte. So erklärt sich in einer
Beschwörung eine Gebärende für Isis und fordert die Götter auf,
sie bei ihrer Niederkunft zu unterstützen; wollten dies dieselben nicht, „dann sollt ihr vernichtet werden, ihr Götter, die
Erde soll nicht mehr bestehn, die fünf das Jahr ergänzenden
Tage sollen aufhören zu sein, es soll den Göttern, den Herrn von
Heliopolis, nicht mehr geopfert werden. Es soll sinken der Himmel des Südens und Unglück hereinbrechen von dem Himmel
des Nordens, Weheruf soll aus den Gräbern ertönen, die Mittags-
sonne nicht länger scheinen, der Nil nicht zur gewohnten Zeit
sein Überschwemmungswasser spenden". Bis in die römische
Kaiserzeit waren derartige Formeln im Gebrauche und Philosophen, wie Porphyrius, fanden noch Gelegenheit, über die Selbst-
überhebung der Magier zu spotten, die Himmel und Erde zu vernichten drohten, wenn nicht ihr Wille geschehe.

Nicht immer genügte es, die Formel einmal zu sprechen,
um einen Erfolg zu erzielen und auch ihre Wiederholung war
nicht immer genügend, man mußte zu andern Dingen seine Zu-

flucht nehmen, man mußte geheimnisvolle Handbewegungen machen, Ceremonien aller Art verrichten, die Formel auf Papyrus
schreiben und diesen dem Kranken eingeben und ähnliches mehr.
Wirksamer noch erwiesen sich in den meisten Fällen Amulette
oder das persönliche Eingreifen eines durch Bitten oder Zauberei
dazu veranlaßten Gottes. Wie man dabei verfuhr, berichtet ein
um 1000 vor Christus entstandenes oder richtiger zur Verherrlichung
des Gottes Xunsu von Theben erfundenes Mährchen [85]) in einge-
hender Weise; die folgenden Angaben desselben haben für uns
ein Interesse.

Ein ägyptischer König begab sich eines Tages nach Asien,
um Tribute einzuziehen, da brachte ihm der Fürst von Beχten
als Geschenk seine Tochter, die der König von Liebe entbrannt
zu seiner Gemahlin erhob. Längere Jahre nachher, als der König
nach Ägypten zurückgekehrt war und in Theben ein Fest feierte,
kam ein Bote von Beχten dorthin, der zu ihm sprach: „Ich komme
zu Dir, Fürst, mein Herr, wegen der Bentrešt, die durch die königliche Gemahlin deine Schwägerin ward. Ein Übel drang in
ihre Glieder. Möge senden Deine Majestät einen Schriftgelehrten,
um nach ihr zu sehn." Der König sandte den höchst gelehrten
königlichen Schreiber Thoth-em-ḥeb ab; doch als dieser nach
Beχten kam, da fand er die Bentrešt im Zustande einer Person,
die einen Dämon in sich hat und fand sich zu schwach, um mit
dem Dämon zu kämpfen. Da sandte der Fürst von Beχten wiederum zum Pharao und sprach: „O Fürst, mein Herr, lasse einen
Gott kommen (um den Geist zu bekämpfen)". Und Pharao ging
zu Xunsu in Theben, dem schön ruhenden, und sprach: „O Du
mein schöner Herr, ich komme wiederum zu Dir wegen der Tochter des Fürsten von Beχten". Da brachte man Xunsu in Theben,
den schön ruhenden (d. h. die stets im Tempel weilende Form
des Xunsu, die die Pläne faßt) zu Xunsu, dem Ausführer der
Pläne, dem großen Gotte, der besiegt die Bösen (d. h. zu der
Form des Gottes, welche die von der andern gefaßten Pläne zur
Durchführung bringt). Es sprach der König vor Xunsu, dem
schön ruhenden: „Mein schöner Herr, o wende Dein Antlitz hin
zu Xunsu, dem Ausführer der Pläne, damit er gehe nach Beχten".
Da nickte der Gott zweimal mit dem Kopfe. Und der König
sprach: „Möge sein dein Amulett mit ihm, wenn ich ihn gehn
lasse nach Beχten, um zu retten die Tochter des Fürsten von

Beꭗten". Da nickte *X*unsu, der schön ruhende, zweimal mit dem Kopfe. Er verlieh viermal sein Amulett dem *X*unsu, dem Ausführer der Pläne.

Der Pharao sandte nun den Gott nach Beꭗten, wo er feierlich empfangen ward, dann ging der Gott an den Ort, an dem Bentrešt war; er verlieh das Amulett der Tochter des Fürsten von Beꭗten, gesund ward sie sogleich. Der Dämon aber, der in ihr gewesen war, sprach vor *X*unsu, dem Ausführer der Pläne: „Komme in Frieden, Du großer Gott, Besieger des Bösen, Deine Stadt ist Beꭗten, Deine Sklaven sind seine Bewohner, ich selbst bin Dein Diener. Ich werde gehn an den Ort, von dem ich gekommen bin um zu befriedigen Dein Herz in Bezug auf die Sache, wegen der Du gekommen bist. Deine Majestät aber möge befehlen, daß veranstaltet werde ein Fest für mich und für den Fürsten von Beꭗten". Da neigte sich der Gott zustimmend zu seinem Priester und sprach: „Möge der Fürst von Beꭗten ein großes Opfer vor diesem Dämon darbringen". Während der Gott *X*unsu mit dem Dämon verhandelte, stand der Fürst von Beꭗten mit seinen Soldaten in großer Furcht da. Das Opfer wurde dann dargebracht und es ging der Dämon in Frieden an den Ort, an den er wollte, auf Befehl des Gottes *X*unsu.

Der Fürst von Beꭗten freute sich sehr und überlegte sich, es wäre ein recht kluger Streich, wenn er den Gott, der sich so mächtig erwiesen hatte, in Beꭗten behielte, um ihn gegebenen Falles wieder benutzen zu können, er hielt ihn daher drei Jahre neun Monate zurück. Allein, als nach Ablauf dieser Zeit der Fürst eines Tages auf seinem Bette ruhte, da sah er den Gott, wie er aus seiner Kapelle in Gestalt eines goldenen Sperbers herauskam und in die Höhe flog nach Ägypten zu. Als er erwachte, fühlte er sich krank und rief sogleich den Priester des Gottes herbei und entließ ihn und den Gott reich beschenkt nach Theben. „Als nun gelangt war *X*unsu, der Ausführer der Pläne in den Tempel des *X*unsu, des schön ruhenden, da gab er ihm die Geschenke, die ihm gegeben hatte der Fürst von Beꭗten und behielt nichts davon für sich selbst."

Nicht nur gegen Gefahren, die von innen heraus dem Menschen drohten, bot die Magie Schutz, sondern auch gegen äußere. Vor allem kamen hier die gefährlichen Tiere in Betracht, deren Ägypten eine große Zahl hervorgebracht hatte. Gegen die Kro-

kodile, welche an seichten Stellen den Herden auflauerten, um
das Vieh zu überfallen, kannten die Hirten schon während der
12ten Dynastie Formeln, die sie zurückschreckten. Der dem
neuen Reiche entstammende magische Papyrus Harris enthält eine
längere Reihe von Besprechungen, vermittelst derer sich auch der
Mensch gegen die Amphibien zu schützen vermochte, er brauchte
da nur auszurufen: „Ich bin der Erwählte von Millionen, der aus
dem Lichtkreis hervorgeht, dessen Namen nicht gekannt wird.
Wenn man meinen Namen auf dem Strom ausspricht, so versiegt
er; wenn man meinen Namen auf dem Lande ausspricht, so erzeugt er Feuer. Ich bin Šu, das Bild des Râ, das in seinem Auge
(der Sonnenscheibe) sitzt. Wenn ein Wasserungeheuer seinen
Mund öffnet, so lasse ich die Erde in die Flut (?) fallen, den Süden zum Norden werden und die Erde sich umdrehen." Das
Krokodil, das diese Worte hörte, glaubte den Gott, für den sich
der Sprecher ausgab, selbst vor sich zu haben und tauchte schleu-
nigst unter. Hatte das Tier doch überhaupt große Ehrfurcht vor
allem, was mit der Gottheit zusammenhing und griff beispielsweise niemanden an, der im Delta in einem Papyrusnachen fuhr,
da sich einst Isis eines derartigen Botes bedient hatte.

Noch furchtbarer als die Krokodile erschienen dem Ägypter
die Schlangen, deren Biß ihn mit plötzlichem Tode bedrohte und
die bis in das Jenseits hinein eine stete Gefahr für den Menschen
bildeten. Die Zahl der gegen sie gerichteten Formeln ist eine
ungemein große, bereits in den Grabpyramiden der sechsten Dynastie sind deren eine lange Reihe aufgeführt [86]), die zunächst
für das Jenseits bestimmt jedenfalls auch im Diesseits von Wert
sein konnten. Da hatte man zu sagen: „Es ringelt sich die
Schlange; die Schlange ringelt sich um das Kalb; o Nilpferd, das
hervorging aus dem Nomos der Erde, du fraßest, was aus dir
hervorging. Schlange, die du niedersteigst, lege dich, weiche zurück. Der Gott Ḥen-pe-seʒet ist im Wasser, die Schlange ist
umgeworfen, du erblickst den Gott Râ!" oder man rief „Falle
Körper, der hervorging aus der Erde, Flamme, die hervorging aus
dem himmlischen Ozean, falle, weiche zurück!" Die zweite dieser
Formeln enthält einfach eine Anrufung an die Schlange, die sie
zum Weichen bringen sollte, während die erste erfüllt ist von
Anspielungen an mythologische Begebenheiten, die uns unbekannt

sind, und es wohl auch dem Ägypter, der die Worte aussprach, waren.

An die Sprüche gegen Krokodile und Schlangen reihten sich solche gegen allerhand andere schädliche Tiere, wie Scorpione und Nilpferde, deren einige auch dann wirksam blieben, wenn die Verletzung schon eingetreten war; so ist die Formel erhalten geblieben, vermittelst derer Isis ihren durch einen Scorpionenstich getöteten Sohn Horus zum Leben zurückrief und sind dem Texte Angaben beigefügt, in welcher Weise der Mensch in gleicher Lage dieselbe Formel benutzen solle [37]).

Noch wichtiger als im Diesseits war die Kenntnis der richtigen magischen Worte und Formeln im Jenseits. Kein Thor öffnete sich hier, wenn man nicht seinen Namen kannte, kein Dämon ließ den Toten vorüber, wenn er ihn nicht in richtiger Weise anrief, kein Gott kam ihm zu Hülfe, so lange ihm nicht die gebührende Bezeichnung ward, keinerlei Nahrung war erhältlich, so lange nicht die genau vorgeschriebenen Gebetsworte erklangen. Eine fast unübersehbare Fülle magischer Formeln sammelte sich an, eine Fülle, die um so mehr wuchs, je verwickelter und ausgebildeter die Vorstellungen vom Jenseits überhaupt wurden. Dieselben waren um so wichtiger, als ihrem Kenner der Schutz der Dämonen nicht nur zu teil werden konnte, sondern werden mußte. „O Pforte, ich kenne deinen Namen," der so und so lautet", brauchte er nur zu sprechen, und die Pforte sprang auf, und ähnlich ging es bei jeder Gottheit. Kaum war ihr geheimnisvoller Name erklungen, so war sie dem Toten zu Willen und unterstützte ihn, soweit ihr Können und Machtvermögen reichte. Der feste Glaube, den der Ägypter in Bezug auf die Kraft der Formeln und der Magie im Jenseits hegte, hat ihn daran verhindert, je an der Möglichkeit der Zauberei im Diesseits zu zweifeln. Zauberer spielten überall eine Rolle und sie verstanden es, den Glauben an ihre Kunst durch allerhand Taschenspielerkunststücke zu bestärken. Weiß doch schon die heilige Schrift von den Künsten zu berichten, die dieselben den Wundern, die Moses und Aaron vor Pharao vollbrachten, gegenüber vorzuführen suchten.

In den bisher besprochenen Fällen zeigte sich die ägyptische Magie, wenn man so sagen darf, von ihrer guten Seite; sie suchte dem Menschen im Leben, in Krankheit und Bedrängnis, und auch noch nach dem Tode zu helfen. Allein diesem angeblichen Nutzen, den man von ihr erhoffte, stand ein fast noch größerer Schaden gegenüber, den man von ihr fürchtete. Die Macht des Zauberers war eine ungeheuere, so berichtet die aus der Ptolemäerzeit stammende Setna-Sage, es gäbe zwei Formeln, „wenn man die erste hersagte, dann bezauberte man den Himmel, die Erde, die Unterwelt, die Berge und das Wasser, man kannte alle Vögel des Himmels und alle Reptilien, man sah die Fische der Tiefe, denn eine göttliche Gewalt ließ sie an die Oberfläche des Wassers kommen; und wenn man die zweite Formel las, dann nahm man auch wenn man im Grabe lag, die Gestalt wieder an, die man einst auf Erden besaß, man erblickte den Sonnengott wie er sich am Himmel erhob und seinen Götterkreis und sah den Mondgott in der wahren Gestalt, die er bei seinem Erscheinen annimmt". Freilich war es nicht leicht, in den Besitz solcher Formeln zu kommen, die eben berührte lag in einem goldenen Kasten, dieser stand in einem silbernen, dieser in einem aus Ebenholz und Elfenbein, dieser in einem hölzernen, dieser in einem ehernen, dieser in einem eisernen; um das Ganze schlang sich eine unsterbliche Schlange und war ein Gewimmel von Schlangen, Scorpionen und allerhand Reptilien, die man erst besiegen mußte, ehe man Herr der Formeln wurde; aber die Setna-Sage zeigt in ihrem Verlaufe, daß man annahm, solcher Schwierigkeit Herr werden und sich der Formeln bemächtigen zu können. Wenn ihr Besitz dann dem Setna zum Verderben ausschlug, so lag das nicht an den Formeln, sondern daran, daß er moralische Schuld auf sich lud und dadurch in die Hand der Dämonen kam, die er durch die Formeln gebändigt zu haben glaubte.

Vertraut man den Texten, so hätten die Zauberer ihr Wissen in Ägypten in der That zum Schaden ihrer Mitmenschen verwendet; es wird berichtet, man habe einen Mann, der versuchte, Pharao selbst durch Zauber zu schädigen, zum Tode verurteilt. In den Papyris sind mehrfach derartige schädigende Formeln erhalten. Schon das Senden bestimmter Träume, dessen oben gedacht ward, konnte für den, dem sie gesendet wurden, gegebenen Falls große Unannehmlichkeit im Gefolge haben; schlimmer war es noch, wenn man eine Frau durch freilich recht umständliche Ceremonien aus der Ferne zwang, jemanden derart zu lieben, daß sie nicht mehr aß und trank, sich nicht mehr salbte

noch setzte, alles um sich vergaß, bis sie zu dem Geliebten gelangte. Liebeszauber findet sich bei vielen Völkern; Theokrit
schildert in seiner zweiten Idylle in einer höchst poetischen Weise,
wie er bei den Hellenen ausgeübt ward; in römischer Kaiserzeit
hielt man es für nötig, ihn feierlich zu verbieten; der Jurist Pau-
lus verordnete, wer einen Liebestrank darreiche, der solle, wenn
er niedern Standes war, in die Bergwerke, wenn er höheren Klassen angehörte, zum warnenden Beispiel auf eine Insel verschickt
werden, hatte er aber einen Mann oder eine Frau dabei getötet,
so wurde er hingerichtet; das ganze Mittelalter hat an Liebe
erregende Mittel geglaubt; den Ägyptern aber gebührt der zwei-
felhafte Ruhm, als die ersten diese Art Beschwörungen in ein
System gebracht zu haben.

Die Magie konnte aber nicht nur Unannehmlichkeiten bereiten, sie konnte den Tod senden. Eine Vorschrift berichtet, wie
man einem Feinde das Zittern und das Fieber, also wohl Wech-
selfieber, senden könne, bis er zu Grunde gerichtet sei; eine andere, wie man einem Menschen so langdauernde Schlaflosigkeit
bereiten konnte, bis er starb, und ähnliche Mittel hat es viele gegeben. Mögen dieselben noch so unsinnig sein, die Menge glaubte
an sie und groß war die Furcht, die jeder vor dem Zauberer und
der Zauberei empfand. Die ganzen Lehren bildeten im Nilthale
nicht etwa einen Teil des Aberglaubens, sondern einen wesentlichen Bestandteil des Glaubens, der zum großen Teil gerade auf
der Magie fußte und mit ihr stets auf das Innigste verknüpft blieb.

Elftes Kapitel.
Die Amulette.

In den ägyptischen Texten aller Perioden spielen die Amulette
und ihre Wirkungen eine ausgedehnte Rolle, in den Darstellungen
sieht man sie in den Händen oder sonst am Körper der verschiedensten Personen, sogar der Götter, und unter den im Nilthale
entdeckten Überresten der Kleinkunst sind sie fast ausschließlich
vertreten. Einzelne derselben verdankten ihr Ansehn nur der
zufälligen Lesung des Ideogramms, welches ihr Bild ergab, während an andere sich ausgedehntere religiöse Anschauungskreise
knüpfen, welche bald die Entstehung der Gestalt des Amulettes
und seine Verwendung erklären sollen, bald philosophisch durch-

dachte Vorstellungen vorführen, die sonst in den Texten nur selten erwähnt werden, wie die Verbreitung der betreffenden Amulette und deren häufige Erwähnung jedoch zeigt, bei dem Volke in hohem Ansehen gestanden haben müssen. Eine Aufführung der wichtigsten dieser Gegenstände ist unerlässig, wenn es sich darum handelt, ein Bild der ägyptischen Religion zu entwerfen.

1. Die verbreitetste und interessanteste unter allen zu nennenden Formen ist die des Skarabäuskäfers, der gewöhnlich mit geschlossenen 🪲, in späterer Zeit aber auch mit ausgespannten Flügeln 🪲 auftritt. Das dabei zur Darstellung kommende Tier ist der in den Mittelmeerländern und besonders in Ägypten sehr häufige Ateuchus sacer, der die eigenartige Gewohnheit hat, sich des Mistes, in welchen er seine Eier legt, zu gleicher Zeit zum Schutze eben dieser Eier zu bedienen. Das Weibchen formt aus dem Stück Fladen, der dieselben enthält, eine Pille, wälzt diese im Staube und rollt sie dann wohl geglättet und gerundet, damit sie sich länger frisch erhalte und als Nahrung der jungen Brut diene, in eine zuvor daneben gescharrte Grube, welche sie nach vollendeter Arbeit mit Erde zudeckt. [38])

Dem Ägypter war diese Gewohnheit des Tieres nicht entgangen, doch hatte er sie nicht richtig verstanden, wie dies bei dem geringen Grade naturwissenschaftlicher Beobachtungsgabe, der die Ägypter ebenso wie überhaupt die Völker des Altertumes kennzeichnet, nur natürlich war. Er glaubte, der männlich gedachte Skarabäus erzeuge sich in dem selbst gefertigten Ei stets von neuem und besitze so ein ewiges Leben. Es war eine ähnliche Vorstellung wie die von dem Vogel Phoenix, der aus seiner eigenen Asche neu erstand. Und ähnlich wie spätere Zeiten in dem Phoenix ein Symbol der menschlichen Unsterblichkeit erkannten, so übertrugen die Ägypter die obige angebliche Erscheinung aus dem Tierreiche auf den Menschen. Der Skarabäus erhebt sich neu belebt aus seiner Eihülle und ebenso ersteht die menschliche Seele aus den Mumienbinden zu neuem Leben, wie jener so schwebt auch sie in geflügeltem Zustande dem Himmel und der Sonne zu.

Auf diese Weise ward der Skarabäus zum Symbol der Auferstehung ähnlich wie es später der Schmetterling und die Blume wurden, die Ägypter wurden in dieser Verwendung aber noch durch

einen sprachlichen Grund bestärkt. Der Name des Tieres war
χeper, ein Wort, das außerdem „werden" bedeutet, so bildete das
Bild des Käfers gleichzeitig das ideographische Zeichen für werden
und entstehn, in dem Sinne des sich nach dem Tode Erneuens.
Dieser Unsterblichkeit glaubte man teilhaftig zu werden oder doch
wenigstens die Götter zu ihrer Verleihung veranlassen zu können,
wenn man einen Skarabäus bei sich trug und ihn mit in das
Grab nahm.

Neben der Bedeutung als Verbürger der Unsterblichkeit im
allgemeinen besitzen die Skarabäen noch eine zweite, die mit
ihnen eine etwas seltenere Amulettklasse teilt, welche gebildet
wird durch schematisch geformte Bilder des Gefäßes, in dem
man das Herz des Toten beizusetzen pflegte ♂. Dieses Herz war
bei der Einbalsamierung aus dem Körper genommen worden,
in ihm suchte der Ägypter aber den Sitz des Lebens und mußte
daher der Tote, wollte er wieder auferstehn und neues Leben
gewinnen, suchen wieder in den Besitz seines Herzens zu gelangen, ein Gedanke, dem man an zahlreichen Stellen der religiösen
Texte begegnet. Allmählich entwickelte sich hierbei eine in sich
abgeschlossene Lehre über die Rolle des Herzens im jenseitigen
Leben und seine Wiedergewinnung, der zufolge das Herz nach
dem Tode ein gesondertes Dasein führte, selbständig die Räume
des Jenseits durchwanderte und dem Toten erst im Saale des Gerichts wieder begegnete.

An und für sich war diese Lehre einfach, sie bot aber für
den Ägypter eine große Schwierigkeit dar. In der Zeit zwischen
dem Tode und dem Gericht fehlte dem Osiris das Herz und doch
sollte derselbe Leben besitzen. Da kam man auf den Gedanken,
der Mumie für diese Zeit ein provisorisches Herz zu geben, und
dies geschah durch ein Herzensgefäß oder durch einen großen
Skarabäus in Stein oder Thon, welch letzterer nebenbei durch
seine Gestalt die Unsterblichkeit mit verbürgte. Auf den betreffenden Stücken wurden Inschriften angebracht, die sich auf die
Bedeutung des Herzens bezogen. Der Tote wird redend eingeführt, er wünscht, sein Herz möge bei ihm sein, während er
seine Gestaltungen in der Unterwelt vornehme; es möge in der
Halle des Gerichts nicht gegen ihn sprechen, sondern ihm bei
der verhängnisvollen Wagescene zur Seite stehen. Denn das
Herz, hebt er ausdrücklich hervor, sei seine eigentliche Persönlich-

keit, welche in seinem Innern lebe, es sei der Gott Xnum, der
Schöpfer, der seine Glieder erstarken und gesunden mache. Dabei
sei das Herz selbständig, überall hin könne es gelangen, so möge
es denn auch ihm, dem Toten und seinem Namen die Wege zu
den Göttern eröffnen. Zum Schlusse setzt er voraus, seine
Wünsche seien bereits erfüllt, das Herz habe ihm beigestanden,
Freude herrsche bei der Gerichtsscene und er, der Tote, sei, d. h.
er habe die Berechtigung erlangt, im Jenseits fortzubestehen.

Sehr beachtenswert ist in dieser Formel und den sie erläu-
ternden Texten, daß es nicht das Herz des Menschen ist, welches
in diesem Leben sündigt, sondern nur dessen Umhüllung; das
Herz ist und bleibt rein, im Jenseits erhebt es selbst die Anklage
wegen der Befleckung, die seine irdische Hülle sich zugezogen
hat. Nur, wenn dieselbe rein geblieben war, kehrte das Herz in
sie zurück; war dies nicht der Fall, dann blieb es wohl in der
„Wohnung der Herzen", einem besondern Teile des Jenseits und
weihte durch sein Ausbleiben seinen frühern Inhaber dem Untergange. Der Herzenskarabäus hatte, wie alle Amulette, nur für
kurze Zeit Wert, hatte das Gericht stattgefunden, dann verlor er
seine Bedeutung und konnte den Untergang des Wesens, dem er
in das Grab mitgegeben worden war, nicht mehr verhindern.

2. Häufig findet man aus Gold, rotem Stein oder auch gebranntem Thon gearbeitet, bei der Mumie liegend ein oder auch
zwei Exemplare eines Amulettes in Gestalt einer Schleife ▮, Tet
genannt. [89]) Dasselbe stellte nach Texten, die zuweilen auf dem
Amulett selbst aufgezeichnet sind, das Blut der Isis dar, welches
samt den Beschwörungen und Formeln der Isis den Toten schützte
und das, was ihn schädigte, vernichtete. Gab man dem Verstorbenen ein solches Stück mit in das Grab, so verhalf es ihm
dazu, ein Gefolgsmann des Osiris zu werden, die Thüren der
Unterwelt öffneten sich ihm ebenso wie die Straßen des Himmels
und der Erde, im Gefilde Áalu ward ihm ein Feld eingeräumt,
das Korn als Ertrag lieferte. Am wirksamsten erwies es sich,
wenn es aus Cornalin gearbeitet am Hals des Toten angebracht
war, doch hat man auf letztere Vorschrift, wie die Mumienfunde
zeigen, kein besonders großes Gewicht gelegt.

3. Das Zeichen ☥ ânẋ findet man gleichfalls als Amulett,
dasselbe stellt eine Binde dar und dient, da ânẋ der Name dieser

Binde war, gleichzeitig als Ideogramm für das ânχ lautende Wort
„Leben". Dasselbe hat mit einem Kreuze nichts zu thun und ist
daher seine Bezeichnung als Henkelkreuz ebenso verfehlt, wie die
zahllosen Vermutungen, die zu einer Zeit, in der die Hieroglyphen
noch nicht entziffert waren, über seine geheimnisvolle Bedeutung
aufgestellt worden sind und sich noch immer wiederholt finden.
Das Zeichen wird Göttern und Königen in die Hand gegeben,
um sie als lebend zu bezeichnen; sie können das Zeichen aber
auch weiter verleihen, das Leben geben, wie der Ägypter sagt,
dann halten sie es einem andern Wesen an den Mund und durch
die Berührung mit dem Symbol wird auch diesem das Leben zu
teil. Man ist schon frühe auf den Gedanken gekommen, diesem
Leben eine Sonderexistenz zuzuschreiben und finden sich Bilder
des persönlich gedachten Lebens in Gestalt des besprochenen
Hieroglyphenzeichens mit Armen und Beinen, ja die Inschriften
eines von dem der 6. Dynastie angehörigen Könige Pepi geweihten Altares [40]) nennen sogar das Leben neben der Beständigkeit
(Ded), der Freude, dem Tag, dem Jahr, der Ewigkeit als göttlich
verehrte Wesenheit.

4. Viel mißverstanden ward früher das Amulett ꙃ Ded.
Man hat dasselbe für einen Altar mit 4 Abteilungen, ein Gerät,
auf dem die Bildhauer ihre Werkzeuge niederlegten, ein Bild des
Weltalls mit vier übereinander gelegenen Welten, und mit beson-
derem Nachdrucke für einen Nilmesser erklärt, ohne daß es möglich gewesen wäre, für diese Deutungen Beweise beizubringen.
Die Inschriften lehren vielmehr, daß das Zeichen das Rückgrat
des Gottes Osiris darstellen soll, einen Körperteil, der als Reliquie
in der Stadt Busiris in Unterägypten verehrt ward. Da das
Rückgrat dem ganzen Körper Bestand und Festigkeit verleiht, so
war seine Aufrichtung eine der wichtigsten Handlungen, welche
nach der Zerstücklung des Körpers des Osiris bei dem Neuaufbau
seiner Glieder vorgenommen wurde und ward die Erinnerung an
diese Begebenheit in Busiris am 30. Choiak, am Ende des den
Osirisfesten geweihten Teiles des ägyptischen Jahres gefeiert.
Merkwürdige Gebräuche waren dabei üblich. Unter anderem
fand eine große Prügelei zwischen den Priestern verschiedener
Heiligtümer statt, bei der mit Fäusten und Knütteln losgeschlagen
wurde. Es ist dies wohl das Fest, von dessen Feier in einem

andern Deltaorte, in Paprenis, Herodot zu erzählen weiß; dasselbe sollte zeigen, in welcher Weise einst die Anhänger des Set der Wiederherstellung des Osiris sich widersetzten.

Das Ded-Symbol erinnerte einmal an diese Auferstehung, dann aber gewann es durch seinen Namen Bedeutung; ded bedeutet „fest, beständig sein", und diese Eigenschaft wurde mit Vorliebe dem unsterblichen Toten zugeschrieben. Das Totenbuch hat diesem Amulet ein besonderes Kapitel (155) gewidmet, welches unter dem Bilde des Symbols lautet: „Der Tote spricht: Dein Rücken (Rückgrat) ist in dir, du, der du stillen Herzens bist (Osiris), es ist gegeben an deinen Platz, ich gebe dir die dir nötige Flüssigkeit. Ich bringe dir das Ded, an dem du dich erfreust! — Dies sind Worte zu sprechen über ein vergoldetes Ded, welches gefertigt ist aus dem Innern einer Sykomore, das gethan wird an den Hals eines Seligen. Dann wird er eingehen durch die Thore des Duat. Es soll gethan werden an seinen Platz an dem Tage, an dem beginnt das Jahr der Gefolgsleute des Osiris (d. h. am ersten Tage des neuen Lebens des Gottes). Wenn man dieses Kapitel kennt, dann ist man als ein vortrefflicher Seliger in der Unterwelt, der nicht zurückgestoßen wird an den Thoren der Unterwelt, dem gegeben werden Brote, Kuchen, eine Menge Fleisch auf den Altären des Râ — Variante: des Osiris, des guten Wesens — gerecht sind seine (des Toten) Worte gegen seine Feinde in der Unterwelt in der richtigen Weise." Wie dieser Text beweist, ward dem Ded wieder einmal eine genügende Macht zugeschrieben, um dem Toten den Eintritt in die Unterwelt und den nötigen Lebensunterhalt ebendort zu verschaffen. An und für sich hätte es als einziges Amulett genügt, aber die Ägypter hielten es doch für vorsichtiger, sich nicht darauf zu verlassen, sondern lieber noch mehr Amulette mit in das Grab zu nehmen, welche für den Fall, daß das eine in seiner Wirkung versagte, es zu ersetzen vermochten.

5. Die Lotossäule ┃ wirkte durch ihre ideographische Bedeutung; ihr Name war uaḏ und dies bedeutete „grün sein und sprossen". Wie in vielen andern Sprachen ward dieses Bild aus dem Pflanzenleben auf das Leben der Seele übertragen. Ein Relief der Ptolemäerzeit zeigt Pflanzen, die aus der Mumie des Osiris hervorsprießen, es ist das neue Leben, das aus dem toten

Körper sich entwickelt, das Grünen ist eine Umschreibung der Auferstehung. Das dem Amulett gewidmete Totenbuchkapitel 159, welches zu sprechen war über einem Säulchen von Feldspath, auf das man das Kapitel zu schreiben hatte und das man am Halse des Toten niederlegte, beginnt mit der Anrufung „O du, die du hervorgehst an jedem Tage aus dem Hause des Gottes, großwortige Kennerin gewaltiger Zauberformeln, die herausgeht aus der Pforte des Palastes und ergreift die Zauberformeln ihres Vaters", also mit einer Anspielung auf die Sage von Râ und Isis und die Zaubermacht, die Isis sich damals durch List von Râ erwarb.

6. Auf die freie Bewegung im Jenseits spielt das Amulet ＄ͷ͕ usex an. Ausgehend von dem Stamme usex „weit sein", wird usex insbesondere in der Verbindung verwendet „Deine Beine sind weit", d. h. Du kannst dich frei bewegen. Diesen Sprachwert drückt das Amulett aus, welches zu bestehn hatte aus einem vergoldeten Halsbande in der eben angegebenen Form, und das man am Tage des Begräbnisses an den Hals des Toten legte. Auf ihm hatte nach dem Totenbuche cap. 158 die Anrufung zu stehn: „Mein Vater, mein Bruder, meine Mutter und du Isis, ich bin von meinen Mumienbinden befreit und sehe. Ich bin einer von denen, die von ihren Mumienbinden befreit sind und sehen den Gott Seb." Wie in den meisten derartigen ägyptischen Texten behandelt der Tote in seinem Gebete seinen Wunsch als bereits erfüllt, wie dies ja eintreten mußte, falls er in richtiger Weise die richtige Formel ausgesprochen hatte.

7. Das Auge mit Andeutung der dasselbe im Gesichte umgebenden Linien als rechtes ͼͼ oder linkes ͽͽ Auge wird im Ägyptischen uʒa genannt. Die beiden Augen stellen die des Gottes Râ dar und zwar war das rechte die Sonne, das linke der Mond, so daß Râ hier nicht als Sonnengott, sondern allgemeiner als Gott der lichtspendenden Himmelskörper auftritt. Das Tagesauge erscheint häufig als uʒa des Horus bezeichnet und gilt als solches als Spender alles Guten. Zahlreiche besonders nützliche und angenehme Dinge, wie Wein, Salben, Öl werden als von ihm stammend und dann übertragen als es selbst bezeichnet. Zuweilen ließ man dieselben aus seinen Thränen entstehen. Mehrfach bedrohte Set dieses Auge, ebenso wie das

der Nacht, in der Sonnen- bezw. der Mondfinsternis schien es ihm zu unterliegen, allein es blieb Sieger in dem Kampfe und darum stellt sich der Tote gern unter seinen Schutz, hoffend, daß er dann seinerseits den Sieg über die Mächte der Finsternis und des Todes gewinnen werde. Dazu kam, daß das Wort uჳa „blühend, gesund sein" bedeutete und daher sein Ideogramm den Wert eines Amulettes haben mußte. Das Uჳa ward dem Toten an den Handknöchel gebunden, an den Hals, die Brust oder auch in den Bauch gelegt; ein Stoff, aus dem es gearbeitet werden sollte, war nicht vorgeschrieben, es kommt in Gold, Lapis lazuli, Feldspath, Holz, gebranntem Thon unzählige Male vor, neben dem Skarabäus bildet es das häufigste Amulett.

8. Eine andere Vorstellung verband sich mit einer Reihe von Amuletten, die die Abzeichen des Königtumes und insbesondere die des Königtumes des Osiris vorführen. Es waren dies zunächst ᛦ net, die rot gefärbte Krone von Unter-Ägypten; ᚠ ḥeჳ, die weiße Krone von Ober-Ägypten; ᛦ die Verbindung dieser beiden Kronen, Pschent genannt, durch deren Aufsetzung sich der Pharao als Herr von ganz Ägypten zu erkennen gab; dann die verschiedenen Zepter, wie ᛁ us, das Herrscherzepter im allgemeinen, das die Macht über Himmel und Erde verlieh, ᚠ ḥek, ein Hirtenstab, der zugleich als Jdeogramm des Wortes, „herrschen" Verwendung fand, ᛉ neχeχ, die Geißel. Von letztern beiden Zeichen hieß es, sie stellten die doppelte Gewalt des Königs, die zurückhaltende, mäßigende und die antreibende, zum Fortschritt mahnende dar. Diese und ähnliche Symbole gab man dem Toten mit, wenn man annahm, derselbe werde im Jenseits nicht etwa nur das Leben, das er im Diesseits geführt hatte, fortsetzen, sondern er werde thatsächlich zum Osiris, zum Herrn der Unterwelt werden. Dann hatte er in diesen Zeichen gleich die notwendigen Herrscherinsignien zur Hand, ihr Besitz aber und die ihnen inne wohnende magische Kraft verbürgten ihm andererseits die Gewinnung der Herrscherwürde.

9. Das Zeichen ⊂⊃, welches zur Umrahmung der Namen von Königen und Götterkönigen dient, um diese ehrwürdigen Bezeichnungen auch in der Schrift auszuzeichnen, wird als Amu-

lett benutzt, um den Namen des Toten zu ersetzen. Der Name
hat für den Ägypter eine große Bedeutung, er bildet einen wich-
tigen Teil des Menschen selbst. Kein Wesen konnte ohne Namen
bestehn, es war der höchste Wunsch des Menschen, daß sein
Name leben möge, denn wenn der Name fortbestand, dann dauerte auch der durch ihn ausgedrückte Begriff fort. Man suchte
daher dem Namen dadurch Dauer zu verschaffen, daß man ihn
so oft als möglich auf Tempelwände, Stelen und andere Denkmäler
aufschrieb und den Leser dadurch zu seiner Aussprache veranlaßte. Andererseits mußte man aber auch den Namen zu schützen suchen; wer den wahren Namen eines Wesens kannte, wurde
dadurch dessen Herr und erhielt seine Macht. Zeichnete man
den Namen auf heilige Gegenstände auf, dann lag keine Gefahr
vor, denn dann schützte deren Heiligkeit den Namen mit. Anders
lag es bei Stücken, die nur den Namen selbst zeigten, wie die
besprochenen Amulette; wer diese in Händen hielt, hatte den
Namen und damit den Toten in seiner Gewalt. Daher kommt
es, daß meist die Namensringe unausgefüllt geblieben sind, der
Tote hatte in ihnen seinen Namen sich erhalten, aber ein Dämon,
der sich eines solchen Stückes bemächtigte, hatte keinen Vorteil
davon, da er den in den Ring gehörigen Inhalt nicht mit rauben
konnte. Diese Lehre von Namen ist übrigens nicht während der
ganzen Zeit der ägyptischen Monarchie im Gebrauch gewesen
und schrieb man beispielsweise unter Amenophis III. ruhig den
Namen auf die betreffenden Talismane.

   10. Zum Schluß dieser Amulette seien noch folgende kurz
mit ihrer Bedeutung aufgeführt, über deren genauern Sinn wir
nicht unterrichtet sind, obwohl ihre Verbreitung den Wert zeigt,
den der Ägypter ihrem Besitze beilegte, seltener vorkommende
Formen können übergangen werden:

   nefer, die Laute, bezeichnet schön und gut und sollte den
Toten dieser beiden Eigenschaften versichern.

   sam „Vereinigung" verschaffte die Vereinigung mit der
Erde, in Gestalt einer guten und regelrechten Bestattung, und
andererseits die mit den Göttern, ein pantheistisches Gottsein.

   neh, das Bild eines rechten Winkels scheint entsprechend
dem Lautwert neh „Schutz" den göttlichen Schutz, den die Seele
erhoffte, darzustellen.

χεχ, seχεχ, das Richtscheid, bei dem jedoch das Pendel-
gewicht zu fehlen pflegt, ist Zeichen des rechten Maßes und
Maßhaltens, das dem Toten als Eigenschaft zukommen sollte.

χu, das Bild der Sonne, die sich am Horizonte erhebt,
ist Symbol des Gottes Râ-Harmachis. Der Mumie, welche das
Zeichen besaß, verbürgte es die Vereinigung mit der Sonne, die
Möglichkeit mit ihr Morgens aufzugehn und Abends sich zu Ruhe
zu legen, kurz die Göttlichkeit im Jenseits.

11. Sehr groß ist die Zahl von kleinen Götterstatuetten, oder
von Darstellungen einzelner Teile der Götter oder ihrer Abzeichen,
die man dem Toten mit in den Sarg legte. Meist bestanden dieselben aus glasirtem gebranntem Thon und waren mit einem
Ring versehn, durch den man einen Faden ziehn konnte. Man
formte aus den Stücken ein Halsband, das man dem Toten um
den Hals legte und in dem auch die bereits besprochenen Amulette Aufnahme finden konnten. Durch die Mitnahme einer
Götter-Statuette stellte sich der Tote unter den besondern Schutz
der dargestellten Gottheit, welche ihn je nach ihrer Macht im
Jenseits unterstützen sollte, also Osiris beim Gericht, Isis und
Nephthys durch Absingen der wirkungsvollen Formeln der Klagelieder, Χnum als Neuerbauer des Körpers u. s. w. Je mehr
Götter man mitnahm, um so sicherer konnte man sich fühlen;
wo die Macht des einen versagte, da trat ein anderer für ihn
helfend und schützend ein.

Dieselbe Bedeutung wie die plastisch geformten Götterstatuetten besaßen die auf die Mumienbinden oder auf den Sarg ge-
malten, sie alle verwandelten sich im Jenseits in wahre Gottheiten, die dienstbeflissen zu dem Toten eilten, sobald er sie mit den
jeweils vorgeschriebenen Formeln anrief.

12. Ebenso wie diese Gestalten durch bestimmte Formeln
Leben gewannen, so erhielten andere in das Grab gelegte Gegenstände durch solche Thatsächlichkeit. Man gab dem Toten nämlich das für das Jenseits Nötige nicht immer in wahrer Gestalt
mit, sondern häufig in kleiner Nachbildung, was naturgemäß die
Kosten einer Bestattung sehr verringerte. Die dergestalt im Bilde
geweihten Gegenstände waren zunächst Dinge des Gebrauches,
wie verkleinerte meist steinerne Darstellungen des unten mit
Fransen versehenen hemdartigen Kleidungsstückes, das man im

11 *

Jenseits trug ⟨⟩, dann steinerne oder thönerne Bilder metallener

Spiegel ○, dann solche der Stützen ⟩⟨, die der alte Ägypter ebenso wie der heutige Sudanese während des Schlafes unter den Hals zu stellen pflegte, um seine Haartracht zu schonen, dann Bilder von Werkzeugen aller Art und ähnliches mehr. Eine zweite Klasse bilden die Nahrungsmittel, die in symbolischer Form dargebracht wurden, eine Sitte, deren schon Herodot gedenkt, wenn er erzählt, arme Ägypter büken beim Vollmondsfeste Schweine aus Teig und weihten diese der Gottheit statt wirklicher Schweine. Ähnlich verfuhr man für den Toten, nur daß man die Bilder nicht aus vergänglichem, leicht verweslichem Brot, sondern aus Stein oder gebranntem Thon fertigte. Kraft magischer Formeln wurden die Stücke auf Wunsch des Toten zu wirklichen Gegenständen, und ging dies so weit, daß aus einem Bilde beispielsweise nicht nur ein Ochse entstand, sondern deren gleich Tausende. Häufig finden sich meist aus rotem Steine gefertigte Bilder von Ochsen, denen man zum Schlachten die Beine zusammengebunden hat ⟨⟩, dann solche von verschiedenartigen Früchten und besonders häufig Darstellungen von Broten ⟨⟩. Gerade die letzten „Grabkegel" sind in Gräbern oft gefunden worden und haben zu mannigfaltigen irrtümlichen Deutungen Veranlassung gegeben. Sie bestehen fast regelmäßig aus roh gebranntem Thon und zeigen auf der Unterseite den Namen des Toten, für den sie bestimmt waren, damit es sich kein anderer einfallen ließe, sich die für diesen bestimmte Nahrung anzueignen. Dann gab es Modelle von Libationsvasen ⟨⟩, die das in diesen enthaltene frische Nilwasser ersetzten, u. s. f. Zuweilen faßte man auch mehrere solcher Gaben in ein Stück zusammen und fertigte einen kleinen Altar, auf dem die Gaben, die der Verstorbene im Jenseits zur Verfügung haben sollte, aufgebaut lagen. Ein derartiges, kaum 1 cm breites, nicht ganz 1¹⁄₂ cm langes Exemplar aus Thon zeigt zwei Libationsvasen, vier Brote verschiedener Form und zwei Früchte; andere ähnliche Altäre sind noch reicher ausgestattet.

13. Zum Schlusse ist noch ein Amulett zu behandeln, welches sich wesentlich von den bisher besprochenen Stücken unterscheidet, das Hypocephal, so genannt, weil man dasselbe unter dem Haupte der Mumie liegend zu finden pflegt. Das Amulett

ist noch in unserem Jahrhundert berufen gewesen, eine religiöse
Rolle zu spielen, das heilige Buch der Mormonen ist nichts anderes als ein solches Hypocephal. Diese Stücke bestehen meist
aus Leinewand, die mit Stuck überzogen worden ist, kommen
aber auch in Bronze vor. Die Unterseite ist roh gelassen, auf
der Oberseite des kreisrund geschnittenen Ganzen, der Seite, auf
der der Kopf des Toten ruhte, sind Inschriften und Darstellungen
angebracht, welche nicht fest vorgeschrieben waren, sondern je
nach dem Geschmack des Inhabers im einzelnen wechseln konnten. Im großen und ganzen ergeben sie aber doch ähnliche
Texte, sodaß die Schilderung eines jetzt in London befindlichen
Exemplares [41]) die ganze Denkmälerklasse genügend kennzeichnet.

Um die Scheibe läuft eine Inschriftszeile des Inhaltes: „O
du Kasten in Ḥa-t benben, erhabener, erhabener, glänzender,
glänzender, Stier [deiner Mutter], großer, lebender Gott, Oberster
der Götter, mögest du kommen zu dem Osiris Ḥor (Name des
Inhaber dieses Hypocephal) dem Gerechtfertigten. Gieb, daß entstehe Wärme unter seinem Haupte, er ist ja einer von deinen
Gefolgsleuten." In der Mitte des Innenraumes läuft ein Streif, in
dessen Mitte ein Gott mit 4 Widderköpfen hockt, deren je zwei
nach einer Seite sehn, auf dem Haupte trägt er eine Krone.
Dieser Gott ist Amon, die Widderköpfe stellen die 4 Winde dar,
er wird dadurch als Gott eben dieser Winde und damit als der
Herr der 4 Weltgegenden gekennzeichnet. Rechts und links stehn je
3 Hundskopfaffen mit der Sonnenscheibe auf dem Haupte, es
sind die Geister des Ostens und des Westens, des Aufgangs und
des Untergangs, die dem Amon, der gleichzeitig Amon-Râ, der
Gott der Sonne ist, ihre Verehrung bezeugen.

Über dieser Darstellung steht in der Mitte ein Gott mit zwei
Menschenköpfen, die nach rechts und nach links sehen, es ist
wiederum Amon, der von Westen nach Osten schreitet und dabei
nach Süden blickt, die ganze Welt erleuchtend und betrachtend.
Auf dem Haupte trägt er die Amonsfedern, die Sonnenscheibe
und seine gewöhnlichen Widderhörner; aus den Schultern wach-
sen zwei Schakalköpfe heraus, Sinnbilder der beiden Formen des
Anubis als des Eröffners der Pfade des Nordens und der Pfade
des Südens. Auch auf dem Zepter des Gottes steht Anubis in
Schakalgestalt als Führer desselben. Rechts hiervon findet sich
die Inschrift: „Du (Amon) bist in den 8 Seelen deiner Götter",

d. h. Du zeigst dich in allen Manifestationen der Gottheit, die du
beseelst. Darunter sitzt in einer Barke ein Sperber mit ausge-
breiteten Flügeln, der Sonnengott Râ. Links stehn 2 Barken
übereinander, die obere zeigt in der Mitte das Bild der Seele des
Toten und neben ihm die Namen von Isis und Nephthys; es ist
eine Anspielung auf den Osiris gewordenen Toten, den die beiden
göttlichen Schwestern beklagen und beschützen. In der untern
Barke hockt der sperberköpfige Gott Râ, vor ihm steht das Wort
ba, „die Seele" des Toten und zwischen beiden ein auf Râ sich
zuwendender Skarabäus, die Seele nähert sich in Gestalt des
Skarabäus, des Gottes Xeperâ der Sonne, um sich mit dieser und
damit mit dem Weltall zu vereinen.

Auf der andern Seite des Mittelstreifens und in umgekehrter
Richtung gemalt findet sich unter einer auf die Nilüberschwemmung und ihr Wasser anspielenden Zeile noch eine Darstellung.
In der Mitte steht eine Kuh, die Meḥ-urt oder Hathorkuh, auf
deren Schenkeln, wie ein Sarkophagtext des alten Reiches berichtet, die gestrige Sonne geboren ward, womit, wie andere Inschriften zeigen, nicht etwa die Sonne des gestrigen Tages, sondern die am Abend desselben geborene Nachtsonne gemeint ist,
denn diese Kuh ist eine im Westen des Himmels weilende Gestalt. Sie, Meḥurt oder richtiger ihr Kind ist u𝔍a, die Sonne
oder der Mond, und daher steht auf dem Hypocephal hinter der
Kuh eine weibliche Gestalt, deren Kopf durch ein U𝔍a-Auge gebildet wird. Vor der Kuh stehn die vier Totengenien, unter deren
Schutz der Tote seine Eingeweide stellte, während auf der anderen Seite eine Anbetung stattfindet; eine als zeugende Gottheit
gekennzeichnete, mit Armen und Beinen versehene Schlange, der
kosmische Gott Neḥebka betet einen sitzenden Gott mit Flügeln,
Sonnenscheibe und Geißel an, der als Amon-Xem, als alles zeugende Form des Amon, anzusehen ist.

Alle diese Bilder und Inschriften zeigen einen pantheistischen
Grundzug, in dem sich der Glaube an eine in der Sonne besonders ausgeprägte alles umfassende Naturmacht ausdrückt. Ihr
entstammen die Götter, die ihre Manifestationen sind und sie
schützt den Toten, der in ihr aufzugehn hofft. Ihren Platz hat
diese Gestalt aber in Heliopolis in dem heiligen Kasten in dem
Sonnentempel, hier ist also der Mittelpunkt der Lehre zu suchen.
Diese Lehre ward auf dem Hypocephal aber nicht um ihrer selbst

willen aufgezeichnet, sondern weil man glaubte, durch Unterlegen
dieser Platte der Mumie des Toten die für die Fortexistenz im
Jenseits notwendige Lebenswärme zu verschaffen und zu bewahren; der pantheistische Amon war es, der dafür zu sorgen hatte.

Die Texte, welche diesem besonders in später Zeit in Ägypten weit verbreiteten Pantheismus am klarsten Ausdruck geben,
finden sich an den Wänden des der Perserzeit entstammenden
Tempels der Oase El-Chargeh, aufgezeichnet, wo ein Hymnus,
der den fälschlich so genannten acht Elementargottheiten in den
Mund gelegt wird, lautet [42]): „Die Götter grüßen seine königliche
Majestät als ihren Herrn, der sich in allem, was da ist, offenbart,
und dessen Name in allem ist, im Berge wie im Strome. Das,
was in allen Dingen bleibet, ist Amon. Dieser königliche Gott
war von Anfang an; er ist Ptaḥ, der größte unter den Göttern
. . . . Dein Geheimnis ist unbekannt und ruht in den Tiefen der
geheimnisvollen Wasser. Du bist auf die Straße gekommen und
hast den Pfad erleuchtet. . . . . Jeder Gott hat deine Gestalt angenommen, aber mit der deinen verglichen ist die seine ohne
Glanz. Dich preisen alle Dinge, die da sind, wenn du am Abend
in die Unterwelt zurückkehrst. Du erweckst Osiris durch den
Glanz deiner Strahlen, dich preisen die, die in Gräbern ruhen.
. . . . Du bist der Herr, dein ist das Königreich des Himmels
und die Erde gehorcht deinem Willen. Die Götter sind in deiner
Hand und die Menschen liegen zu deinen Füßen. Welcher Gott
ist dir gleich? Als Ptaḥ hast du Ägypten gemacht, gleich Amon
hast du deinen Thron auf das Leben Ägyptens gebaut. Deine
Seele ist die Säule und das Gewölbe beider Himmel. Deine Gestalt ging zuerst hervor, du glänzest als Amon, Ptaḥ und Râ . . .
Šu, Tefnut, Nut und Xunsu sind Gestalten, die du annimmst, sie
wohnen in deinem Heiligtume unter den Sinnbildern des zeugenden Gottes, der seine hohen Federn erhebt (Xem). . . . Du bist
Mentu-Râ, du bist Sokaris, du verwandelst dich in den Nil, du
bist Jugend und Alter, du verleihst Leben der Erde durch deinen
Strom, du bist der Himmel, du bist die Erde und alles, was in
diesen ist."

Derartige Vorstellungen von dem Aufgehn des Gottes im All
oder richtiger vom Aufgehn des Alls im Gotte sind in Ägypten
uralt; sie finden sich bereits in den Pyramidentexten auf den
vergötterten Toten übertragen und in der allermateriellsten Weise

ausgeschmückt⁴³). Da thränt der Himmel und entfliehn die Bo-
genträger (Sternbilder), zittern die Knochen der Wächter der
Götter und entfliehn ihre Unterthanen, wenn sie erblicken den
verstorbenen König, den seine Seele verklärt, als einen Gott, der
lebt von seinen Vätern und sich nährt von seinen Müttern; er
ist ein Herr der Zauberweisheit, dessen Namen seine eigene
Mutter nicht kennt. Er ißt die Menschen und lebt von den
Göttern, auf die er unterstützt von einigen Dämonen Jagd macht;
er ißt ihre Zaubersprüche und verzehrt ihre magische Kraft; die
großen Götter dienen ihm zum Frühstück, die mittleren zum
Mittagsmahl, die kleinen zum Abendessen, die alten männlichen
und weiblichen Geschlechts benutzt er für seine Öfen, also als
Heizmaterial. Er ißt die Krone von Ober- und Unter-Ägypten,
um so Herr des ganzen Landes zu werden, u. s. f.

Dieser pantheistische Glaube hat auch in das Totenbuch
Eingang gefunden, das dem Hypocephal gewidmete Kapitel 162
„das Kapitel vom Geben Wärme unter den Kopf eines Geistes",
welches bezeichnend ist für eine lange Reihe ähnlicher panthei-
stischer Texte, lautet:

„Preis sei Dir kräftiger Löwe (heiliges Tier des Râ), erhab-
ner mit den beiden Federn, Herr des Diadems, der Du schwingst
die Geißel. Du bist der Herr der Männlichkeit, blühend in leuchtenden Strahlen, dessen Glanz keine Grenze besitzt. Du bist der
Herr vieler bunter Gestalten, der sie einschließt in seinem uᴣa (der
Sonne) für seine Kinder (die Menschen). Du beschützest die, die
losgetrennt wurden von dem Kreise der Götterneunheit (? wohl die
Gestalten in der Unterwelt), Du Renner, der groß ist beim Aus-
schreiten seiner Beine. Du bist der rettende Gott, der kommt zu dem,
der ihn ruft, der rettet den Elenden aus der Hand seines Bedrängers.

Komme auf meinen Ruf! Ich bin die Kuh (Meḫurt), Dein
Name ist in meinem Munde, ich werde ihn aussprechen: Penha-
kahakaḥer ist Dein Name, Fuláuäakresaank-Lebatî ist Dein Name,
Ꭓaib-mâu-seráu (Schatten des Löwen des Widders) ist Dein Name,
Ꭓalsatâ ist Dein Name.

Ich preise Deinen Namen, ich, die Kuh. Erhöre meine Bitte
an diesem Tage, gieb Wärme unter das Haupt des Râ! Schütze
ihn im Duat, ihn erneuernd zu Heliopolis. Gieb, daß er werde,
gleichwie er war auf Erden. Er ist deine Seele. Vergiß nicht
seines Namens.

Komme zu dem Osiris N. N. Gieb, daß Wärme sei unter
seinem Haupte. O! Er ist die Seele des großen Leichnams,
der bestattet ward in Heliopolis (Râ), der Strahlende, der Wer-
dende, der Alte ist sein Name. Barekata?/aua ist sein Name.
Komme, gieb, daß er (der Tote) werde gleichwie einer Deiner
Gefolgsleute. O! Er ist Du."

[Dies sind die] Worte für eine junge Kuh, die gefertigt ist
aus gutem Gold und gethan an den Hals eines Verklärten und
die gezeichnet ist auf ein neues Papyrusblatt, das gelegt wird
unter sein Haupt. Nunmehr durchströmt ihn viele Wärme geradeso wie es war auf Erden. Dies ist ein sehr großes Schutz-
mittel, das gemacht ward von der Kuh für ihren Sohn Râ bei
seinem Untergange. Da ward er umringt von Genossen, zum
Schutz vor dem Feuer(?), er ward erneut in der Unterwelt, nicht ward
er ausgeschlossen von irgend einem Thore des Duat ordnungsgemäß
(es konnte nicht anders geschehen, da das Amulett eben diese
Wirkung hatte).

Worte, die Du zu sprechen hast, wenn Du legst diese Göttin (die Kuh) an den Hals eines Verklärten: O Verborgener (âmen)
unter den Wesen, Amon, der da weilt im Himmel! Mögest
Du wenden Dein Antlitz hin zu dem Leichnam Deines Sohnes, indem Du ihn gesunden läßt in der Unterwelt!

Diese Schrift ist ein großes Geheimnis. Lasse sie nicht sehn
von irgend einem Auge. Eine Sünde ist es, sie zu kennen, sie
zu verbergen, sie herzustellen, diese Schrift der Herrin des Tempels (der Kuh), deren Name verborgen ist." Ein Leydener Text
macht hier am Schlusse den Zusatz, die Schrift sei gefertigt worden von der Kuh (der Isis identificierten Mehurt) für ihren Sohn
Horus und schließt mit der Anrufung: „O Osiris und ihr Bewohner der Unterwelt, möget Ihr schützen den Osiris N. N., seine
Wohlfahrt sei Eure Wohlfahrt und umgekehrt."

Vor allem beachtenswert ist in diesem Texte, wie vollständig die Râ- und die Osiris-Mythe verschmelzen. Amon, der gleich
Râ ist, wird angerufen dem Toten zu helfen, der dasselbe Schicksal wie er, den Tod, erlitt, geradeso wie sonst die Zuhülferufung
des Osiris begründet wird; wie in der Osirismythe stets die wirk-
samen Amulette einst an Osiris selbst ihre Wirksamkeit bewiesen,
so zeigte das Hypocephal die seine zuerst an Râ. Der Leydener
Text sucht dasselbe weiter mit der Osirismythe in Verbindung

zu bringen, indem er es von Isis für Horus verwenden läßt, der
in der spätern Form des Osirismythus bisweilen als ein gestorbe-
ner, neu zu belebender Gott auftritt. Neben den pantheistischen
Grundgedanken finden sich demnach in dieser Formel Versuche,
die Persönlichkeit einzelner Götter und die Thatsächlichkeit ihrer
Schicksale beizubehalten trotz der allumfassenden Kraft der Allgottheit. Zu diesem Zwecke werden sie für gleich erklärt mit
eben dieser Allgottheit, die ihrerseits dann selbst ihre umfassende
Stellung aufgeben muß, um menschenähnlich gedacht eine Lebens-
geschichte zu besitzen. So wird der Text zu einem interessanten
Beispiele der Widersinnigkeit, zu der die Ägypter kommen mußten, wenn sie versuchten, tiefere philosophische Gedanken in ihrer Religion auszudrücken. Sie mußten zu solchen Unmöglichkeiten kommen, weil sie sich nicht entschließen konnten, auch
nur einen Zug ihres alten Glaubens fallen zu lassen, vielmehr jeden
mit zu verwerten trachteten. In diesen Widersprüchen lag der
Hauptkeim zum Untergange der ägyptischen Religion; der den-
kende Ägypter mußte sich selbst sagen, daß dieselben unmöglich
thatsächlich vorhanden sein, daß Götter, wie sie hier gelehrt würden, nimmermehr nebeneinander bestehn könnten, daß eine solche
Religion nicht die Wahrheit ergeben könne.

    Als die christlichen Glaubensboten in das Nilthal kamen, da
scheinen die Ägypter im allgemeinen widerstandslos ihren heidnischen Glauben aufgegeben zu haben. Zwar wurde bis in das dritte
Jahrhundert hinein an den Tempelwänden und in Inschriften noch
der alten Götter gedacht, aber hier handelte es sich um offizielle
Schriftstücke, die von der heidnischen Obrigkeit ausgingen; das
Volk, und besonders die höheren Klassen, konnten vor derartigen
Werken keine Achtung mehr empfinden. Tief drang die christliche Lehre in wenigen Jahrzehnten in das Volksbewußtsein ein;
unter den Übersetzungen der biblischen Bücher ist die in das
Koptische, in die Tochtersprache des Altägyptischen, die man
seit etwa dem Beginne unserer Zeitrechnung im Nilthale sprach,
eine der ältesten. Und dabei handelte es sich nicht um eine gelehrte Arbeit, die nur für einen beschränkten Kreis von Anhängern des neuen Glaubens bestimmt gewesen wäre, sondern um
ein echt volkstümliches Werk, das etwa gleichzeitig in den verschiedenen im Lande gesprochenen Mundarten dem Volke zugänglich gemacht ward. Voll Glaubensmut haben die Christen

im Nilthale die Verfolgungen ertragen, die unter Diocletian über sie hereinbrachen, mit Feuereifer haben sie sich an den Streitigkeiten über einzelne Dogmen, die das vierte Jahrhundert erfüllten, beteiligt; zuletzt freilich durch starres Festhalten an bestimmten Ansichten sich in Gegensatz gebracht zu der übrigen christlichen Kirche, von der sie bis auf unsere Zeit getrennt geblieben sind.

Inhaltsverzeichnis.